邛崃文物图志

不可移动文物

（上）

成都市地方志编纂委员会办公室
邛崃市地方志编纂委员会办公室　编
邛崃市文物保护中心

项目策划：何　静
责任编辑：何　静
责任校对：周　颖
封面设计：陈瑞生
责任印制：王　炜

图书在版编目（CIP）数据

邛崃文物图志：不可移动文物 / 成都市地方志编纂委员会办公室，邛崃市地方志编纂委员会办公室，邛崃市文物保护中心编．— 成都：四川大学出版社，2021.9
ISBN 978-7-5690-3439-4

Ⅰ．①邛… Ⅱ．①成… ②邛… ③邛… Ⅲ．①文物—邛崃—图集 Ⅳ．① K872.714.2

中国版本图书馆 CIP 数据核字（2019）第 292515 号

书　名	邛崃文物图志·不可移动文物 QIONGLAI WENWU TUZHI·BUKEYIDONG WENWU
编　者	成都市地方志编纂委员会办公室 邛崃市地方志编纂委员会办公室 邛崃市文物保护中心
出　版	四川大学出版社
地　址	成都市一环路南一段 24 号（610065）
发　行	四川大学出版社
书　号	ISBN 978-7-5690-3439-4
印前制作	陈瑞生
印　刷	四川盛图彩色印刷有限公司
装　订	成都东江印务有限公司
成品尺寸	170mm×238mm
印　张	48.25
字　数	811 千字
版　次	2021 年 9 月第 1 版
印　次	2021 年 9 月第 1 次印刷
定　价	388.00 元（上下册）

◆ 版权所有 ◆ 侵权必究

◆ 读者邮购本书，请与本社发行科联系。
　电话：(028)85408408/(028)85401670/
　(028)86408023　邮政编码：610065
◆ 本社图书如有印装质量问题，请寄回出版社调换。
◆ 网址：http://press.scu.edu.cn

四川大学出版社
微信公众号

邛崃文物图志编委会

顾　　问：高志刚　陈　聪　王志强
主　　编：肖　庆　胡立嘉　何吉民
副 主 编：曾　毅
执行主编：胡立嘉　陈瑞生
编　　著：胡立嘉
执行编辑：陈瑞生
摄　　影：彭明权　等
装帧设计：陈瑞生

记住乡愁

（代序）

前些时，立嘉先生送来一本由他执笔编著的有关邛崃文物史料方面的书稿，要我写一篇序。说实话，一开始，面对这80万字的厚厚一摞书稿我并不在意，以为无非"临邛自古称繁庶，天府南来第一州"之类的老套套，或者只是一本专业性的文物志。后来，随手一翻，看了几段，觉得很有意思，既是以文物写文物，但又不同于一般的文物介绍，有点，有面，还有历史的脉络，或许说叫历史的"背景链接"。从文本的角度讲，这本文物图志已经跳出了传统意义上志书只记不议的模式，而对某些文物本体的历史、文化和艺术价值及其意义做了必要的述评，扩大了信息量；再配有大量精美的图片，使其具有很强的可读性和视觉冲击力，非常符合现代人的阅读习惯。于是我打起精神从头阅读，慢慢地被书稿的内容震撼：哦，我们邛崃现今居然还有这么多的好东西！邛崃的先民，用他们的勤劳和智慧，在川西坝子上曾创造过如此辉煌的历史！合上书稿，我耳边响起今天最时兴的一句话："记住乡愁！"我想，我们该怎样记住乡愁，用什么来记住乡愁？

我们天天在讲临邛是四川省级历史文化名城，筑城置县已经有2300多年的历史，可是经过20世纪一百年，特别是近五十年来的"破四旧"和"旧城改造"，我们今天真正还能看到的东西是太少太少了，已经找不到几处保存完好，值得向人们炫耀古城历史文化的东西。说起邛崃丰富的历史文物，值得让人伸出大拇指但如今早已灰飞烟灭的东西很多，十分令人痛心，也值得人们反思。正像十多年前在某个文化旅游座谈会上大家所说的几个"如果"一样："如果邛崃的城墙和城楼不拆……""如果邛崃的城隍庙不拆……""如果邛崃的文庙不拆,月呃塘不填……""如果……"谁知就在大家议论这些"如果",希望不要再发生类似这些"如果"而产生的"后果"时,又迎来新一轮更大规模的"旧城改造"。作为巴蜀四大古城之一的临邛,风韵日渐消失。在不断拆毁古代优秀标志性建筑和历史文化街区的同时,硬生生把一些现代水泥建筑"穿衣戴帽",伪装成不伦不类的"古建筑",冒充古城古镇,美其名曰"打造"。这不能不说是一种遗憾。

其实,历史文物、历史文化的保护同社会进步、经济发展本来是相互依存的。历史文物、历史文化的保护与传承丝毫也不会阻碍地方经济发展,相反,作为一种丰厚的历史文化资源,它们还可以转化为促进地方经济发展的强大资本。西北的平遥古城,西南的丽江古城,以及湘西的凤凰古城等,当然也包括四川的阆中古城、昭化古城,都是利用文物促进地方旅游经济大繁荣、大发展的例证。1935年11月红军南下住在高何的石塔寺,很好地保护了寺庙和石塔,才使我们今天还能有幸看到这座全国重点文物保护单位的"古塔奇葩"和红军遗留的"苏维埃旧址",也使得这里成为四川省和成都市"爱国主义教育基地"。1973年,邛崃县委书记茹彬在那个特殊年代,对小柏树水库工程的修建大胆提出"要保护好千佛岩,那是文物",使我们今天能再睹"国宝"千佛岩唐代石窟的风采。1985年,顾志军同志任羊安镇镇长时,发现农民把珍贵的汉代画像砖拿去砌猪圈,马上保护起来,交给文物部门收藏,给我们留下了了解汉代古临邛社会、经济的重要实物资料。当然,当年也曾发生过下坝公社书记把下坝的汇川塔拆了,塔砖拿去修公社礼堂的事。事后,被当地一位教师写信告到文化部长周扬那里,周部长亲自批转,四川方面撤了该公社书记的职。无独有偶,当年填月呃塘(文庙泮池)修灯光球场,"就有人想打回澜塔的主意"——拆下回澜塔的砖,用来修灯光球场!当时幸得有识之士进良言,而领导也能纳谏,才使这座名列"成都之最"、四川省级文物保护单位的全国第三高的古砖塔得以幸存。2004年11月,邛崃市委书记谢志迪离任前曾召开了一次文化界人士座谈会。会上,他对在邛崃"旧城改造"中的某些决策失误做了深刻反思并勇于承担责任,同时明确指出:"北街绝不能再拆了,一定要保护好。"这个决定,正是大北街今天还可算作真正意义上的临邛老街展示给世人的原因。所以我想,如果我们能多一些如茹彬、顾志军和那些能纳谏、自觉自省的领导,少一些把《中华人民共和国文物保护法》

说成"那是你们文物部门的法"的人,再多一些下坝的老师和大胆向上级进良言的有识之士,那么,我们祖先所留下来的这些优秀的历史文化遗产,将会在我们这一代和下一代手中得到更好的保护和传承,让我们的子孙后代更加了解自己民族和自己家乡的历史,更加热爱自己的家乡,而不是只在书本上、图片上,或只能在博物馆看见这些"老祖宗留下的宝贝"。如果出现这种情况,我们将到哪里去寻找"自立于世界民族之林"的自豪感?

"修志问道,以启未来"。这本《邛崃文物图志·不可移动文物卷》,集邛崃几代文物工作者数十年的心血,把"劫后余生"的这批历史文物系统地介绍给大家,总算是给后人一个交代。我认为功德无量。

让我们共同守护我们的精神家园,记住乡愁。

梁旭仲

2014年12月

梁旭仲:四川邛崃人。四川大学客座教授,四川省历史学会顾问,四川省文化厅原副厅长、四川省文物管理局原局长。

前　言

邛崃，古称临邛。战国秦灭巴蜀之后，于秦惠文王更元十四年（公元前311年），由秦相张仪和蜀守张若主持修筑成都、郫（县）、临邛和江州（巴县）四城，史称"巴蜀四大古城"。筑城置县已经有2300多年的历史。

古临邛独特的交通战略位置、丰饶的物产和秦汉时期"移民政策"的实施，以及天然气的利用，进一步促进了临邛以盐铁、酒类为主的工商经济的发展，奠定了两汉时期临邛作为蜀中乃至西南地区工商重镇的历史地位。唐宋时期，随着经济发展和"茶马互市"的兴起，临邛酿酒、制茶、陶瓷、蚕桑、纺织、造纸、印刷生产也达到高峰。书院、道教的兴起和佛教的传入，促进了临邛多元文化的发展与繁荣。

几千年来，古代先民在这块土地上创造了灿烂的文化，留下十分丰富的历史文物。从新石器时代的石器到战国、秦汉青铜器、铁器、玉器、陶器，从唐代造像、青瓷到明清建筑、古钱币、名人字画，从古遗址到古墓葬，无不折射出临邛历史的辉煌，无不展现出临邛古代先民的聪明才智。迄今为止，邛崃市范围内共有全国重点文物保护单位4处8点，四川省文物保护单位9处11点，成都市文物保护单位24处，邛崃市（县）文物保护单位11处，挂牌保护古建筑19处，上点文物632处，市文物局馆藏文物5700余件。

本书以邛崃市域范围内现存的大量不可移动文物为主，选取其中一些有代表性的文物，分类收录编写，配以精美图片，以求图文并茂，符合现代人的阅读习惯，让读者从中窥见邛崃悠久的历史和丰富的文化内涵，激发其热爱家乡的情怀，增强尊重历史、保护文物的意识。同时，根据《中华人民共和国文物保护法》，在加强文物保护的前提下，充分有效地综合利用文物资源，发挥其爱国主义教育功能，大力发展旅游产业，促进地方经济发展，更好地发挥"两个效益"，则是本书编写的初衷。

编者

2017年5月

目录

上

001／ 漫话临邛
022／ 建制沿革

遗址

032／ 冉义烂坝子遗址
033／ 附录：下坝出土石器
033／ 牟礼依政县遗址
035／ 临邛龙兴寺遗址
041／ 附录一：□□灯台赞并序
043／ 附录二：邛崃唐代石刻造像中低温陶瓷彩釉装饰运用初探
045／ 天池山佛会寺遗址
046／ 水口牛心寺遗址
048／ 寨沟静封寺遗址
049／ 道佐川主庙遗址
050／ 火井云会寺遗址
052／ 火井燃灯寺遗址
053／ 火井三圣宫遗址
054／ 南宝弥陀寺遗址
055／ 天台山中胜寺遗址

056/ 天台山明天庵遗址
057/ 天台山经论院遗址
058/ 火井孤峰庵遗址
059/ 寨沟新庵子寨遗址
060/ 天台山朝阳观遗址
063/ 平乐芦沟张碾造纸作坊遗址
064/ 平乐钟灵村造纸作坊遗址
065/ 平乐黑凼子造纸作坊遗址
066/ 道佐张店黑凼子造纸作坊遗址
067/ 南方丝绸之路（茶马古道）（邛崃段）
071/ 附录一：南方丝绸之路（茶马古道）邛崃段现状
075/ 附录二：严道（荥经）《何君尊楗阁刻石》
076/ 夹关临江冶铁遗址
077/ 平乐冶铁遗址
078/ 铁墩子冶铁遗址
078/ 临济铁屎冲冶铁遗址
079/ 南宝炼铁土高炉
083/ 十方堂邛窑遗址
094/ 附录一："两研会"和"邛崃古陶瓷科技研讨会"在邛崃召开
096/ 附录二：试论"邛窑"衰败之原由
101/ 固驿瓦窑山遗址
103/ 大渔村窑遗址
105/ 尖山子窑遗址
106/ 柴冲窑遗址
107/ 官庄窑遗址
108/ 黄鹤窑遗址
108/ 碗厂头窑址
109/ 植碗厂窑遗址
110/ 碗厂山窑遗址
110/ 周碗厂窑遗址
111/ 临济碗厂村窑遗址
111/ 严碗厂窑遗址
112/ 古火井县衙遗址
113/ 油榨古火井、盐井遗址
114/ 附录：历史典籍中的火井
116/ 古盐井遗址

石窟造像

邛崃唐代摩崖造像

121／ 石笋山唐代摩崖造像
136／ 附录：石笋山菩提释迦二像龛铭
137／ 夫子岩唐代摩崖造像
141／ 花置寺唐代摩崖造像
146／ 附录一：大唐嘉定州邛县花置寺新造无量诸佛石龛像记
148／ 附录二：大唐嘉定州邛县花置寺新造无量诸佛石龛像记跋
149／ 附录三：花置寺宋代题刻（三则）
149／ 附录四：烹茶岩摩崖题刻
150／ 磐陀寺唐代摩崖造像
156／ 附录一：磐陀寺唐代摩崖造像记
157／ 附录二：磐陀寺摩崖纪事碑
158／ 天宫寺唐代摩崖造像
163／ 鹤林寺唐代摩崖造像
169／ 附录：点易洞民国摩崖造像
171／ 石笋寺唐代摩崖造像
172／ 响水滩千佛岩唐代摩崖造像
174／ 岩鹰寺唐代摩崖造像
174／ 佛爷槽唐代摩崖造像
175／ 小佛沟唐代摩崖造像
176／ 大佛沟唐代摩崖造像
178／ 佛爷山唐代摩崖造像
178／ 石佛子唐代摩崖造像
179／ 石佛爷唐代摩崖造像
179／ 长虹明代摩崖造像
180／ 大佛寺明代摩崖造像
180／ 猴石梯明代摩崖造像
182／ 钻子岩清代摩崖造像
183／ 附录：石窟造像名录

古建

民居

193/ 临邛宁宅
197/ 临邛林家大院
199/ 临邛周大院子
201/ 临邛周宅
203/ 临邛东街何家大院
205/ 临邛花园巷何宅
206/ 临邛青石桥严氏民居
208/ 临邛棠子沟李宅
211/ 临邛李宅
212/ 花楸李家大院
216/ 临邛吴家大院
217/ 平乐何家院子
219/ 官田李家大院
222/ 官田李家院子
224/ 花楸徐家大院
227/ 花楸杨家大院
229/ 火井河南街41号民居
232/ 高何陈家大院
235/ 高何季家大院
237/ 水口南沟头王家院子
238/ 天台紫荆高家大院
239/ 夹关杨家院子
241/ 夹关临江王家院子
244/ 新街王家大院
245/ 兴贤李杰泰民居
247/ 永丰李家院子
248/ 前进凤凰曹宅
249/ 前进马桥刘家院子
250/ 羊安新建程家院子
252/ 茶园谢家大院

253／　大同余家大院
256／　临邛西街赵宅
258／　临邛骆家大院
261／　临邛文脉巷 18 号民居
262／　临邛大北街张家大院
264／　临邛学道街张公馆
265／　临邛苏家大院
268／　临邛苏山苏家院子
270／　临邛周烧坊周家院子
272／　临邛兴贤街 123 号民居
273／　火井邱氏海屋
277／　冉义刘公馆
280／　夹关高家院子
281／　平乐银家大院
283／　固驿黄氏民居
285／　牟礼吴家院子
285／　牟礼阎家龙门子
286／　道佐郭家大院
289／　天台山张氏民居
290／　临邛金氏民居
292／　道佐蓝靛坊

碉楼

296／　平乐徐家石碉楼
297／　水口张家碉楼
297／　水口何家碉楼
298／　夹关龚店郑家碉楼
299／　夹关熊营高家碉楼
301／　临济肖家碉楼
302／　夹关李岗碉楼
302／　道佐黑凼子石碉楼

碾房

304／　银杏溪碾房

305／ 彭水碾
306／ 郭河坝碾房

寺庙宫观

310／ 鹤林寺·了翁祠
316／ 附录一：邛州白鹤山营造记
317／ 附录二：重修鹤山旧读书台记
318／ 附录三：重建鹤山书台碑记
319／ 兴福寺·石笋寺
329／ 附录一：募资重修三圣宫叙言
329／ 附录二：石笋寺三圣宫木刻碑记
330／ 永乐寺
332／ 磐陀寺大雄宝殿·泥塑·壁画
336／ 开元寺山门
337／ 宝林大悲庵
340／ 元芳庵大殿
342／ 吊水寺
343／ 夹关二龙山庙
345／ 大同观音庙
346／ 火井城隍庙
348／ 齐山会石庙子
349／ 寨沟石庙子
350／ 文武宫石庙子
351／ 幽居寺
353／ 火井观音阁
354／ 道佐寨沟玉静寺
357／ 回龙兴隆寺中殿
359／ 南宝（秋园）回龙寺
360／ 大同石经寺
362／ 临邛宝水庵
364／ 南宝秋园金甲庙
364／ 平乐大悲寺
366／ 南宝（秋园）常乐寺
367／ 平乐七佛寺
367／ 天台山土地堂

368／ 文笔山梦花庵观音殿
369／ 大同九顶山石室
371／ 茶园风水庙
371／ 冉义文昌宫
373／ 花置寺观音殿
374／ 道佐汪家山土地庙
375／ 高何石塔寺
380／ 平乐关帝庙

园林

382／ 文君井园林
388／ 附录一：文君井·琴台·瓮亭
389／ 附录二：重修琴台文君井古瓮亭记
390／ 附录三：重修琴台文君井古瓮亭记后碑
391／ 附录四：司马相如列传（节）
392／ 自叙传（节）

下

塔·字库

395／ 石塔寺石塔
397／ 附录一：敕赐邛州火井县礼泉乡永宁里镇西山大悲院石碑序
398／ 附录二：重刊古志碑后记
399／ 附录三：释迦如来真身宝塔纪事功德碑（正面）
400／ 附录四：纪事功德碑（背面）
401／ 附录五：大悲院石塔塔铭
401／ 附录六：邛崃大悲院石塔建筑艺术
405／ 回澜塔
408／ 附录：回澜塔建造特点
411／ 兴贤塔
414／ 附录一：兴贤塔铭（一）

414/ 附录二：兴贤塔铭（二）
414/ 附录三：兴贤塔铭（三）
415/ 附录四：三教合流的兴贤塔
418/ 云居塔
419/ 灵空塔
420/ 崇嘏塔
421/ 附录：火井荣华塔铭
422/ 倪字库
423/ 温字库
424/ 联升塔
426/ 文笔塔
427/ 西塔
428/ 附录：重修西南双塔记
429/ 杜沟字库
430/ 康槽字库
431/ 冯坝小字库

牌坊·照壁

432/ 天台山石牌坊及照壁
435/ 天池山中峰寺石牌坊
437/ 天台山照壁及石狮
438/ 临邛川南第一桥石牌坊
441/ 附录一：邛州川南第一桥碑记
441/ 附录二：新修川南第一桥碑记
442/ 前进杨何氏石牌坊
443/ 天台山陈祠堂牌坊

亭台楼阁

445/ 鼓楼
447/ 瓮亭
448/ 万年台
450/ 文昌宫奎星阁
452/ 南华宫戏台

祠堂

453/ 夹关大宗寺李祠堂及照壁
454/ 道佐三官祠
456/ 水口叶家祠堂
458/ 南宝朱家祠堂
460/ 油榨赵祠堂
462/ 油榨天罡祠
463/ 水口川王宫李家祠
465/ 平乐花楸李家宗祠
466/ 临邛余祠堂
467/ 大同陶祠堂

教堂

468/ 西街天主堂
471/ 牟礼吴圣堂

古井

475/ 詹氏井
476/ 八卦井
476/ 秦水井
477/ 王家井
478/ 陈槽井
478/ 龙眼井（泉）
479/ 何家井
481/ 凉水双井
481/ 吕塥井
482/ 任湾井
483/ 周林盘井
483/ 阎家井
483/ 夹关文庙墨池

古桥

485／ 临邛川南第一桥
487／ 平乐乐善桥
488／ 平乐金鸡桥
489／ 天台塔子坝高桥
490／ 临邛白鹤桥
491／ 景沟廊桥
492／ 大同紫涧溪廊桥
493／ 茶园头堰铁索桥
495／ 茶园周沟桥
496／ 谢家坝铁索桥
496／ 天台杨沟廊桥
497／ 水口平安桥
499／ 大同猴嘴桥
499／ 火井福禄桥
501／ 道佐汪沟桥
501／ 磐陀寺竹溪桥
502／ 临邛松安桥
503／ 临邛青石桥
503／ 临邛文兴桥
504／ 临邛赵店子桥
505／ 牟礼女儿桥
505／ 大同镇龙桥
506／ 平乐五松桥
507／ 天台文福桥
508／ 大同龙凤桥
509／ 大同福善桥
510／ 大同天生桥
511／ 大同万福桥
512／ 道佐天生桥
512／ 固驿平康桥
513／ 三和乐善桥
515／ 道佐双溪河桥
515／ 固驿黑石桥
516／ 火井状元桥
517／ 牟礼开元桥
518／ 平乐永远桥

520/ 临邛盐坝四德桥
520/ 水口飞仙桥
521/ 夹关永寿桥及桥碑
523/ 附录：万福桥序
524/ 冉义马代桥
525/ 天台山冯坝张家跳墩桥
526/ 前进宋水碾桥
527/ 临邛陈水碾桥
527/ 桃源桥及桥碑
529/ 临邛福康桥
530/ 附录：修福康桥并十里长途记
530/ 荆茂桥及桥碑
531/ 神雨灵廊桥
532/ 植板桥
533/ 临邛保胜桥
533/ 干塘小桥楼
534/ 洗马石平桥
535/ 解放渡槽
536/ 天油渡槽

近现代遗址及建（构）筑

539/ 石塔区苏维埃政府旧址
542/ 太和区苏维埃政府旧址
543/ 红军石刻标语
545/ 高兴村红军医院旧址
547/ 王家村红军医院旧址
548/ 川主庙碉堡
549/ 白果树碉堡
550/ 大垭口碉堡
551/ 和尚岩红军战壕遗址
553/ 南宝秋园岗楼
553/ 川西剿匪阵亡烈士纪念塔和烈士纪念碑
556/ 夹关剿匪纪念碑
557/ 附录：中国人民解放军二野十八军五十三师一五九团剿匪纪念碑碑文

墓葬

土冢墓

559/ 严君平墓
560/ 附录：民国《邛崃县志》卷一《严君平墓》
562/ 杨世安墓
564/ 附录：杨世安墓碑序
565/ 庾会庵双墓
567/ 附录：庾会庵墓志
568/ 大宗祠墓群
569/ 桅杆塝墓群
570/ 水口杜氏宗墓群
572/ 刘朝选墓
574/ 吴开先夫妇墓
576/ 谢国柱夫妇墓
577/ 吴日慎夫妇墓
578/ 大同大坪墓群
580/ 侯氏墓群
582/ 杜氏墓群
585/ 吴祠堂墓群
589/ 水筒口墓群
591/ 张君才夫妇墓
593/ 陈文灿墓
594/ 吴洪夫妇墓
595/ 大丫口墓群
597/ 王清夫妻墓
600/ 楠木溪墓群
603/ 高兴村墓群
605/ 茂楠树墓群
607/ 靖口村王氏墓群
608/ 季氏墓群
610/ 骆世秀夫妻墓
613/ 庙子山梁氏墓
614/ 吴加第夫妻墓

615／ 何仲祥墓
616／ 三和墓群
618／ 杨登明夫妻墓
621／ 山湾桥墓群
624／ 黄崇嘏墓
625／ 附录一：王蜀女状元黄崇嘏墓
625／ 附录二：女状元
625／ 附录三：玉溪编事·黄崇嘏
626／ 附录四：黄崇嘏墓
626／ 附录五：临邛女参军黄崇嘏刻石
627／ 郭文相夫妻墓
629／ 吴氏墓群
631／ 喻氏墓
633／ 温钟才夫妻墓
634／ 傅万相墓
636／ 徐氏墓群
639／ 寂庆大和尚墓
642／ 灵光寺僧海云墓塔
644／ 张星应墓
646／ 李永松夫妻墓
648／ 造纸坊李氏墓
650／ 张氏墓群
653／ 张星映夫妻墓
654／ 叶家墒墓群
658／ 李春和夫妻墓
660／ 青冈林墓群
662／ 李崇福夫人余氏墓
663／ 附录：李崇福墓志
664／ 蔡氏墓地

汉墓

668／ 象鼻山汉墓
669／ 古松庵汉墓
669／ 大墩子汉墓
670／ 墩墩儿汉墓

670/ 中安村汉墓
671/ 汪大坟园汉墓
671/ 何林汉墓
672/ 黄大坟园汉墓
672/ 艾山墩汉墓
673/ 金鼓墩汉墓
673/ 汪巷子汉墓
674/ 瓦窑墩汉墓
674/ 陈水碾汉墓
675/ 朱墩子汉墓
675/ 杨大坟园汉墓
676/ 金鹅村汉墓
676/ 老古庙汉墓
677/ 黄烧房汉墓（1）
677/ 黄烧房汉墓（2）
678/ 凤义店汉墓（1）
678/ 凤义店汉墓（2）
679/ 何墩子汉墓
679/ 江山汉墓
680/ 清河村汉墓
680/ 三墩坝汉墓
681/ 三座坟汉墓
681/ 三河村汉墓
682/ 木兰地汉墓
682/ 杨坟园汉墓
683/ 石羊庙汉墓
683/ 敖坟园汉墓
684/ 刘墩子汉墓
684/ 刘高坎汉墓
685/ 乔坟园汉墓
685/ 任坟园汉墓
686/ 海会寺汉墓
686/ 官坟园汉墓
687/ 刘大坟园汉墓
687/ 青龙嘴汉墓
688/ 虎墩子汉墓

688/ 波耳（般若）寺汉墓
689/ 古墩子汉墓
689/ 代墩子汉墓
690/ 张墩子汉墓
690/ 蒲墩子汉墓
691/ 开元寺汉墓
691/ 毛墩子汉墓
692/ 王墩子汉墓
692/ 苏墩子汉墓
693/ 大墩子汉墓
693/ 康坟园汉墓
694/ 曾坟园汉墓
694/ 磨盘墩汉墓
695/ 游狮山汉墓
695/ 叶墩子汉墓
696/ 王洞山汉墓
696/ 广东坟汉墓
697/ 胡林盘汉墓
697/ 汤营汉墓
698/ 马墩子汉墓
698/ 刘大坟园汉墓
699/ 高山墩汉墓
699/ 歇马殿汉墓
700/ 朱幺店汉墓
700/ 王山墩汉墓
701/ 樊哙坟汉墓
701/ 古坟园汉墓
702/ 土墩子汉墓
702/ "皇坟"汉墓

崖墓

703/ 金钵村崖墓
704/ 张岩崖墓群
704/ 香岩寺崖墓群
705/ 孔明观音洞崖墓

706/ 元兴村崖墓
706/ 小岩子崖墓群
707/ 任湾崖墓
707/ 徐埂崖墓
708/ 蛮洞子崖墓
709/ 梁山村崖墓
709/ 酒坊头崖墓
710/ 仙人洞崖墓群
711/ 附录一：邛崃羊安汉墓群考古发掘一期工作简报（摘）
715/ 附录二：邛崃出土汉画像砖艺术浅析
723/ 附录三：邛崃2014年新出土汉画像砖简介

碑刻

732/ 高山寺摩崖石刻
733/ 磐陀寺摩崖石刻
734/ 竹溪摩崖石刻
734/ 中峰寺石刻
736/ 附录：西竺天台山佛会寺全图（印版）
737/ 附录：邛崃市文物保护管理所请示

741/ 后记

漫话临邛

胡立嘉

邛崃，古称临邛，位于四川盆地西南边缘，成都平原西南边缘至川西龙门山脉前沿的过渡地带。四川盆地大约在7000万年前还是一个广阔的内陆湖，而古临邛则正好在盆周西南底部与周围山区的分界处。东西部地形不同，由东向西南逐步由平坝向浅丘、中丘、深丘和山地过渡。四季分明，雨量充沛，境内水道纵横，既有利于农田灌溉，又有利于交通，具备发展农业生产的良好自然条件。

在临邛这片古老而富饶的土地上，很早就有古人类生息繁衍。临邛古代历史也是四川古代历史的一个重要组成部分。它同样经历了原始社会、奴隶社会和封建社会三个历史阶段，在经济、文化等各方面都创造过历史的辉煌，这一点是不容忽视的。

一、新石器文化遗存与临邛古代先民

1995年，由成都市文物考古研究所、四川大学考古系和日本早稻田大学联合在紧邻今邛崃市羊安镇界之东北约5公里处的新津县龙马乡宝墩村，发掘出距今约4500年前的史前古城遗址，当地人传说为三国"孟获城"，俗称"龙马古城"。清理出土了磨制石器的石斧、石锛和各类陶器陶片。其时代早于三星堆和金沙遗址，是成都平原又一重要的新石器时代考古学文化遗存，也是成都平原古蜀文明的源头之一。

1979年，在紧邻今邛崃市西南临济镇界之东约15公里处的蒲江县光明乡金花村盐井沟（因有宋代著名的盐井"金釜井"得名）发现新石器时代的石器（石斧、石锛、磨石器）以及陶纺轮和陶器戎片等。

2003年又在紧邻今邛崃市以北之大邑县盐店村和紧连邛崃原君平乡的大邑县高山镇古城村，由成都市文物考古研究所清理发掘出两处史前古城遗址，出土新石器时代石器和陶器残片标本。

1992年春，邛崃原下坝乡洗马村三组（今属平乐镇洗马社区），村民杨忠华在自家屋后山坡台地取土时，在地表下约0.8米处发现新石器时代石器7件：石斧1件、石锛2件、石凿1件、石刮削器3件（现藏于邛崃市博物馆）。该出土地与蒲江县光明乡金花遗址相近，出土石器形制相同，应属同一文化类型。

2009年5月，在邛崃市东北的冉义镇石子村5组、斜江河北岸台地中间的农田里，村民吴永红在打井时发现"荷包形"通体磨光石斧1件。邛崃市文物管理局当即派人陪同笔者前往现场勘察，进一步在现场采集到石刮削器和石斧残件以及大量夹砂灰陶绳纹陶片，可以初步确定为新石器时代晚期遗址。该地距离其东面的新津宝墩遗址约10公里，应该属于宝墩文化的辐射范围。

从地理位置来讲，从战国末到秦初，新津宝墩、蒲江金花大体都应属于古临邛范围。而大邑盐店、高山则晚到初唐仍属古临邛县。从这几处出土的新石器时代石器、陶器（残片标本）分类来看，无疑属于同一时期（略有先后）的同一文化类型。这些文物考古资料足以证明，早在大约4500年以前，古临邛先民就已经生活在这块土地上，而这一时期生活在这块土地上的先民依旧是以氏族形态分散居住，其族属大致可以归为"百濮系统"。

二、青铜时代与古代蜀国

从传为西汉扬雄所撰的《蜀王本纪》到东晋蜀人常璩的《华阳国志》，都有大量古代蜀国的历史记载与传说：蜀先名蚕丛，后代名曰柏濩，后者鱼凫，荆有一人名鳖灵……鳖灵尸随江水上至郫，遂活，与望帝相见，望帝以鳖灵为相……鳖灵即位，号曰开明帝。开明王朝"凡王蜀十二世"。古蜀国这一时期相当于中原商周时期奴隶社会。"亡于周慎靓王五年"（公元前316年）。这些历史文献为"三星堆遗址"和"金沙遗址"的发现所证实。

1. 广汉三星堆遗址

遗址位于广汉南兴镇三星村、真武村、回龙村和三星乡人民村、仁胜村鸭子河、牧马河台地上。1929年始发现，出土大量青铜器、金器、玉石器、象牙、陶器等。其中尤以直立铜人、纵目面具和神树、金杖最有代表性。考古发现证明，该遗址已有城址，是距今约4500—3000年前，即从新石器时代晚期至相当于中原商周时期，由成都平原土著文化与外来文化相融合形成的古蜀国王都遗址。

三星堆遗址出土的金面罩人头像

2. 金沙遗址

金沙遗址位于成都市西苏坡乡金沙村，2001年2月28日民工开挖"蜀风花园"工地时始发现。考古发掘出土大量青铜器、金器、玉器、石器、象牙、海贝和各类陶器标本。尤以"太阳神鸟"金箔最为著名。其中出土的一件青玉玉琮被史学专家李学勤先生等认定为"外夹"器物，具有明显的良渚文化玉琮特征。考古资料显示，出土器物大部分为商代晚期（约公元前17世纪—前11世纪）和西周早期（约公元前11世纪—前771年），少部分为春秋时期（公元前770年—前476年）。该遗址是相当于中原商周晚期至西周时

三星堆遗址出土的青铜鼎

金沙遗址博物馆

期古蜀王朝活动中心（国都），与三星堆有着密切的关系，其相对年代稍晚于三星堆，较好地解释了三星堆消亡之谜。三星堆的"纵目铜人"形象和金沙遗址"太阳神鸟"鱼凫纹（鱼老鸹）也与古代文献中古蜀王朝历史的记载大体吻合。

晋人常璩《华阳国志·蜀志》称，"杜宇称帝，号曰望帝，更名蒲卑……乃以褒斜为前门，熊耳、灵关为后户，玉垒、峨眉为城郭，江、潜、绵、洛为池泽，以汶山为畜牧，南中为园苑……开明号曰丛帝。丛帝生卢帝，卢帝攻秦至雍（陕西凤翔）。生保子帝，（保子）帝攻青衣（雅安芦山），雄张

金沙遗址出土的陶器

僚僰。"九世去帝号称王,并将都城自樊乡徙治成都。由此看来,无论是古代文献记载或是考古研究都证明,古代临邛地域为古蜀国领地。其土著先民当已经逐步与南下之羌、西渐之濮等民族相互交融,过着农耕形态的生活。

三、秦汉时期的古临邛

1. 秦灭巴蜀与临邛筑城置县

战国末年,蜀与巴相友善而又时有摩擦。蜀与秦虽时有冲突,蜀曾"攻秦至雍",然也时有交流。秦惠文王元年(周显王三十二年,公元前337年),蜀国也曾派遣"蜀使朝秦"。秦惠文王与蜀王还"会猎于褒谷"。褒谷在秦地。"惠王以金一笥遗蜀王,(蜀)王报珍玩之物"。而"惠王……许嫁五女于蜀,蜀遣五丁迎之"。《史记·货殖列传》也称秦文公到秦穆公时"都于雍","隙陇蜀之货物而多贾"。由此足见蜀秦官方交往与民间交流均十分密切。另外从文物考古角度看,古蜀也绝非此后一千年的唐代浪漫派大诗人李白诗中所言:"蚕丛及鱼凫,开国何茫然!尔来四万八千岁,不与秦塞通人烟。"事实上,古代蜀国在当时是一个经济、军事、文明程度都不怎么逊于中原的文明古国。这一点也早被秦等一些国家的良臣、谋士、明君所认同。当年苏秦于秦国游说秦惠文王时就曾向惠文王介绍古之巴蜀:"大王之国,西有巴蜀汉中之利。"公元前318年,秦军举全力击败攻秦之联军后,惠文王意欲东扩,在高层将领中引发争议。司马错、田真黄等人力主先伐巴蜀,其理由是:"蜀有桀纣之乱,其国富饶,得其布帛金银,足给军用。水通于楚,有巴之劲卒,浮大舶船以东向楚,楚地可得。得蜀则得楚,楚亡则天下并矣。"惠文王遂精心策划"伐蜀"。周慎王五年(秦惠文王更元九年,公元前316年)秋,秦大夫张仪、司马错、都尉墨经"石牛道"伐蜀。所谓"石牛道"又名"金牛道",传为公元前321年秦借口送蜀王"便金石牛"而欺骗蜀人改扩建的一条蜀—秦古道。这条古道从今陕西省勉县西南翻越七盘山进入四川境内广元市朝天驿嘉陵江河谷,自古就是由汉中南下入蜀的通道。秦兵伐蜀,蜀王率兵仓促应战于葭萌关(今广元昭化),大败。"蜀王为秦军所获",太傅、太子等战死于今彭州市以北白鹿山。是年"冬十月,蜀平","贬蜀王更号为侯"。设蜀郡,以陈壮为相,张若为蜀守。对古蜀国非华夏民族之地实行"郡县制"和"君长制"并行的"羁縻政策"。其后复于秦惠文王更元十四年（公元前 311 年）由张若主持在成都、郫、临邛筑城置县，实行蜀地最早的郡县制。成都、郫、临邛三县、城互为犄角。郫、临邛拱卫成都，又分别北防冉、駹、西戎，南御邛僰。当时所筑临邛城应为兼带管理和防御功能的木城。"临邛城周回六里，高五丈，造作下仓，上皆有屋，而置观楼射兰"。其规模周回约合今 2.6 公里。城下部有储备物资的仓库，其上部为防御功能的瞭望台和射箭工事，功能用途十分明确。最初的临邛县所辖范围大约东至今新津，北至崇州、都江堰一部与郫县辖地接壤，西南包括今蒲江和雅安大部，远至大相岭（古邛来山、邛崃山、邛笮山）以北，临近古邛族人居住之地的邛崃山，故取名"临邛"。《华阳国志》所载"临邛县　郡西南二百里，本有邛民"，即指今雅安荥经一带"本有邛民"，"山曰邛崃，浸曰邛水，毛曰筰竹"。荥经河古称"邛水"，而历史上著名的"临邛九折坂""邛濮九折坂"，实际上在今天的荥经县和汉源县境。由此可证：其一，古临邛战国时期秦建县之初辖地大致范围；其二，古临邛是取名临近邛崃山邛人居住之地，而非今之邛崃市辖地"本有邛民"。新莽改"临邛"为"监邛"。《说文解字》："监，临下也。""监""临"二字相互转注，亦可证。其置县最晚不会晚于筑城第二年，即公元前 310 年。有称"秦始皇二十六年（公元前 221 年）始置临邛县"的提法值得商榷。始皇嬴政二十六年，秦灭齐而克定六国，一统天下。这时候的秦国已经全面推进并完成了郡县制，这与战国秦在此之前 90 年灭蜀置蜀郡并最先在三地置县以加强蜀地管理不是同一概念。

秦始皇于公元前 222 年灭赵之后，为防止赵国之豪侠叛乱和加强对蜀地的统治，"乃移秦民万家以实之"（《华阳国志》），把赵国一些工商大户迁往蜀地。大量工商业者的迁入，对临邛以及四川的发展都起到极大的促进作用。"原其由来，染秦化故也。若卓王孙家僮千数，程郑亦八百人"（《华阳国志》）。

以卓氏为代表的一大批掌握着中原先进工艺技术和知识以及财富的移民，对临邛手工业、冶金制造业、商业的发展起到了重要作用。"秦……克定六国，辄徙其豪侠于蜀，资我丰土。家有盐铜之利，户专山川之材。居给人足，以富相尚，故工商致结驷连骑，豪族服王侯美衣"（《华阳国志》）。谈到临邛卓氏，则称"秦破赵，迁卓氏。……致之临邛……，即铁山鼓铸，运筹策，倾滇蜀之民，富至僮千人"。称程郑"山东迁也，亦冶铸，贾椎髳之民，富埒卓氏，俱居临邛"（《史记·货殖列传》）。今凉山西昌地区出土的汉代铁制农具上有"蜀郡""成都"字样便是最好的历史见证。

临邛成为当时蜀郡乃至西南最大的冶铁工业基地。

临邛冶铸业的发展，铁器的大量使用，进一步促进了农田建设、水利工程的建设，盐井的开凿和矿产的开采，交通道路（水道、栈道、桥梁）的修建与改建，物产极大地丰富。随之而兴盛的酒类、蚕桑、纺织等商贸业，使古临邛得到更进一步的繁荣发展。古临邛所生产的盐、铁沿"蜀—身毒（印度）道"传播到今天的凉山、云贵西北部及更远。其纻麻布（蜀布）、筇竹杖则已远销到古印度河流域及大夏（今阿富汗北部）。

2. 两汉临邛经济的发展与繁荣

秦两汉时期先后设置临邛县和蒲阳县（蒲水河之阳，故名，治今牟礼永丰）。其建置及辖地多有变化。西汉前期承秦制，归蜀郡。

汉武帝初始，于建元六年（公元前135年）派遣唐蒙通夜郎。元光五年（公元前130年）通五尺僰道。次年又听从司马相如的意见并委以"中郎将"，"建节往使"西南夷。经成都，过临邛、雅安，渡大渡河进入凉山、西昌，再渡泸（金沙江）入云南。在云、贵、川边一带置一都尉，十余县。随着汉武帝"开发西南夷"，进一步与西南各族恢复交流，加强中央政权对西南边疆民族地区的统治管理，临邛的重要地位日显突出。

史载古临邛有高品位铁矿，"大如蒜子，火烧合之，成流支铁，甚刚"。现今"境内未发现铁矿层位，仅有零星分布的菱铁矿结核"（《邛崃县志》1993年版）。秦汉临邛冶铁工场主要集中在今邛崃城西南、平乐、夹关、临济和蒲江西来等地。炼铜工场则主要集中在今雅安荥经（严道）。燃煤主要分布在今大邑境内西部山区和雅安地区。

今邛崃西部的油榨、火井、南宝、平乐一带是临邛古盐井、古火井（天然气井）集中地，是世界上最早利用天然气煮盐的地方。左思在《蜀都赋》中用"火井沉荧于幽泉，飞焰高煽于天垂"这样的句子描述临邛古火井煮盐的盛况。这一带盐井中有"卤气共生矿"，即盐井中既有盐（卤）水，又含有天然气。古人发现并利用盐井中的天然气"还煮井水（盐卤）"熬盐，"一斛水得五斗盐，（用）家火煮之，得无几也"。临邛出产盐铁，故早在汉宣帝地节三年（公元前67年），朝廷就专门在临邛增设"盐铁官"，以加强这类物资生产、销售的管理。

邛崃境内留存下大量东汉砖室墓和崖墓群，出土大量的陶器、陶俑和铁器等。其中汉画像砖作为具象图画文物，弥足珍贵。在邛崃出土的这批汉代画像砖中，有描绘古代熬盐的场景（盐井、井架、提取盐卤、输送管道和用锅灶熬盐），有舂米、酿酒、市井，有桑园、收割、田园、弋射，有里坊、门阙、楼台、庭院，有庖厨、宴饮、歌舞、杂耍，有车马过桥、斧车出行、骑乐马队以及西王母神仙崇拜等社会、生产及生活场景，让我们今天能生动直观地了解汉代临邛繁华的景象。

3. 两汉古临邛文化教育、哲学与宗教的繁荣期

随着秦灭巴蜀和北方移民的大量迁入，古临邛除经济、技术、生产工艺外，文化教育、思想也受到极大的影响。其中不乏为避秦之战乱或秦始皇"焚书坑儒"而南迁隐居临邛的学者，最著者有胡安、严君平、林闾翁孺。这些人都对后世产生了不可估量的影响。

胡安，西汉人，于临邛白鹤山结庵课徒，研朱点《易》。"司马相如从之受经"后，于景帝末年"文翁兴学"时，在成都出任"石室精舍讲堂"教授。按《太平寰宇记》："石室，司马相如教授于此，从者数千人。"秦宓引《地理志》也说"文翁倡其教，相如为之师"。"汉家得士，盛于其世矣"（《蜀中名胜记》）。

严君平（公元前86年—公元10年），本名庄遵、庄君平。西汉临邛人，著名道家学者、思想家、教育家。隐居不仕，"卖卜于成都市，日得百钱以自给。卜讫，则闭肆下帘，以著书为事"。过着自给自足，著书立说的"散淡生活"。著书十余万言，有《老子注》、《道德真经指归》（《隋书·经籍志》作《老子指归》）、《周易骨髓》，把老子的道家学说更加系统化、条理化，并发扬光大，后世尊为"道书之宗"。被道教尊为"严仙"，建"严仙观""严真观"以祀奉。死后归葬临邛"童桥万石坝"。

汉赋大家扬雄与临邛有着千丝万缕的联系，严君平是扬雄的老师，扬雄"少时从游学"。另据《扬雄答刘歆书》所述，扬雄所著《方言》一书，也源于另一位老师——临邛林闾翁孺。扬雄写汉赋12篇，大多为仿司马相如之作。

西汉临邛才女卓文君和其夫婿蜀中才子司马相如，二人作为临邛的

骄傲，名扬千古。文君貌美多才，懂文赋，通音律，善理财，会相夫，有思想。她助夫在文学创作上取得伟大成就，在"出使西南夷"安邦定国方面建树不凡。她敢爱敢恨，成就了一段"凤求凰"的千古佳话。司马相如作为临邛女婿，不仅在临邛演绎了"琴挑""夜奔""当垆涤器"的浪漫爱情故事，还在卓文君的多方支持下，完成了"石室讲学""汉赋凌云""驷马高车""南抚夷越"和"封禅遗书"的伟业，留下赋、书、文、传12篇，成就一代功名，与文君双双名垂青史，这在中国古代史上也是很少见的。对于文君和司马相如，历史上褒贬不一，十分正常，不足为怪。但综观正史、野史，所诟病者无非就是"骗财"与"窃色"。诽议者又往往不能自圆其说，无非伪卫道者论。两千多年来，褒扬之声始终占据上风就是最好的证明。所谓"将聘茂陵女为妾，文君闻之，乃以《白头吟》相绝，相如乃止"，文字明晰，自不多言。倒是后世好事者借此演义出"数字诗（望郎诗）"之类市井文艺作品欲抹黑之。宋人田况《琴台诗》："西汉文章世所知，相如闳丽冠当时。游人不赏凌云赋，只说琴台是故基。"说的就是当今之人有几个还懂得司马相如的文学成就和凌云壮志，为大汉稳定西南边疆，安邦定国所建立之功勋，认为他只不过是一个"琴挑"少妇的风流才子罢了。

汉代临邛是中国道教主要的发源地之一。东汉顺帝时，有江苏沛国丰县人张陵入蜀，"学道于临邛鹤鸣山"（今属大邑县），创立"正一道"，又称为"无上三天无极大道"。张陵自号"天师"，故又名"天师道""张陵道"。又因入道的人每人需交五斗米，故又有称之为"五斗米道"。尊老子为教主，称"太上老君"。

四、三国两晋南北朝时期的临邛

前一时期的四川相对统一稳定。但到了东汉晚期和南北朝，战乱频繁，政权分裂割据，社会动荡，经济凋敝，临邛亦然。

在刘备主蜀、诸葛亮治蜀期间，临邛的冶铁、天然气煮盐、茶叶和蚕桑的种植都得到较稳定的发展。铁和盐作为军需物资，对"蜀国"有着重要意义。据晋人张华《博物志》载，诸葛亮驻军临邛时，曾亲往火井视察并改进天然气无节制取火燃烧的"自然方式"，用木盆盖井上（后用石板盖井口上），穿以孔，用竹管打通竹节为"竹笕"（管道）输气，大大提高了天然气能源的有效利用率。诸葛亮还在临邛、火井、茶园、桑园、孔

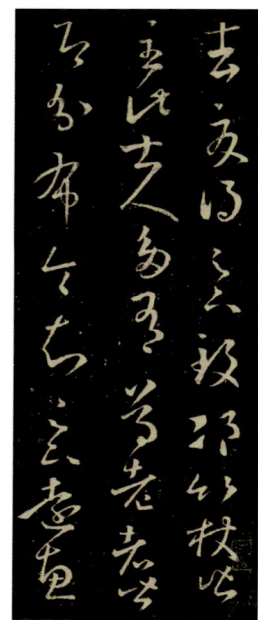

王羲之《十七帖》

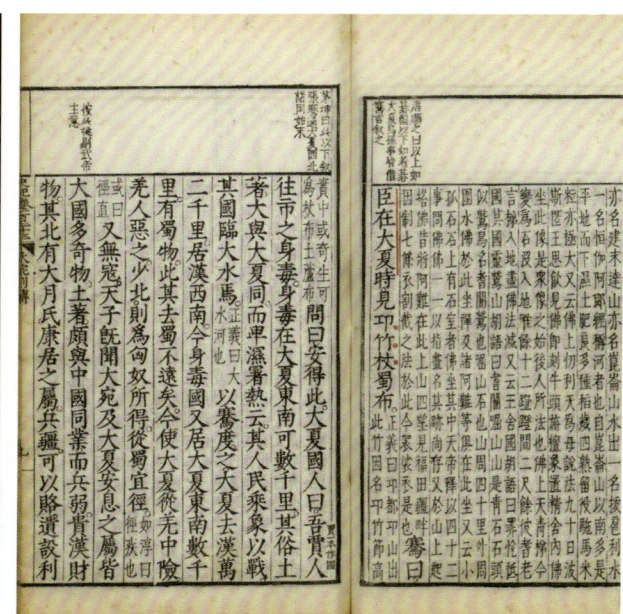

《史记评林》，明凌稚隆辑，万历年间吴兴凌氏刊本

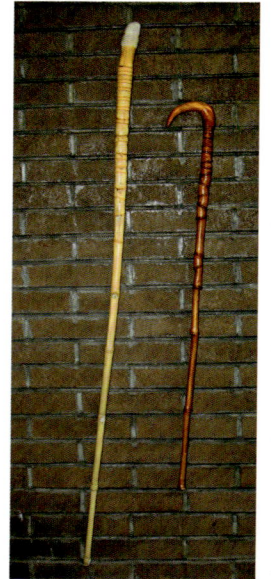

邛竹杖

明、卧龙一带发展茶叶和蚕桑，惠泽于民。民敬仰之，建"武侯祠""孔明庙"祀奉，至今还留下"孔明""卧龙"等地名。

东晋时临邛利用火井煮盐和出产的"邛竹杖"都闻名于世。中国著名大书法家王羲之致蜀中朋友《周益州书》中就有明确记载。周某在四川做官时（"周益州"，具体为何人无考），将一批"邛杖"捎给远在会稽的王羲之，并请分送乡贤。王羲之回信（见王羲之《十七帖》）说："去夏得足下致邛竹杖，皆至。此士人多有尊老者，皆即分布，令知足下远惠之至。"接下来，王羲之又对临邛古火井事十分关心，希望朋友能详细地告诉他，以期求证。信中这样写道："彼盐井、火井皆有不（否）？足下目见不（否）？为欲广异闻，具示……严君平、司马相如、扬子云（扬雄）皆有后不？"最后一问所问及司马相如、卓文君可有后不，今人亦常问之。足见古今人情同理。由此亦足见古临邛风物、人文，名重于时，彰显久矣。

"永嘉之乱"以后，北方人口大量南下，而南方僚人又大量入蜀，造成这一阶段在蜀地出现"侨郡""侨县"局面。临邛受僚人骚扰，于西晋永嘉六年（公元312年）即侨治于汉原（晋原）郡（今崇州市三江、江源一带）。直到南朝萧梁时益州刺史武陵王萧纪于元帝承圣元年（公元552年）在今牟礼一带建邛州，置依政县。次年，西魏废帝二年（公元553年），蜀境平定，临邛县才还治临邛，结束了长达241年的"侨县"局面。

置于依政县（牟礼永丰）的邛州，直到唐显庆二年（公元657年）方移治临邛，州、县合治。

这一历史阶段后期动乱不断，经济衰落，人口减少，山地多为民族杂居，形成民族融合的多元文化、民间信仰和民间习俗。

五、隋唐五代的临邛

这一时期临邛建制多变，有临邛县、邛州、临邛郡之类，治地和辖地也多次变更。临邛郡最多时领十六县，包括今雅安市的全部和邛崃、蒲江、大邑。北周时在今邛崃西部火井盐产地设"火井镇"，隋大业十二年（公元616年）升为"火井县"。

隋唐五代是古临邛历史上又一个辉煌时期。

1. 复开清溪道与邛茶、邛酒的兴盛

唐代"复开清溪道"，由成都经临邛、雅州、嶲州（今西昌）入南诏而至天竺（古印度），使西晋以来已经阻塞的南方丝绸之路恢复畅通。"茶马互市"兴起，南方丝绸之路、茶马古道与云南和康藏边贸以及西北地区的交流，达到了一个新的高峰，使临邛工商业的盐、铁（冶炼加工）、酿酒、纺织工商业和蚕桑（麻）、茶叶的种植和加工业进一步发展。据《唐国史补》，唐代陆羽《茶经》、五代毛文锡《茶谱》载，邛州临邛、火井、思安（今邛崃茶园乡、大邑县新场一带）、临溪（今蒲江西来一带）列为唐代全国21个产茶区之一，"皆品第之最著者也"。毛文锡《茶谱》称："临邛数邑茶，有火前、火后、嫩绿、黄芽号。又有火番饼，每饼重四十两，入西番，党项重之如中国名山者。""火番饼"黑茶作为一种后发酵茶，数临邛最早生产，也是持续千年的"边贸（销）茶"，俗称边茶。其味醇厚,能解膻腥,深受康藏甘青民族同胞喜爱。"边茶"成为唐代"茶马互市"的重要物质基础。

临邛所产麻织品("纻布")作为"贡麻织品",俗称"贡布",所产丝织品称为"贡锦",都远销长安。

"西汉胜迹"文君井在唐代已成为初具规模的名人纪念性园林。唐代大诗人李白、杜甫、李商隐等人都有题咏。而以"卓女烧春""瓮头春""临邛酒"为代表的邛酒,以其味醇美和深厚的历史文化内涵风靡蜀中,备受世人青睐。

2. 临邛唐代佛教与佛教摩崖造像的兴起

唐代,南、北两条"丝绸之路"在成都的交会畅通,其中还应包括岷江、长江水道的畅通,进一步促进了临邛经济、文化、艺术的繁荣发展。最为显著的一是唐代临邛佛教的盛行,二是"邛窑"的兴盛。

虽有资料表明,佛教可能早在南北朝时期就经成都传入临邛,但其规模并不大。据宋人魏了翁《鹤山营造记》,临邛城西郊白鹤山上的"白鹤寺"(今"鹤林寺")始建于隋,而位于临邛城垣西外侧百米的邛州"官寺"——"龙兴寺",从目前考古资料中未发现早于唐武周时期的文物,出土铭文砖也仅有一方为高宗"永隆二年"(公元681年),就可以证明,佛教应是唐代起在临邛盛行的。除了官寺龙兴寺以外,白鹤寺、花置寺、磐陀寺、石笋寺等都具有较大规模。"唐武宗灭佛"并未波及"龙兴寺"。1947年和2005年、2006年几次在龙兴寺考古发掘出佛塔、佛殿、僧院建筑遗址和大量经版、经幢、陶瓷、石刻、青铜器等文物,尤以千余件精美石刻佛像为最。其中一尊1947年出土的石刻菩萨立像通高1.98米,被郭沫若、董希文赞誉为"东方维纳斯"。特别是中晚唐玄宗入蜀,带来大批工匠、图纸和佛典,临邛不仅寺庙迭兴,在南丝路茶马古道沿线出现密集的、相对集中且规模较大的佛教摩崖造像,尤以今邛崃境内的大同石笋山、白鹤山、花置寺、磐陀寺和平乐天宫寺为代表。实际上还应包括今蒲江飞仙阁、大邑药师岩等唐代摩崖造像群。仅从有纪年的唐大历三年(公元768年)到唐元和十五年(公元820年)的几处造像分析,这些造像群在临邛地区的开凿连续时间段当在50年左右。临邛地区的唐代摩崖造像有异于西北地区魏晋造像,构图复杂丰满,造型柔美温和,尤以菩萨最有代表性，有明显的世俗化倾向，带着浓厚的川西风格。部分出现佛教"密宗"题材造像龛，是这一时期"唐密"在临邛曾有过传播的历史见证。这些唐代佛教寺庙遗址，佛教摩崖造像，都是古临邛珍贵的历史文化遗产。

3. 邛窑高温釉下彩绘瓷的成熟与发展

秦汉乃至更早到新石器时代，古临邛就有了制陶业。陆游在今夹关即见到过汉代瓦棺，当代文物考古在临邛发现了大量汉代陶器、砖瓦。然而真正的青瓷在临邛的出现是南北朝后期。受南方青瓷的影响，临邛地区依据其地利物丰、交通便捷的优势，迅速发展起青瓷的生产，并在唐代达到一个高峰，临邛青瓷成为四川古代青瓷的代表。

唐代"临邛道"的繁荣，使得饮酒、斗茶之风日盛，而瓷器已发展到"天下无贵贱通用之"的程度，佛教供品用瓷、建筑构件用瓷、随葬用瓷之风流行，加上异域文化影响，邛窑青瓷的生产兴盛，临邛在隋唐五代出现了"家家点火、处处冒烟"，"一城烟火半城窑"的景象。邛窑以高温釉下彩绘瓷为代表，与成都青羊宫窑成为中国青瓷高温釉下彩绘瓷发源地。其丰富多样的茶具、酒具是邛茶、邛酒发展的历史证明。而胡瓶，高足杯，仿波斯金银器的杯、盘、碗、盏和胡人俑等异域文化的器物则证明了临邛地区通过北方、南方两条丝绸之路与西域的文化交流。邛窑对湖南长沙铜官窑的影响和两窑间相互关系，再一次证明"岷江—长江水道"（"长江水上丝绸之路"）和南方丝绸之路的存在及其重要历史作用。

初唐国师袁天罡曾任火井县令，有德政。所修"穿城堰"（"天罡堰"）如今仍发挥着作用。后人在油榨乡建"天罡祠"祀奉。

唐代著名道家杨通幽，天宝年间修道于临邛天庆观，以精湛道术为唐玄宗招魂杨贵妃，被白居易写入名篇《长恨歌》中。

唐末，阡能农民起义在临邛爆发。僖宗中和二年（公元882年）二月，邛州牙（衙）将阡能，因误公期担心被罚，遂趁黄巢农民军之大势，在邛州率万余人起义。转战于邛州、雅州、崇州、双流、新津一带，攻城略地，直逼成都。川西节度使陈敬瑄急调围剿黄巢起义军的干将高仁厚回师镇压。起义失败。"阡能起义"被司马光记入《资治通鉴》。

六、宋元时期的临邛

公元960年，宋太祖赵匡胤一统中国，结束了五代十国的分裂局面，邛州临邛郡领七县一监。这一时期的初期，临邛处于一种相对安定的发展阶段。

汉唐以来的冶铁工业在宋代又有了新的发展。陆游在《老学庵笔记》中这样记叙临邛用竹炭炼铁："北方多石炭，南方多木炭，而蜀又有竹炭。烧巨竹为之，易然无烟耐久，亦奇物。邛州出铁，烹炼利于竹炭，皆用牛车载以入城，予亲见之。"考古发现证明，今邛崃城区西面一带名"铁屎坝"（今名"铁花村"），地表土下多铁炉渣，分布面积达数千平方米。今邛崃临邛、平乐、夹关、临济和固驿等镇乡都发现有唐宋时期的冶铁遗迹。宋代在今蒲江西来一带设"惠民监"，主管矿冶、铸铁钱、盐产、牧马，兼理民事。

"茶马互市"始于唐，兴于宋。临邛与雅安都是茶马古道上的重要节点。临邛、火井、思安的茶已入贡。"邛州贡茶，造茶为饼二两，印龙凤形于上，饰以金箔，每八饼为一斤，入贡，俗名砖茶。"（嘉庆《邛州志》）今下坝花楸、火井崇嘏山古茶园即古火井茶场。思安即今茶园乡和大邑新场一带，为宋代著名茶产地。茶叶是重要的外销商品，邛州砖茶远销康藏甘青，珍品入贡。宋代官府在邛州实行茶叶专卖，"榷茶"制开始。

宋代临邛酿酒作坊和酒肆林立，政府同样实行酒类专卖管理。茶、酒和纻麻布依然是临邛重要的商业物资。

邛窑青瓷经历了隋、唐、五代成熟兴盛期，进入宋代，依宋代"尚意"的美学观点，器物更倾于秀美、精巧，胎薄釉肥，绿釉、黄釉、三彩（多彩）釉、曜变、铜红釉的成熟，极大地丰富了邛窑青瓷内涵，釉色更加多样，造型更加精美。直至宋末元初，元军在四川连年征战，民不聊生，人口锐减，经济衰败，窑场主和窑工的逃亡，邛窑在元初的战乱中"被迫中断"，结束了延续800多年的辉煌。

宋代庆历、皇祐时期所创新的"卓筒井"，以小口深井代替大口盐井。元代临邛西南天然气盐井衰微，至元二十一年（公元1284年）撤销火井县建置。

宋代临邛造纸业兴起，利用西南山区竹木稻草资源生产土纸，分为生料纸和熟料纸。在平乐、道佐、夹关、高何、水口等镇乡"江河边凿臼为碓，上下相接"，"捣浆造纸"，名为槽户。史称"平乐纸市尤大"，有"成都草纸半平乐"之说。

宋代四川雕版印刷盛行，临邛韩醇、李叔廑、魏了翁都是有名的刻书家（出版家）。韩醇，临邛人，唐韩愈后裔，所刊书有《新刊诂训唐昌黎先生文集》40卷、《外集》10卷、《遗文》1卷，《新刊唐柳先生诂训文集》45卷、《外集》2卷、《新编外集》1卷。

理学在宋代兴起，南宋四川地区著名的理学家就有临邛的张行成和魏了翁。

张行成，字文饶，人称"观物先生"。于绍兴年间辞去公干，杜门十年研《易》和象数。著有《述衍》18卷、《翼玄》12卷、《元包数义》3卷、《潜虚衍义》16卷、《皇极经世索隐》2卷、《观物外编衍义》9卷、《周易通变》40卷。

魏了翁，字华父，人称"鹤山先生"，谥"文靖"。官有德政，学有宏著。著作有《鹤山先生大全文集》《九经要义》《周易集义》《易举隅》《周礼井田图说》《古今考》《经史杂钞》等，是宋理学后期重要代表人物，也是宋代大教育家，曾主建"鹤山书院"三座，其一为邛州鹤山书院，"筑室白鹤山下……开门授徒。宋理宗御题鹤山书院四个大字"。

宋代邛州人计有功、父计良辅、祖父计用章"一门三进士"。计有功著《唐诗纪事》81卷，"唐人诗集不传于世者，多赖是书以存"。

临邛常安民、常同、常楙也是"常氏一门三进士"。

邛州道士李寿仪，依政（今牟礼）人，专精画业，多画道门尊像，神形兼备，人称"李水墨"。名列宋代《益州名画录》。这些都可以看作宋代临邛文化教育的一个缩影。

宋代流寓之文人尤以陆游、文同最为有名。文同三仕邛州。陆游兼任蜀州通判时，常往来于临邛，寓居白鹤驿馆（文君井园林内），留下许多脍炙人口的诗文题咏。

宋代临邛道教、佛教流行，道观、佛寺林立。尤以西南天台山、天池山为丛林。城内西隅有天庆观，相传陈希夷（抟）曾修道于此。临邛西南镇西山南麓下，宋代火井县孝义里礼泉乡，临邛至雅安芦山古道旁，有南宋乾道四年至九年（公元1168—1173年）皇帝敕赐修建之石质"释迦如来真身宝塔"和大悲院寺庙。石塔塔身刻佛像、佛经，塔中珍藏佛舍利，是邛崃现今唯一保存完好的宋代建筑。

淳化四年（公元993年）二月，青城王小波率众起义。其后起义军在李顺率领下攻占邛州、蜀州、彭州等地。王小波、李顺起义，是北宋第一次大规模的农民起义，在中国历史上第一次提出"均贫富"的口号。起义军攻占晋原、邛州期间，对临邛也曾产生过较大影响。

七、明、清时期的临邛

明清时期，临邛建置几经变化，明代曾降为"邛县"，隶嘉定州（今乐山市）。

明初，百废待举，朱元璋实行"各安其生"政策，整肃吏治，移民屯垦，兴修水利，减免赋税，有效促进了四川、临邛农、工、商业的恢复发展。这种比较清明的局面大约维持了70年时间。景泰、天顺以后，宦官擅权，朝纲腐败，豪强并起，农民起义不断，临邛也和四川各地一样，社会、经济状况不断恶化。这一时期两次"湖广填四川"，对临邛产生了巨大影响。

1. 明、清两次"湖广填四川"与临邛的繁荣

元明之际，战乱使四川人口急剧下降，直到洪武十年之后才出现上升趋势，主要原因有三：一是流民避元季兵乱入蜀；二是大量农民随明玉珍所统率的十几万"湖广随州"农民军入蜀，建立大夏国；三是朝廷实行移民政策，有组织地把南方农（市）民移民入蜀，称为"奉旨入川"。这就是历史上著名的明初"湖广填四川"。

明末清初，四川再次经历数十年战乱和自然灾害，经济凋敝，人口锐减。清代从顺治十年（公元1653年）起推行移民屯垦"插占"，"进川立户，开耕就食"。康熙中叶，在湖北、湖南、广东、广西、江西、福建以及陕西等省招来大量移民入川，实行奖励移民、鼓励生产等多项优惠政策。这就是清初"湖广填四川"移民屯垦。在临邛多以地区性宗族姓氏和军事单位为组团屯垦，自然形成了"小集中、大分散"的局面。留下诸如"南京村""江西村""汤营""封营"之类地名，并保留至今。据其墓志或族谱记载和坊间流传，临邛人大多称自己来自"湖北麻城"或"麻城孝感"。随着社会安定，经济恢复，来自各省的客商进一步增多，这些"客籍"在临邛建有"五省会馆"，立"五省客长"：湖广会馆位于学道街城隍庙近侧，名"三楚公寓"或"禹王宫"，祀禹王；陕西会馆在北街上段东侧，名"秦晋公所"，祀"关圣帝君"；广东会馆位于北街上段西侧，名"南华宫"；江西会馆位于南街下段西侧，名"万寿宫"；福建会馆位于南街中段东侧，

名"天后宫"。临邛会馆既是客籍移民的见证，也是清代临邛逐渐兴旺繁荣的见证。遗憾的是，这些各具特色的"会馆建筑"在20世纪50年代以后都逐渐消亡了。

这一时期临邛工商业依然以农产品加工生产和茶叶、白酒、盐、蚕丝、纺织品、纸和陶瓷生产及贩运为主。明代蒸馏白酒在临邛兴起。城内兴贤街寇氏烧房于明万历间生产的白酒闻名遐迩。清初，由安徽歙县到临邛的徽商余氏接手寇氏烧房，更名"大全烧房"，精心酿造出"咂酒""冷气酒"和"邛州茅台"，享誉蜀中。"大全烧房"即今文君酒厂前身。

明清时期，临邛年产茶两万担，素有"万石（担）茶乡"之称。其"边茶"的生产与贩运，依然占有重要地位。

2. 宗教与文化的繁荣

明清时期也是临邛佛教文化恢复和繁荣期，邛州州府分设"僧正司""道正司"管理宗教。除明代张献忠农民起义造成一些寺庙毁坏外，仅据清代《西竺天台山佛会寺全图》所标记的临邛西路明清两代的佛教寺庙就多达数百座。其中鹤林寺（明）、磐陀寺（明）、幽居寺（明）、云居寺（明）、大悲庵（明清）、石塔寺（明清）、天台山老山门前的"第一禅林"石牌坊和照壁（明）、永乐寺（明）等寺庙古建筑大体保存完好。天台山、天池山明清寺院丛林近代已毁，几乎无存。

明清临邛佛塔、风水塔、字库塔极多，有"回澜文风塔"（清，风水塔）、"文笔塔"（清，风水塔）、"白鹤山西塔"（清）、"兴贤塔"（清，字库、风水塔）、"联升塔"（清，字库）、"云居塔"（清，佛塔）、"崇嘏塔"（清，风水塔）、"倪字库"（清）、"温字库"（清）等，分布于全境各镇乡，蔚为壮观。但是，诸如下坝"汇川塔"、牟礼"赵塔子"等许多古塔，大多已毁损无存。

临邛道观以天庆观为代表，后改作学校。临邛多火居道士，以替人打醮做法事为主。

西方天主教和基督教在清代传入临邛。

天主教于清光绪二十五年（公元1899年），由法籍传教士希司铎主持在临邛城内西街（今址）修建天主教堂，门楼采用砖砌尖顶式，圣堂采用砖木结构穹窿顶西式教堂建筑。办公区、生活区则以川西民居院落为主格调，适当加入拱形窗、灰塑砖柱头等西洋建筑元素，形成中西合璧式建筑群。其教堂建筑尤以清光绪十六年（公元1890年）所建牟礼"吴圣堂"保存完好，最具代表性。

基督教于清光绪年间传入临邛，曾在城内南街中段西侧和夹关南岸建"福音堂"传教。

西医和西学随着西方教会的传播，清代晚期已经在临邛发展起来，对推动临邛近现代文明起到了积极作用。

明清两次大规模移民对临邛宗教信仰、文化、教育、艺术、语言、民俗各方面都有着不可低估的影响。

临邛民居建筑诸元素中，既有川西本土山地少数民族羌、僚的痕迹，如土春墙、土楼、碉楼和山地、坡地虚脚楼；有湖广、江浙江南民居建筑的痕迹，如天井院落、门窗、高大的马头墙（封火墙）；有陕西秦晋民居建筑遗风的门楼、翘檐、筒瓦；还有湖、湘民居临水做悬楼、吊（虚）脚楼；等等。多地域建筑文化元素包容交流，融合成川西民居中现有的临邛民居风格，灵活多变，多彩多姿。

民居建筑中的门楼、牌坊（楼）、照壁、耳墙、桅杆（斗）等形式，被巧妙合理地运用到墓地阴宅的建造上。墓塚的基本形态为长椭圆形或长方（条）形，墓碑造型复杂多样，除平头、圆首、插屏式单碑外，有双碑、三碑至七碑，有单檐、重檐，有三楼、五楼、七楼……仿木结构，石质建造。基、台、柱、枋、梁、挑、檐、脊、顶、抱柱（鼓）、撑弓、门窗等，皆与木构无二，且往往雕刻众多人物故事、动物、花草、图案、文字，成为石刻建筑艺术品。这类墓葬形式又因族群和地域关系以及居住地不同而有着不同的变化和区别。

临邛是一个复杂的多神崇拜地区。儒、佛（释）、道、天主教、基督教信仰之外，巫、鬼、神崇拜十分流行，有端公、道士、神汉、巫婆（娘娘）、阴阳先生、算命先生……其活动有求签、算八卦、算命（八字）、看风水（阴、阳宅）、测字、看相（面相、手相）、摸骨、称命、换（还）童子、做道场、打宝符、供天、打醮、观花、供（送）龙等。民间禁忌特别多，婚、丧、嫁、娶、孕、育（分娩）、女子回娘家、治病、出行、开业、动土、修建、打井、做灶、伐木乃至入学、就任，不仅要择吉日，还有若干禁忌，诸如出行见抬丧吉，见迎亲不吉；孕妇不可入别人的新房，不可抱别人的新生儿；七月半烧袱纸那天不吃豆类，一因谐音"逗"，不严肃，二因"豆类形似火药枪的铁砂子"；等等。山有山神，水有水神，火有火神。对神、佛有许多"口禁"，否则"犯讳"。佛、道神像混淆礼拜现象十分普遍，以至民间常见上佛寺烧香拜佛时烧纸钱，更有用鸡血纸钱贴佛像脚上，用"刀头"敬佛像者。凡见塑像，不论佛神，凡见碑刻，不论何物，一律焚香作揖。

3. 临邛人文

临邛方言虽然属于四川方言，但保留了许多古入声字读音，是川西古入声方言区。其语音区别于东面的新津、彭山岷江流域方言，更有别于西面、西南面的雅安、名山、芦山青衣江流域方言。就是同紧邻的历史上同属邛州的蒲江、大邑亦有差别，属于多种移民区交融形成的湖、湘、浙、赣、秦、晋方言与土著民族方言杂合的一种类型。其入声调值为高平调一类，分为阴、阳、上、去、入五个声调。阳平和上声多混用，无卷舌音声母和前鼻音声母。z、zh不分，n、l不分。东路部分镇乡方言韵母"u""o"混用，如"路lu"，读作"lo"；"多duo"，读作"du"。有词汇急读（合音），如"不要"读作"biao^2"（"标"）；"不是得"读作"bei^{1}cei^1"（"背得"）；"不晓得"读作"biao^2 dei"（"标得"）等。

临邛方言词汇十分古老而丰富，有的比较难懂。其中一些词汇可从明清话本小说中找到。有的亲属称谓至今可与两广方言对应。西南部山区紧接雅安、芦山古羌人地，同东部平坝、城区语音、词汇略有差异。

明、清两代至民国初年，临邛在文学艺术、戏剧、医药等方面也涌现出了一批杰出人才。

杨伸，临邛夹关杨湾人。明熹宗天启五年（公元1625年）进士。工诗词书画。任"吏部文选司主事"，与其叔杨守敬同朝吏部为官，后世称为"父子天官"。擅长榜书，在临邛留有"咏銮""寒绿仙关"等摩崖题刻。

宁缃，号遇园老人，临邛人。清光绪十四年（公元1888年）乡试举人。后入京国子监，先后任清"咸安宫"（皇家贵族学校）教习、河北丰润县知县，代理祁州知州，官至五品，诰授"奉政大夫"。光绪三十年（公元1904年）致仕回乡，曾任邛崃县志书局局长兼《邛崃县志》总纂。平生好诗文，著有《周官联事表》、《邛州前贤史传辑略》（附魏文靖公考）、《邛州迤南山川圻界考订》、《释疑小识》、《观过楼文存》、《覆瓿丛谈》、《蘦苓草堂诗存》。

吴江，字春帆，号过海神仙，临邛人。清嘉道年间著名诗人、书法家。曾遍历燕、豫、吴、楚，南游两粤，渡海往琼州。有《草亭存草》和《航海归来集》。"川南第一桥"桥坊名联"风月无边，长安北望三千里；江山如画，天府南来第一州"，即出自吴江之手。

胡楷，字牧生，又名木生，清嘉道年间邛州火井人。与邑人吴江为同榜秀才。工书法，长诗文，著有《菜香亭》诗稿刊行于世。

熊维芳，字春浦，邛州人。同治中举孝廉，著有《雨化堂诗集》，同治三年（公元1864年）刊行。

胡璠，字友于，邛州人。嘉庆二十一年丙子（公元1816年）举人，善书能文。曾主修临邛西（白鹤山）南（文笔山）塔，有《重修西南双塔记》和《邛州川南第一桥碑记》。

曾光爔，名光鲁，字礼，临邛人。清光绪二十八年（公元1902年）举人，次年会试名列二甲，赐进士出身，钦点刑部主事。后告假还乡，曾主持鹤山书院。擅书，工颜体。今文君井园林内"文君井"颜体楷书三字即曾光爔手笔。

余图南，邛州人。嘉庆六年（公元1801年）拔贡，曾任陕西怀远县知县。清代著名书法家。

罗衡斋，字开钧，临邛人。今南街文脉巷故居犹存。清代临邛著名画家。长于花鸟，山水。墨色淋漓，笔触大气。光绪九年（公元1883年）所绘线描《川南第一桥图》（今存刻石）描绘清代临邛南门外城垣、里巷、山川、寺塔和著名景点，如"易洞秋风""邺水寒雁"等，并一一用文字标出，是一幅清代临邛胜迹图，弥足珍贵。

郑钦安，原名郑寿全，临邛固驿人。原籍安徽，其祖宦游入蜀，定居临邛。嘉庆九年（公元1804年）生，卒于光绪二十七年（公元1901年），享年97岁。嘉庆中期考取秀才，后从名医刘沅（止唐）学医，成为蜀中一代名医、著名伤寒学家。讲求阴阳辨证，以扶阳学说为理念，注重扶持阳气，临床上以擅用附子而著名，创立中医"火神派"，人称"姜附先生"、"郑火神"。百余年来，火神派在川、云、贵一带广为流传，并代有传人。所著有《医理真传》（同治八年刊行）、《医法圆通》（同治十三年刊行）、《伤寒恒论》（光绪二十年刊行）。三书浑然一体，贯穿郑氏学术思想，成为后世"火神派"追随者的理论指导。

清光绪年间刊行的郑钦安著作

康子林，原名康学清，又名芷麟、芷林，临邛固驿人。同治九年（公元1870年）生，著名川剧艺术家。曾随其长兄"康大蛮"（名学元，字级三）入"庆华班"学戏。初从旦角彭子元，后拜"戏状元"乐春生、傅来生、何心田学文武小生。从艺近五十年。辛亥革命之后，康子林同其他川剧艺人组成"三庆会"，致力于川剧改革，把昆（曲）、高（腔）、弹（戏）、胡（琴）、灯（戏）整合为一体，对川剧的发展起到很大作用。所演剧目以《评雪辨踪》《八阵图》等最著名。人称"川剧圣人"。

杨潮观，著名学者、戏剧文学家。一号宏度，又号笠湖，江苏无锡人。清康熙五十一年（公元1712年）生。乾隆三十三年（公元1768年）任邛州知州。著述有《周易指掌》《金刚宝箴》《左鉴》《吟风阁诗钞》和《吟风阁杂剧》等。吟风阁是杨潮观知邛州时在州署西隅所建亭阁，后以阁名为诗文集名。

周鸿勋，字济生，郫县人。清光绪十年（公元1884年）生。四川陆军速成学校毕业，任清巡防军驻邛州第八营书记。1911年秋，"成都保路运动"兴起，邛州"保路同志会"组织罢市、罢课。9月11日，周鸿勋、白排长等人秘密策划"反正"，击毙营管带黄恩翰、副管带和教练官等人。全营160余人公推周鸿勋为统领，宣布起义，开四川清军倒戈之先河。

建制沿革

邛崃位于成都平原西南边缘向龙门山前缘过渡地带。东、东北、北接成都平原;西、西南、南靠邛崃山脉。根据现有考古资料证明,邛崃最迟在新石器时代中晚期已有人类生存并形成部落村邑。秦以前为古蜀国领地。

邛崃古称临邛。据晋常璩《华阳国志》,唐李吉甫《元和郡县志》,宋王存《元丰九域志》,宋《太平寰宇记》以及清《四川通志》,清康熙、嘉庆《邛州志》,民国《邛崃县志》载,战国末,秦惠文王更元九年(周慎靓王五年,公元前316年),秦灭巴蜀,分置巴郡、蜀郡。蜀郡设太守、侯和相,实行羁縻与郡县制并行。治成都(今成都市)。秦惠文王更元十四年(公元前311年)平定蜀郡之乱后,始置县筑城。张若于公元前311年筑成都、郫(今郫县)、临邛(今邛崃)三城。"临邛城周回六里,高五丈,造作下仓。上皆有屋,而置观楼射兰"。临邛县名当取"临近邛人"或"临近邛筰(崃)山"之意。成都、郫、临邛三城地处要冲,互为犄角。郫与临邛拱卫成都,是当时西蜀政治、经济、军事和文化中心。时临邛县辖地大约为今邛崃、大邑、崇州一部、都江堰一部、新津一部、蒲江和雅安地区大部。治所在今临邛镇,归蜀郡。

秦又置蒲阳县，取蒲江（蒲江河）之阳（北岸）为名，治今牟礼永丰。在秦始皇二十六年（公元前221年）秦统一六国，完成全面推行郡县制期间，临邛县辖地有很大变化。

西汉（公元前206—公元25年，包括王莽和更始帝），临邛县县名、治所不变。西汉撤蒲阳县并入临邛县，治所不变，归蜀郡。其间汉武帝元鼎六年（公元前111年）置益州，临邛县属益州。

新莽（王莽）（公元9—23年）改临邛为监邛，归导江郡（蜀郡）。天凤年间（公元14—19年）公孙述任导江卒正（郡首），治临邛，曾筑"公孙城"于临邛。东汉光武帝建武元年（公元25年），公孙述称帝号"成家"，据蜀郡12年，临邛县属"成家"政权。建武十二年（公元36年），公孙述败亡，蜀郡归东汉，临邛县归蜀郡，治今临邛镇。

三国蜀汉因之。

西晋武帝泰始元年（公元265年）至怀帝永嘉五年（公元311年），临邛县名、治所同前，归蜀郡。其间晋武帝太康十年（公元289年）曾改蜀郡为成都国，稍后复称蜀郡。

怀帝永嘉六年（公元312年），賨人李雄起兵攻占成都，建立政权称"成"。其后李寿称帝号"汉"，俗称"成汉"。李雄在蜀州分蜀郡置汉原郡，治今崇州怀远。临邛县归汉原郡。此间，南方少数民族（僚人）大量入蜀，战乱不休。临邛县治侨治于今崇州市三江、江源一带。

从东晋穆帝永和三年（公元347年）"成汉"灭，到恭帝元熙二年（公元420年），临邛县归晋原郡，仍侨治崇州三江、江源。

在东晋穆帝永和三年（公元347年）至恭帝元熙二年（公元420年）的73年中，蜀地先后由范贲（公元347—349年）、苻坚（公元373—385年）、谯纵（公元405—413年）割据。在其各个割据历史阶段，临邛县都先后归其割据政权所辖。

南朝刘宋（公元420—479年），临邛县归晋原郡。县治仍侨治崇州三江一带。

南朝萧齐（公元479—502年），临邛县县名、治所同前，仍侨治。归晋康郡（原晋原郡）。

南朝萧梁（公元502—557年），益州刺史萧范于蒲水口（今牟礼两河口——南河与蒲江河交汇处，故名）"立栅为城，以备生僚"，名为"蒲

孫家文君因奔長卿漢世縣民陳立歷巴郡牂柯天水太守有異政陳氏劉氏爲大姓冠蓋也

廣都縣 郡西三十里元朔二年置有鹽井漁田之饒大豪馮氏有魚池鹽井縣凡有小井十數所及漁田之饒江有魚漕梁山有鐵鑛江西有安稻田穿山崖過水二十里漢時縣民朱辰字元燕爲巴郡太守甚著德惠辰卒官郡獠民北送及墓獠蜑鼓刀辟踊感動路人於是葬所草木頃許皆倣之曲折迄今蜀人莫不歎辰之德靈爲之感應今朱氏爲首族也

臨邛縣

郡西南二百里。本有邛民。秦始皇徙上郡實之。有布濮水從布濮來合文井江。有火井。夜時光映上昭。民欲其火。先以家火投之。頃許如雷聲。火焰出。通耀數十里。以竹筒盛其光藏之。可拽行終日不滅也。井有二。當有水。取井火煑之。一斛水得五斗鹽。家火煑之。得無幾也。有古石山。有石礦大如蒜子。火燒合之。成流支鐵。甚剛。因置鐵官。有鐵祖廟祠。漢文帝時。以鐵銅賜侍郎鄧通。通假民卓王孫。歲取千匹。故王孫貨累巨萬億。鄧通錢亦盡天下。王孫女文君。能鼓琴。時有司馬長卿者。臨邛令王吉與之游。王口顿"。元帝承圣元年（公元552年），益州刺史武陵王萧纪于蒲口顿改置邛州，辖依政县。州、县治在今牟礼永丰，归江原郡。临邛县仍侨治崇州三江一带。

北朝西魏废帝二年（公元553年）平定蜀郡，邛州名不变，治永丰，自此始，州下设四郡，郡辖六县。

蒲阳郡：依政县（州、郡、县均治今牟礼永丰）。

临邛郡：临邛县（郡、县治今临邛镇）。将临邛县治从崇州三江移治今临邛。结束了临邛县从西晋怀帝永嘉六年（公元312年）到北朝西魏废帝二年（公元553年）长达241年之久的侨治局面。

蒲原郡：广定县（郡、县治今蒲江县鹤山镇）。临溪县（治今蒲江西来）。西魏恭帝元年（公元554年）设广定县，同时置蒲原郡。西魏恭帝二年（公元555年），割临邛县置临溪县。

蒙山郡：始阳县（郡、县治今雅安多营）。蒙山县（治今名山县蒙阳镇）。

北周与西魏同，以州领郡。州、郡之上置总管府。邛州领属不变。

隋文帝开皇三年（公元583年），罢全国诸郡，仍置邛州，领临邛、依政、广定、临溪四县。隋文帝仁寿元年（公元601年）改广定县为蒲江县。隋炀帝大业三年（公元607年），合邛州（治今牟礼永丰）、雅州（治今雅安多营）、登州（治沈黎，今汉源）三州为"临邛郡"，以郡领县，郡治严道。先后领严道（治今雅安多营）、沈黎（治今汉源县唐家）、汉源（治今汉源清溪）、名山、芦山、依政、临邛、蒲江、临溪（治今蒲江西来）、火井十县。〔北周设火井镇。隋大业十二年（公元616年）升为火井县。治今邛崃油榨、火井。〕

唐（公元618—907年）高祖武德元年（公元618年）改临邛郡置雅州，治严道（雅安多营）。领严道、芦山、名山、汉源、灵关、杨启、嘉良、阳山、大利、临邛、依政、蒲江、蒲阳、临溪、火井、长松（治今邛崃高何）十六县。同年复割临邛、依政、蒲江、临溪、火井五县置邛州，治依政县（今牟礼永丰）。唐高祖武德三年（公元620年），割临邛、依政、唐兴等县置安仁县（治今大邑安仁），贞观十七年（公元643年）废，咸亨元年（公元670年）复旧置，属邛州。

唐太宗贞观元年（公元627年），全国划为十道，邛州属剑南道。

唐高宗显庆二年（公元657年），始将邛州由依政（牟礼永丰）移治临邛（今临邛镇）。州县合治。

唐高宗咸亨二年（公元671年），割晋原县西部置大邑县，治今大邑晋原，属邛州。

唐玄宗天宝元年（公元742年）改邛州为临邛郡。肃宗至德二年（公元757年）分剑南道为东川、西川，各设节度使。临邛郡属剑南道西川。领临邛、依政、火井、蒲江、临溪、安仁、大邑七县。

唐肃宗乾元元年（公元758年）罢郡改州，复改临邛郡为邛州。唐代宗宝应元年（公元762年）于邛州置镇南军。代宗大历元年（公元766年）改置邛南防御使，治邛州。不久升为节度使，未久又废。懿宗咸通九年（公元868年）置定边军节度使，治邛州。邛州归定边军管辖。咸通十一年（公元870年）废定边军，邛州归剑南道西川。僖宗文德元年（公元888年）划蜀州、邛州、黎州、雅州四州置永平军节度使，先后治今雅安和临邛。昭宗大顺二年（公元891年）废永平军，复置邛州、治临邛，属剑南道西川。领临邛、依政、安仁、大邑、蒲江、临溪、火井七县。

唐文宗太和四年（公元830年）曾分蒲江、临溪县隶嶲州（今凉山州）。唐僖宗乾符元年（公元874年）又将蒲江、临溪县划归邛州。

五代十国时（公元907—960年），邛州先后归前蜀、后唐、后蜀，领县同上。

北宋（公元960—1127年）改"道"为"路"，全国实行路、府（州、军、监）、县三级建制。北宋太祖乾德三年（公元965年），邛州改为西川路邛州临邛郡。太宗太平兴国六年（公元981年），归川峡路。其后又曾改为"道"制，归剑南西道。淳化四年（公元993年）归剑南道。淳化五年（公元994年），复又归川峡路。

淳化五年（公元994年）到至道元年（公元995年）李顺起兵占成都，建"大蜀"政权，邛州临邛郡属之。真宗咸平四年（公元1001年）分川峡路为益州、梓州、利州、夔州四路，总称"川峡四路"。南宋初即简称"四川"。邛州临邛郡属益州路。同年在今蒲江西来置惠民监铸铁钱，归州郡直辖。仁宗嘉祐四年（公元1059年），益州路改为成都府路，邛州临邛郡归成都府路管辖。徽宗宣和四年（公元1122年）仍归益州路。先后领临邛、依政、安仁、大邑、蒲江、临溪、火井七县和惠民一监。临溪县于宋神宗熙宁五年（公元1072年）降为镇，并入临邛县。其领地划归蒲江县和依

20 世纪 80 年代初邛崃城市鸟瞰图

政县。

南宋（公元 1127—1279 年）仍名邛州临邛郡，领临邛、依政、安仁、大邑、蒲江、火井六县和惠民一监。建炎三年（公元 1129 年）罢惠民监。绍兴三十一年（公元 1161 年）二月，复置惠民监铸铁钱，直至南宋末。

元世祖至元十二年，即南宋恭帝德祐元年（公元 1275 年），元军攻占嘉定府（今乐山），在川南建立元朝地方政权。至元十三年（南宋景炎元年，公元 1276 年）起，邛州归成都府路（曾改邛州临邛郡为邛州，又

改为临邛郡），领临邛、依政、火井、安仁、大邑、蒲江六县。至元十四年（南宋景炎二年，公元1277年）归嘉定府路。又曾在邛州设安抚司兼理州政，不久废。至元二十一年（公元1284年）撤并临邛、依政、蒲江三县入州，治临邛，又将火井、安仁二县撤并入大邑县，邛州只领大邑一县。依政县至此置县长达732年。火井县至此置县长达668年。

元顺帝至正二十二年（公元1362年），明玉珍在重庆建立"大夏"政权，至明太祖洪武四年（公元1371年），称邛州，归明氏"大夏"政权管辖。

明太祖洪武四年（公元1371年）八月，明氏"大夏"灭，仍称邛州（直隶），归四川布政使司管辖。洪武六年（公元1373年）复置蒲江县，隶嘉定府（今乐山）。洪武九年（公元1376年），嘉定府降为州，邛州降为县，称邛县，归嘉定州。洪武十年（公元1377年）撤并大邑县入邛县。洪武十三年（公元1380年）复置大邑县，隶嘉定州。宪宗成化十九年（公元1483年）二月，邛县复升为邛州，蒲江、大邑二县复归邛州管辖。

清代仍称邛州，治临邛，领蒲江、大邑二县。清世祖顺治元年，即明思宗崇祯十七年（公元1644年）十一月，张献忠据成都称帝，建立"大西"政权（年号"大顺"），邛州曾属之。清圣祖康熙十八年至十九年（公元1679—1680年）邛州曾属吴三桂"大周"政权管辖。清仁宗嘉庆七年（公元1802年），于府、厅、县之上设"道"，全川增置五道。邛州属剑南道。州治临邛，道治雅州（今雅安）。清德宗光绪三十四年（公元1908年）改建昌道为上川南道。邛州属上川南道，治临邛，领蒲江、大邑二县。

中华民国元年（公元1912年）废道制，改为省、府（厅、州）、县三级建制，仍称邛州，治临邛。民国二年（公元1913年）改作省、道、县三级建制，以道辖县，改邛州为邛崃县，县府所在地今临邛镇，归上川南道。民国七年（公元1918年）起，四川军阀割据，形成"防区制"局面。民国十七年（公元1928年）撤道，省直辖县。民国二十四年（公元1935年）

结束防区制，四川划为 18 个行政督察区和西康行政督察区。邛崃县属第四督察区。区设眉山，县府所在地今临邛镇直至 1950 年。

1950 年，四川划为川西、川南、川东、川北四个行署区，下分置分区行政督察"专员公署"（简称"专区"），邛崃县属眉山专区。专区行政所在地眉山，县府所在地今临邛镇。1952 年 9 月 1 日，撤销四川四个行署区，恢复四川省建制，改分区行政督察专员公署为区专员公署。1953 年 3 月 10 日撤销眉山专区。邛崃、蒲江等县划归温江专区。

1959 年 2 月 15 日，邛崃县与蒲江县合署办公，称"邛崃蒲江县"。1960 年 4 月 29 日，国务院第 100 次会议通过决议，撤销蒲江县建制，并入邛崃县，称邛崃县，县府所在地今临邛镇。1962 年 10 月 20 日，国务院批准恢复蒲江县建制，从 1962 年 11 月 1 日起正式恢复蒲江县。邛崃、蒲江两县分治。

1968 年 9 月改温江专区为温江地区，邛崃县归温江地区。

1983 年 5 月撤销温江地区合并入成都市。邛崃县归成都市管辖。县府所在地临邛镇。

1994 年 6 月 6 日，经国务院批准，"撤销邛崃县，设立邛崃市（县级）。以原邛崃县的行政区域为邛崃市的行政区域"，由省直辖。四川省政府委托成都市代管邛崃市。市府所在地临邛镇。

参考书目：

1. 1993 年《邛崃县志》
2. 康熙、嘉庆《邛州志》
3. 民国《邛崃县志》
4. 《华阳国志》
5. 《元和郡县志》
6. 《元丰九域志》
7. 《四川通志》
8. 《大邑县志》
9. 《蒲江县志》
10. 《雅安县志》
11. 《四川百科全书》

遗址

遗 址

有关人类生活、居住、生产、劳动、宗教等一切活动场所,但现今已没有完整保留,只有部分残留物的文化遗迹,考古学称为遗址。

冉义镇烂坝子

冉义烂坝子遗址(新石器时代)

遗址位于冉义镇石子村,斜江河北岸台地上的农田中,小地名烂坝子。

2009年5月,村民吴永红在农田打水井时,从地表农耕土下挖出一件石斧,其子(中学生)认为是《历史》书上所说的古人类石器,于是上报邛崃市文物局。该石斧呈长荷包形,通体磨光,应为新石器时代石器。经现场调查,进一步采集到石刮削器和石斧残件以及大量绳纹夹砂灰陶陶片,判定该遗址为新石器时代晚期遗址,为成都平原西南新石器时代的历史提供了实物资料,对邛崃地区古人类生活历史研究意义重大。该遗址有待进一步调查、发掘清理。

石斧

附录：下坝出土石器

1992年春节前，原下坝乡洗马村社员杨忠华在自家屋后山坡取土时，从地表土下约0.8米处发现新石器时代石器7件，计有石斧1件，石锛2件，石凿1件，刮削器3件。材质均为天然卵石经打制，局部磨光（刃口）或通体磨光（石凿）制成，无肩无段，与成都川西平原附近新石器遗址出土的新石器形制相同。其中石斧长0.2米，刃宽0.1米，厚0.035米。石凿呈四棱形，长0.2米，刃宽0.01米，厚0.025米。刮削器呈片状，大小不一。出土石器现存邛崃市博物馆。

经出土现场勘察，近处有河道，后面为台地，适合古人类居住，但至今尚未发现遗址。

发现新石器时代石器的地方：原下坝乡洗马村的一个山坡

牟礼依政县遗址（南北朝—元）

遗址位于牟礼镇永丰社区，旧名新场。秦时曾在此设蒲阳县，取蒲江河之北岸意为名。西汉时撤并入临邛县。南梁益州刺史萧范于蒲水口"立栅为城，以备生僚，名蒲口顿"。承圣元年（公元552年），益州刺史

洗马池

老街

老宅

武陵王萧纪于蒲口顿改置邛州，设依政县。州、县均治永丰。北朝西魏废帝二年（公元553年）又在此设蒲阳郡。邛州、蒲阳郡、依政县三级均治永丰。唐高宗显庆二年（公元657年）始将邛州由依政（今永丰）移治今临邛镇。元代至元二十一年（公元1284年）省依政县入邛州。历隋、唐、五代、两宋，共约730年。今存古依政县城遗址面积约11万平方米。遗址内发现有唐、宋、明、清各时期各类遗址，包括古城墙、古城门、古街道、古县衙、古牢狱（监狱）遗址；洗马池、城隍庙、铜佛寺、白雀寺、波尔寺（般若寺）、北寺遗址以及孙大院子、陈家大院等众多明清民居建筑，是邛崃境内文化遗存保留最丰富的古代县城遗址之一。

临邛龙兴寺遗址（唐—明）

龙兴寺遗址位于临邛镇黄坝社区（原属瑞云村），临邛古城西门至西炮台城墙、护城河西外侧。小地名因历史因素各有不同，有唐佛寺、唐佛院、大佛院，后因此地多罗姓居住而名罗板桥。又因遗址中有塔基遗址高达七米许，状若大封土堆，后人误以为墓而有将地名叫作大坟堆、大坟坝。遗址西侧为明嘉靖十九年（公元1540年）州守张纪所修之张公堰。张公堰为引西河（出江）水之灌溉渠（今已壅塞），人称小西河。

龙兴寺遗址的发现与发掘

1947年6月邛崃暴雨，出江水猛涨，冲垮小西河堰。沿小西河东岸垮塌处暴露出一批石刻造像等文物。出土文物大部分散落民间，邛崃县民众教育馆石守愚馆长曾搜集部分藏于馆中。同年7月，在省城就读的邛崃学生将搜集的部分佛像残件、经版残件拓片等带往华西协合大学请教于杨啸谷先生，引起轰动。于是学校委派成恩元先生来邛现场调查，搜集出土文物。成恩元先生自1947年12月起至1948年10月下旬，曾先后五次赴邛搜集出土文物并对遗址进行了勘察。遗址出土文物近300件，约有20%流散民间，5%由县民众教育馆收藏，75%为华西协合大学古物博物馆收藏。在出土的一个灯盏上有"龙兴寺"三字，据此该遗址被命名为"龙兴寺遗址"。华西协合大学古物博物馆（今四川大学博物馆）收藏龙兴寺出土佛像、碑刻、经幢等残件、标本206件，其中有文字的碑碣、经版、经幢30多种70余块；石刻佛像有佛、菩萨、天王、力士等，其中等身大小或更大的佛像、菩萨像、天王像、力士像多尊。经幢最高者近5米。今四川大学博物馆石刻艺术馆所陈列的展品，绝大多数为邛崃龙兴寺出土的文物。其中一尊通高1.98米的断臂菩萨立像断为四截，经几次发掘搜集而收齐，1948年冬由成恩元先生修整拼接复原后展出。菩萨造型生动，丰润适度，比例得当，衣纹、璎珞精美，赤脚立于莲座上，被郭沫若、董希文先生誉为"东方维纳斯""中国维纳斯"，成为镇馆之宝。

1951年9月，华西边疆研究学会《华西文物》创刊号对该遗址的发现经过情况做了介绍，并发表了《邛崃龙兴寺石刻发掘的初步报告》。由四川大学博物馆编辑的《四川邛崃唐代龙兴寺石刻》（图录），于1958年11月由中国古典艺术出版社出版。

出土的经幢（含残件）、石经（含残件）主要有《佛顶陀罗尼尊胜咒》《金刚经》《般若波罗蜜多心经》《妙发莲华经》等。有的石刻经文背面又刻有佛、菩萨、供养人等。经幢上多见刻纪年，其年号有"贞元十一年"（唐德宗，公元795年），"大和二年"（唐文宗，公元828年），"开成五年"（唐文宗，公元840年），"会昌二年""会昌三年"（唐武宗，公元842年、843年），"大中三年""大中十二年""大中十三年"（唐宣宗，公元849年、858年、859年），"咸通五年""咸通八年"（唐懿宗，公元864年、867年）等。"会昌"和"大中"两个年号的出现，对"会昌唐武宗灭佛"中未涉及邛州"州级寺院"——龙兴寺，是一个有力的证据。

出土"灯台"2个，其中一个现藏于邛崃市文物管理局。平面呈八边形，上刻《□□灯台赞并序》，记叙了贞元十一年（公元795年）"镇南军兵马使"邓英俊修建灯台始末。是出土器物中非佛经的唯一比较完整的遗物。

龙兴寺出土的观音佛像,两臂已残,通高1.98米,被郭沫若和董希文誉为"东方维纳斯",已成为四川大学博物馆石刻艺术馆的镇馆之宝

龙兴寺遗址现状及发掘

龙兴寺遗址是唐代邛州"官府"所属佛教寺庙遗址。出土器物中有纪年的最早年款为唐高宗"永隆二年"（公元681年），最晚年款是一块云板上的"元至正十□年"。"至正"为元代最末一个皇帝顺帝的最后一个年号，共28年，即公元1341—1368年。"至正十□年"当为公元1351—1359年，即元至正十一至十九年之间。学术界以此推断，龙兴寺始建于唐或更早，兴于唐，历代均有兴废。

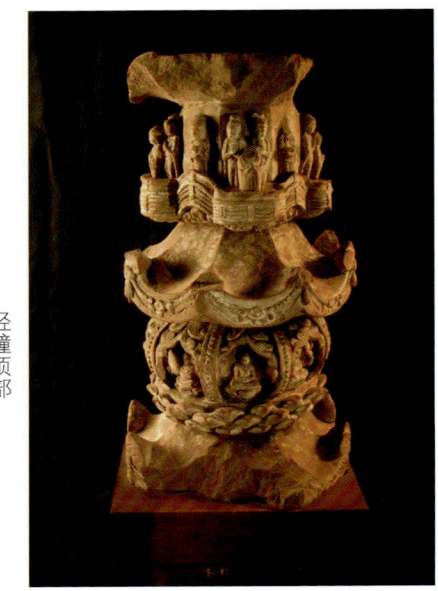

经幢顶部

2005年9月龙兴寺罗汉殿发掘现场

可能毁于元末明初的战乱。遗址部分被邛崃啤酒厂占用。现存遗址面积约10万平方米。

2000年12月到2001年1月，成都市文物考古队和邛崃市文物管理所联合对龙兴寺遗址进行调查和试掘。2005年9月，为配合邛崃啤酒厂扩建工程，成都市文物考古工作队和四川大学、邛崃市文物管理所组建联合考古工作队，对龙兴寺遗址作1：500测绘，实施大规模文物勘探发掘工作。勘探发掘面积达3000平方米。勘探发掘中，对全过程进行摄影、绘图、科学记录。

菩萨坐像

龙兴寺遗址（寺院）依河流方向坐东朝西。遗址中心保存有四川省迄今考古发现保存最好、规模最大的五代、北宋时期在唐代塔基基础上重建的砖塔（经像塔）塔基。塔基呈四方形，外沿用红砂条石砌筑。塔砖上残存朱砂彩绘痕迹。有国内迄今所发现的时代较早的、始建于北宋的罗汉殿建筑遗址。殿基规模宏大，构筑考究，保存完好。遗址中清理发掘出保存最为完整的宋代房屋院落建筑基址以及寺院生活区遗址，有正房、厢房、厨房、水井、天井、地上地下

菩萨残像

经幢

菩萨残像

排水沟系统等。出土唐宋时期石刻佛、弟子、菩萨、天王、力士、供养人造像，经幢，小佛塔，石刻经版，邛窑陶瓷佛像和碗、壶、灯等陶瓷生活用具、琉璃瓦、瓦当、铭文瓦、建筑构件以及玩具、钱币、铜镜等。

铭文瓦对龙兴寺、罗汉殿建造时代的研究，以及宋代临邛地区各行业（如屠行）状况、宗教信仰的研究都有很高的文物价值。

其中出土的一尊青石鎏金佛像（残），高髻，面部丰满，两耳垂肩，慈颜善目，结跏趺坐于莲座上。外着通肩袈裟，内着僧祇支。双手结印（残）。桃尖形背光（残）。鎏金彩绘痕迹犹存。眉毛、眼线用黑色线条描绘。口唇以上画有"〜"形"蝌蚪"状胡须，下颏也墨画有须，是邛崃近年发掘出土的唯一的绘有胡须的佛像。

遗址中发掘清理出的部分石刻佛像头、躯干或动物残件上使用低温绿釉、黄褐釉、褐釉、青白釉装饰。这种在红砂石、青石上施用低温陶瓷釉彩的做法是邛窑陶瓷工艺在石刻艺术上的创造性运用，堪称奇迹。

2007年6月，四川省人民政府批准公布为四川省文物保护单位。

附录一：□□灯台赞并序[1]

　　将仕郎前果州相如县尉罗佳胤　草
　　□□郎前试黎州户曹参军赵□□
　　□□□□（其）昏，匪智炬不可破其暗。至溟□淼淼，□□□测其涯；穹旻悠悠，何管窥睹其际？大善寂力，浑茫微穷于烦□。浊中去邪，□政其谁者乎？有镇南军兵马使邓公，忠贞检身，温和律众，功高起翦，德冠孙吴。副判职掌等，并天孕英奇，山河作量，松篁比性，岳渎居心。知幻知化，悟生悟灭。激勉士众，建斯灯台。采贞珉以磨砻[2]，对尊仪而显照，欲使日宫永耀，月殿增辉。一灯传至于千灯，初地顿超于十地；红霞艳艳而无断，婆师迦花而无竭。心愿既克，速余赞云：苏灯油灯，光明普照。三千大千，红霞炫曜。智炬慧炬，能破昏晓。或武或文，共资福城。劫石可销，胜因无限。一会之人，得同天眼。
　　贞元十一年十二月四日建立。[3]
　　兵马使：邓英俊
　　将　　：李惠璋
　　判　官：胡臣忠、何义端
　　散　将：范磨
　　总　管：宋易
　　虞　候：尚华、　吕　宏
　　先锋衙官：郭都　王众□□□（以下略）
　　先锋突将：古璘　李晖　李成（以下略）

注：
①1947年7月出土于邛崃龙兴寺遗址，实物为灯台主体八角柱，略残。《□□灯台赞并序》刻于其上，现存邛崃市博物馆。"过去已发表的介绍引文，讹夺甚多"（成恩元语），现按成恩元先生抄本和拓片录入。
②珉（mín）：像玉的石头。砻（lóng）：用于去掉稻壳的磨具。
③贞元十一年：贞元系唐德宗李适年号，贞元十一年即公元795年。其兵马使所辖众部将官名字，对研究唐代邛州军事职官等具有极为重要的价值。

龙兴寺塔遗址北部

菩萨群像

附录二：邛崃唐代石刻造像中低温陶瓷彩釉装饰运用初探（节录）

胡立嘉

龙兴寺出土的施釉石刻佛头

1998年夏，邛崃市文物管理所在城市建设工地开展"地下文物勘探试掘"工作。邛崃地下文物埋藏十分丰富，每个基建工地勘探试掘都有一定数量的文物标本出土，其中不乏唐宋邛窑青瓷精品标本。同时出土有汉代至近现代陶器、陶俑、砖、瓦当、瓷器、青铜器、古钱币和石刻等标本。在石刻器物标本中，有一件残损的兽脚引起笔者注意。兽脚残长7厘米，宽约4.5厘米，采用邛崃常见的细红砂石雕刻，前端五爪清晰，后端断面显现红砂石质明确。兽足表面施低温陶瓷绿釉，玻璃质感强。

2001年4月，"邛崃古陶瓷科技研讨会"在邛召开。会议期间，笔者就这一现象就教于专家学者，得到的回应不置可否。有学者替笔者解围称："是不是'走眼'了，把陶瓷的砖红胎误看成了红砂石？"

2000年冬，成都市考古队和邛崃市文物管理所联合对唐代龙兴寺遗址进行调查、试掘。2005年9月，由雷玉华女士带队，再次联合对龙兴寺遗址进行勘探发掘，发掘面积达3000多平方米，出土文物十分丰富。出土的唐代佛教石刻造像中不仅有妆彩鎏

施釉石刻佛像残件

龙兴寺出土的三彩盘

金者，也有表施低温陶瓷绿釉、褐釉、黄釉作为装饰者。这批带有陶瓷彩釉的唐代石刻造像，向世人展示了邛窑古代陶瓷彩釉艺术在"石刻"造像艺术上成功"跨界"拓展的创举。只是不为世人所知、不为世人所识而已。

龙兴寺出土带有陶瓷彩釉的唐代石刻佛教造像有佛、菩萨、弟子和力士残躯或头像。对此，笔者进行了长达五年的研究。以佛弟子头像为例，弟子头像光头、大耳，面相丰满，两腮圆润，眉目清秀，鼻头残损，厚唇。闭唇，微带笑意，嘴角上翘。颈部有蚕纹，颈以下残。头部背面较平，疑原有背光。头像残高21厘米，宽14.5厘米，厚11.5厘米。颅顶左侧从眉弓以上起层，驳落残损，起层部分呈半弧形至右侧颞骨部分。起层残损部分左侧较薄，往右上逐渐增厚，其厚度约0.2～2厘米。

头像为细红砂石雕刻，背面、颅顶驳落处和颈部断面，均可见红砂岩粗砂颗粒，非陶瓷砖红胎结晶状。其密度和硬度明显小于陶瓷。石刻头像头面颈部底层施白泥釉化妆土，其上施浅青黄釉。左侧脸颊、左眼外侧、左耳及左鼻唇沟至左嘴角残留陶瓷青黄釉玻璃光泽明显。嘴唇不施釉而有用矿物红颜料妆彩痕迹。左侧鼻翼鼻唇沟处有积釉现象。

颅顶起层驳落显然是由于烘烧陶瓷釉所致。左颊下部（左嘴角外下方）釉面残留有烘烧过程中留下的"窑疤"，由白色粗砂等混合物构成。

结合部分佛造像躯干上的陶瓷釉呈横向流淌而非纵向流釉看，这些石刻造像在施化妆土和低温釉以后，均采用"平躺"入窑烧制。以弟子头高21厘米，按比例计算，弟子像高约在140厘米，连座（台）通高约150～160厘米，只适宜平躺横式入窑。鉴于红砂石经火烧后极易爆裂或起层，故其烧造温度只适宜使用低温铅釉。其窑炉亦可简化至"地窝窑"最为方便。笔者试与当代陶艺工作者探索试烧，基本掌握其红砂石石刻上釉烧成要领，并首次将邛崃唐代石刻造像上使用低温陶瓷釉公之于世，以期引起中外古陶瓷学界的重视和进一步研讨。

2007年9月

天池山佛会寺遗址（明）

遗址位于油榨乡天池村。据文物调查，天池村所在地天池山上，明清时为佛教丛林，民国年间至20世纪50年代以来，全部毁败，但寺庙遗址、牌坊、石刻造像尚多有遗存。佛会寺遗址即为其中之一。寺庙始建于明代，坐北向南，占地面积约120000平方米。20世纪50年代初被拆毁。现保存较好的有上山石阶梯、石牌坊（残）、石拱门、石狮、石桥、大殿和配殿房基。

山门坐北向南，现存石狮一对，高踞于座上，有明代石狮之特点。石牌坊（明式，已残）。石拱门保存比较完好，青条石砌筑，颇似寨墙。券拱形门洞，门墙残长11.3米，宽4米，高4.4米，门洞高3.3米，宽3.3米。山门前后石板踏道连接。大殿坐北向南，仅存房基，平面呈长方形，青条石砌筑台基，素面，正面有垂带式踏道连接。配殿房基平面呈长方形，青条石砌筑台基，素面，高约1.2米，正面有垂带式九级踏道。殿前有放生池，青石砌筑。池上架青石券拱单孔小平桥两座。桥面两侧各立方形石望柱四根，八棱锤头式和圆鼓式，嵌石质曲弧花形栏板三块结成石桥栏杆。

石拱桥

石狮

石阶梯

水口牛心寺遗址（明）

遗址位于水口镇金山村。寺庙始建于明代，毁败时代不详，现仅存遗址。

遗址坐北向南，占地面积约4000平方米。前殿建筑遗址保存较好，平面呈长方形，石砌殿基清晰可见。遗址内有明代石狮、石刻大花瓶、石刻佛像（残）、雕花柱础、石刻建筑构件以及碑刻等，大部风化。碑刻为清嘉庆年间所刊，字迹多已模糊。寺庙中石刻大花瓶极为少见，当为佛殿前呈供所用。

石狮

石刻

水口牛心寺遗址

配殿房基

石狮

寨沟静封寺遗址（明）

遗址位于道佐乡寨沟村。明代寺庙，拆毁时代不详，今仅存遗址及零星文物。遗址坐落在山坡上，有寺庙建筑台基、石台阶、石刻香炉座和纪事碑等。纪事碑坐东北向西南，碑座为石刻赑屃，高0.7米。碑页为圆首长方形，高3米，宽1.2米，厚0.22米。石碑通高3.7米。碑首浮雕九龙、人物、云水，应是"九龙浴太子图"，为邛崃明代石碑中所罕见。石刻香炉座上雕刻花卉、卷草纹等。佛台上阴刻铭文"天顺五年孟冬中旺日造"。天顺为明英宗朱祁镇年号，"天顺五年"即公元1461年。

寺庙建筑台基

石刻香炉座

寨沟静封寺遗址

石桅杆

道佐川主庙遗址

杆基八边形底座

道佐川主庙遗址（清）

遗址位于道佐乡万福村。蜀中各地多建川主庙以祀川主。该庙始建于清，今已毁不存，仅遗石桅杆1根。桅杆全部采用红砂石雕造。四方形杆基，基上立八边形底座，八面刻四季花卉，其上做一扁鼓形杆础，鼓沿刻乳钉纹。其上立十六边形桅杆（下段），高约3米。杆上套石桅斗。斗作仰斗形，上大下小，四面刻有外圆内方的铜钱纹。斗下置四根"弓"字形石撑弓。斗以上置上段石桅杆。上段石桅杆为八边形，杆顶上刻石宝珠。桅杆通高5.3米。桅杆上阴刻铭文："□桅下地基一□系吴思鼎帮钱施出。道光十七年三月十一日立。石匠刘玉春。"道光十七年即公元1837年。此为邛崃境内留存不多的寺庙桅杆。铭文中吴某出钱买下桅杆地基施与庙中的记载，对清末宗教、民俗研究有一定价值。

火井云会寺遗址（明）

遗址位于火井镇凤场村。明代寺庙，今已毁，仅存遗址。遗址内的经楼遗址保存较好，平面呈长方形，素面台基，其上已新修寺庙。有佛台、纪事碑及部分明代石刻佛像（残）、柱础等零星文物。石刻佛头面相端庄，造型生动，刀法洗练。其雕花柱础的基座平面呈方形、"亞"字形，其上收台刻花，四角圆收，表面也呈圆弧形，采用多层雕手法刻出繁复之草叶花果，上面中心凿圆形柱窝，为邛崃明代寺庙石刻柱础之精品。遗址中现存明碑1通，清碑1通。明碑为"崇祯十一年（公元1638年）修建经楼碑记"，记载了修建碑楼之经过，字迹部分漫漶。碑页为圆首平碑，高2.3米，宽0.95米，厚0.2米。清碑为乾隆十八年（公元1753年）纪事碑，风化严重。碑页为圆首平碑，高2.15米，宽0.85米，厚0.17米。为明代邛南山区寺庙建筑历史的研究提供了参考。

石刻佛头

石刻柱础

石刻残件

火井云会寺遗址

乾隆十八年纪事碑

石刻残件

石刻残件

火井燃灯寺遗址

浮雕香炉

浮雕石础

火井燃灯寺遗址（明）

遗址位于火井镇状元村。寺庙始建于明代，以供奉燃灯佛而得名，损毁年代不详。现存寺庙遗址，坐北向南，面积约2000平方米。前殿有垂带式踏道，天井、前殿和大殿遗址在同一中轴线上。建筑台基、垂带式踏道均为红砂石砌筑，素面。石板铺地。佛台、佛座、石础、香炉均石质，浮雕精美草叶纹、云纹、花卉、莲瓣、人物、动物图案。石刻佛像身躯（头已残）多尊，有明代石刻造像特征，造型简洁，刀法明快。

火井三圣宫遗址（清）

遗址位于火井镇银台山村。始建于清末，损毁时间不详。今存部分建筑遗址和石照壁一通。遗址坐西南向东北，现存大殿石砌台基、石板铺地、石砌阶沿和石砌踏道。大殿遗址台基上立有四根石质方形经柱及方形石础。柱高4.6米，边长0.45米。石础边长0.6米。柱上阴刻楷书联："惟太保竭力殚精辅翼三圣；相小民凝神一志礼祥千秋。"殿后原观音殿右侧有一歇山顶纪事碑，立于"大清同治八年"（公元1869年），高2.4米，宽1.5米，厚0.1米。遗址山门前尚存清代石照壁一通，条石雕砌，须弥座，歇山顶。石檐上刻瓦垄、翼角、石脊和鸱吻。宽6.1米，残高3.7米，厚0.8米。

方形石础

火井三圣宫遗址

清代石照壁

石刻构件

南宝弥陀寺遗址（明）

遗址位于南宝乡大胡椒村。寺庙始建于明嘉靖十五年（公元1536年）。地面建筑毁于20世纪60年代，仅存遗址。现存大殿遗址坐东南向西北，平面略呈正方形，面阔三间13米，进深五间14.2米。石质素面台基，殿前有十一级垂带式踏道，宽1.9米，高1.9米。正殿踏道前面两侧立石狮一对。山门踏道前面两侧立石狮一对，高2米，宽0.5米。石狮昂首高踞于须弥座上，项佩铃铛，精美生动。遗址布局保存完整。

南宝弥陀寺遗址

石刻残件

石刻残件

天台山中胜寺遗址（明）

遗址位于天台山镇马坪村，寺庙始建于明代，属天台山明清佛教丛林寺院之一。拆毁年代不详。仅存遗址。寺庙遗址坐西北向东南，纵深布局，平面呈长方形。建筑遗址宽12米，纵深（残）41米，面积约500平方米。遗址总面积约6000平方米，其上有墙基、铺地石板、柱础、香台、石碑、石刻力士造像（残）等。石刻碑记款署"崇祯六年"（公元1633年），为考证寺庙建造时间提供了准确依据。

天台山中胜寺遗址

石刻力士像

字库

天台山明天庵遗址（明）

遗址位于天台山镇纪红村。寺庙始建于明代，毁败时间不详。现存遗址坐西北向东南，分为上下两台（层）坐落在官山东坡台地上。平面布局略呈方形。建筑遗址宽42米，纵深36米，面积约1520平方米。包括山门、天井、左右厢房和大殿遗址。大殿遗址在上面一台（层），红砂条石保坎高约2米，从第一台（层）天井有垂带式踏道连接上一台（层）大殿。建筑基址、柱础、台基、踏道布局清晰。

红砂条石保坎

厢房

天台山明天庵遗址

天台山经论院遗址

天台山经论院遗址（明）

  遗址位于天台山镇马坪村，是明清天台山佛教丛林佛学院经论院遗址。始建于明代，损毁年代不详。遗址位于金龙河右岸台地，坐东南向西北，面河靠山，总平面呈横向布局，横长约150米，纵深约60米，总面积约900平方米。第一层台地条石保坎，右侧台阶十九级，宽6.6米，总高约4.5米（对应左侧台阶无存）。台阶上为第一层台地，有下方上圆石柱础2个。台地中心有佛座遗迹。其后为第二层宽大的石台阶十一级，宽20米，总高约2.8米。其上为第二层台地。台阶两级，其后7.5米处中轴线上石砌长条形须弥座平坛，横长14米，宽2.6米，高1.2米。平坛上左右两端筑方形石质束腰须弥座，平面呈十二角，"亞"字形，共九层。最上面一层为圆形。总宽2.4米，高1.5米。束腰之上有彩绘莲瓣纹。两坛间距6.5米。遗址中尚存明代石狮大小各一对。大石狮，矮方座，通高约1米，边长约0.5米。小石狮，高方柱式座，通高约1米，边长约0.3米。今已不在原位。其余建筑遗迹略有保存。

石阶

石狮

火井孤峰庵遗址（明）

孤峰庵遗址位于火井镇纸坊沟村。始建于明代，清嘉庆十八年（公元1813年）维修。地面建筑已毁，遗址坐西向东，面积约6600平方米。

遗址原位曾在20世纪80年代修建学校，今已停办。原寺庙修建在台地上，寺前坡坎用条石砌筑高台保坎。中间修建九级踏道，踏道两边接红砂石方形高台，设为狮座。石狮踞蹲于方座上，面向东，扭头相向。前腿直立，一足踩绣球，后腿屈蹲。一狮张口，一狮闭口。彩带从口中穿过，飘于狮身。颈戴项圈，圈上挂铃铛。鬃毛浅刻成图案式，背脊鬃毛呈螺状。大殿基础石砌台基，留存的各种石础别具特色。

石础1：红砂石质，方形础基上刻八边形础身，每面开壶门一个，各浮雕花卉、琴、书图案。八个棱角处刻小柱八根，状若鼓架，其上刻圆形扁鼓一面搁于鼓架之上，扁鼓上口沿刻一周乳钉纹。

石础2：雄狮驮鼓。石刻一狮形于方形基础上。圆眼、扁鼻、阔嘴，下颌有须，腮后有鬃毛，双脚五爪尖锐。身后背刻成一面圆鼓，上沿刻乳钉纹。圆鼓即为圆柱础。

另见浮雕人物石碑和花瓶式灯杆夹座。座上刻铭文："重修人………嘉庆八年七月初七日立。"嘉庆，清仁宗颙琰年号，嘉庆八年即公元1803年。

石狮

石础

寨沟新庵子寨遗址

寨沟新庵子寨遗址（明）

石寨门

遗址位于道佐乡寨沟村新庵子山顶上。因山顶有明代寨子而得名寨沟。山顶古寨今已不存，仅存遗址。遗址坐北向南，面积约13000平方米。现存石寨门和石寨墙及垂带式踏道。寨内已是山林和农耕地。寨门和寨墙均用红砂条石砌筑，寨门为长方形门洞，平顶，高1.75米，宽1.25米。有石阶由寨门连通进入寨内。门两侧石寨墙包抄向寨后延伸，高约2.8米。后半部分石寨墙已毁。

石山寨对明代邛南山区村寨及军事等历史研究都有一定的参考价值。

天台山朝阳观遗址（明—清）

遗址位于天台山镇马坪村。原为朝阳观。明代官府设管理宗教事务的僧正司和道正司，天台山上即分置有管理机构东、西、上、中、下五处官房，民间转而讹称其为和尚衙门。现存寺观遗址即天台山中官房，相传原为宋代崇道观。

遗址坐西北向东南。今存建筑遗址有台基、踏道、柱础、香炉、石狮等。

遗址前往山下今完整保留一条长约300米的垂带式石板踏道。踏道两侧立明代石狮一对。狮座为石质长方形束腰须弥座，束腰处浮雕花卉。狮子蹲坐于须弥座上，面向东南，扭头相向。狮子耷耳、圆眼、平鼻、大嘴，口衔彩带自嘴两角飘于身背。佩宽项圈，圈上挂铃铛、璎珞。前腿直立，一脚踩绣球，后腿屈坐，五爪尖锐，鬃毛卷曲。石狮高1.25米，须弥座高0.8米，通高2.05米。座长0.88米，宽0.6米。

正殿遗址台基为红砂条石砌筑，长约36米，宽约10米，高约1.4米。殿前有垂带式踏道五级。现存建筑为民国时期所建穿斗木结构小青瓦屋面建筑，曾为林场工区用房。柱础为覆盆式圆形石础，体量较大，为明代建筑原物。明代中期以后，佛教兴盛，道观多转为佛寺。

照壁与其上所刻明弘治三年《天台官房记》，皆今人所作。

天台山朝阳观遗址

官房

石板踏道

明代石狮

平乐芦沟竹海

造纸作坊遗址

邛崃自古盛产毛竹,造纸手工业发达。主要生产生料纸和熟料纸。所谓熟料纸即祭祀用纸。生料纸俗称草纸、火草纸,用于卫生纸、包装纸等。熟料纸生产自唐宋以来,主要集中在西南山区,西路的火井、油榨、高何,南路平乐、夹关、道佐等乡。部分手工造纸作坊一直延续到20世纪90年代,其后因治理环境污染而全部停业。明清两代的造纸作坊遗址主要分布在平乐、道佐、高何、水口一带,其中平乐芦沟造纸作坊两处,道佐张店黑凼子造纸作坊遗址一处,保存相对集中、完好,具有一定的代表性。水口纸坊沟造纸作坊十八口篁锅遗址近年已全部被毁。

芦沟张碾造纸作坊遗址

平乐芦沟张碾造纸作坊遗址（明—现代）

　　遗址位于平乐镇同乐村（原大悲村）芦沟河北面台地上，四面环山，河南面为平（乐）芦（沟）公路，作坊依自然地形而建，面积约1400平方米。遗址可分为地上和地下两个部分。地面主要有在山岩壁上凿成的引水渠、沉沙池和控制水流量的石砌闸门（闸板已不存）、红砂石板砌筑的料缸和石砌大型半地下式料池（腐料池）、作坊建筑基址、篁锅等。地下部分为以水为动力的水磨地下部分（只遗存地下石室，水磨传动部分已不存）、地下排水沟等。其存续时间为明至20世纪60年代。2002年7月，邛崃市人民政府批准公布为邛崃市文物保护单位。

篁锅

石碾

平乐钟灵村造纸作坊遗址（明—现代）

遗址位于平乐镇钟灵村芦沟河南岸，小地名青石桥，河北岸为平芦公路，四面环山，现存遗址面积约 2040 平方米。作坊系统保存完整，可以分成地面和地下两个部分。地面部分主要有作坊房屋（砖木结构，悬山式，小青瓦屋面，平房）、作坊建筑基址、红砂石砌引水渠、引水闸（引水闸、闸门位于芦沟河中）、石碾、石磨、石砌料池、石料缸、石砌篁锅台、石砌晾（晒）台等。遗址地面以红砂石板铺筑。地下部分为水碾、水磨传动部分石室，完整保留了地下水车动力系统和地下排水沟等设施，为邛崃手工业造纸利用水能加工原料和食品（包谷等）提供了实物依据。其存续时间当为明代至 20 世纪 60 年代。

2002 年 7 月，邛崃市人民政府批准公布为邛崃市文物保护单位。以上两个造纸作坊遗址，2007 年 4 月，成都市人民政府批准公布为成都市文物保护单位，统称为芦沟造纸作坊遗址。

平乐钟灵村造纸作坊遗址

平乐黑凼子造纸作坊遗址（清）

黑凼子造纸作坊遗址位于平乐镇大石村，小地名黑凼子。作坊始建于清代，废弃年代不详。遗址呈东西向不规则条形分布，东西长约82米，南北宽约26～40米。遗址内留存有作坊建筑基址、踏道石阶、引水渠和水渠闸门、条石砌腐料池、石板拼接料缸、篁锅、石碾、蓄水池等。部分腐料池在岩脚直接开凿而成，并在岩壁上开小沟槽，将水直接引入池中，是山区古代工匠因地制宜的智慧体现。

平乐黑凼子造纸作坊遗址

踏道石阶

石板料缸

道佐张店黑凼子造纸作坊遗址（清—现代）

遗址位于道佐乡张店村，小地名黑凼子。作坊始建于清代，20世纪50年代毁于水灾。遗址面积约2000平方米。地面较完整地保留了作坊建筑遗址、石砌料池、料缸、石碾、篁锅和引水渠等。

遗址坐南向北，位于小河旁，部分利用水能作生产动力。石砌引水渠，条石白灰浆砌长方形腐料池，石板拼接成长方形料缸。建筑遗址上有石篁锅等。十五级垂带式踏道连接上下。石碾和石碾槽犹保持原状。碾子地下水动力部分已不存，只保留有水渠入水口石砌洞门。

道佐张店黑凼子造纸作坊遗址

石碾

石缸

南方丝绸之路（茶马古道）（邛崃段）

据司马迁《史记》载，秦汉时期我国西南有一条由蜀郡成都出发，经临邛（今邛崃）、名山、芦山、雅安、严道（荥经），越大相岭，渡沫水（大渡河），入巂州、邛都（今西昌），过金沙江入滇（云南），再经滇西祥云、大理，翻博南山到保山，再渡怒江，越高黎贡山到腾冲，再分北路、西路进入缅甸，转至印度直至西亚的民间商贸小道，史称蜀—身毒道。身毒(yun du)即印度音译异字。20世纪80年代初，由四川学者童恩正、李绍明、林向等先生提议，当代学术界普遍认同称作南方丝绸之路，在中国境内全长有2000多公里。这条道路在汉代以后发展成为我国西南重要的交通、商贸、军事通道。这条道路又可在今雅安地区折往西进入康藏。其主要干线路段与起于唐、盛于宋的茶马互市所形成的茶马古道相重合。无论是南方丝绸之路还是茶马古道，古临邛（今邛崃）都是其主干道上成都至荥经的重镇，所以自古这一段又称为临邛道。

在邛崃境内的古道主要有以下几条：

（1）西线：从临邛城过邺江经白鹤，沿小南河、火井河而至水口、油榨沱（古火井县），折向西北经木梯垇、将军庙（今属南宝乡）至芦山大川，经芦山往荥经……其间，又可从油榨沱沿火井河直往西南，在今高何翻越镇西山至芦山，往荥经、翻大相岭、越大渡河至西昌、云南……

（2）南线：从临邛城经十方堂渡南河，经孔明、平乐、临济至名山……或经平乐至夹关，至中峰，至名山；或从夹关折向西北，汇入西路，在高何翻越镇西山至芦山，往荥经……

（3）南线二：从临邛城往南，渡南河，经土地坡、卧龙、蒲江大塘、甘溪、黑竹关、百丈关至名山，经雅安、荥经往西昌、会理到云南，也就是今天的邛崃往西昌318国道大体线路。

（4）东南路可由宝林经蒲江的西来、大兴、成佳至名山……

（5）东路则沿蒲江河谷经蒲江、成佳至名山……

（6）水路由临邛沿南河到新津汇入岷江，上可至成都，下经彭山、眉山、乐山、宜宾，顺长江而下，可至东南各地。

南方丝绸之路同其他交通古道一样，多沿河谷或缘低矮山脊、山腰走向，绕开大川河流和高山，尽可能减少涉水渡河的不便与危险，尽可

平乐古驿道一

平乐古驿道二

能避免高山路途的严寒、风雪、瘴疠等危险。路道又适时逢弯截角，采用翻山下坡以缩短道路距离。翻越必须跨越的大山时，人们常常会选择最捷径的山口（山垭）。从不同的出发地到达同一目的地，往往就近选择最方便、距离最短的线路，使得这条南方丝绸之路（茶马古道）具有多元多支的特点。即便是主干道，在不同的历史时期，其变化也显而易见。

古道从成都可经东路双流、冉义（延贡）到牟礼（依政）、临邛，或经西路崇州、大邑（古属临邛）到临邛。或从水路到牟礼、临邛。

在境内临邛、水口、油榨、

夹关古码头

火井、南宝、高何、孔明、平乐、临济、夹关、天台山及大同等镇乡都保留有古道的大道、支道的道路遗迹。其中油榨乡桃花村天罡祠河对岸古道遗址、南宝乡木梯坳古道遗址和三坝至大同景沟古道遗址、花楸五通碑古道遗址、夹关龚店至名山古道遗址、马湖（今属水口镇）纸坊沟至油榨乡马崖岭古道遗址保存比较好。尤以南线的平乐骑龙山段和夹关龚店至名山段为最。

骑龙山古道位于平乐镇南一公里处骑龙山脊上，呈东北—西南走向。往东北延至孔明乡江店，向西南延至临济镇点灯山、夹关观音山、名山县中峰。目前以平乐镇禹王社区（协议村）长

夹关古驿道

约一公里路段保存相对较好，当地村民俗称为马道子。骑龙山古道平均宽约 1.5 米，两外侧挡墙残高不等，平均高约 1 米。挡墙内层土筑，外层卵石垒砌，剖面呈梯形，下宽上窄，下宽约 1.5 米，上顶宽约 0.6 米。

2005 年 6 月 23 日至 7 月 28 日，经成都市考古工作队与邛崃市文物管理所联合调查试掘，发掘清理出汉、宋、明、清四个时期的道路遗迹，证实南方丝绸之路（茶马古道）成都（邛崃）段古道在西汉时已开通。此路段在两汉时期经历了开凿和多次修缮。宋代开始以卵石铺筑路基，加高挡墙。明初大规模采用卵石修砌，加强挡墙防护功能。清代曾两次大修。

在骑龙山马道子现存路段北端（城隍庙下）、南端的路面和挡墙都出现 90°直角转折通往坡下，显然不符合道路常规。其路段中多处出现呈直角小出口支线和在道路挡墙外侧石垒梯形哨台。针对这一现象，结合紧靠道路西侧（靠平乐场镇一侧）台地上有一些长方形建筑基址和大型蓄水池现象，以及附近坡地上散落大量铁屎（铁炉渣）分析，该遗址历史上曾经可能与军事或冶炼相关。道路路面用大小卵石铺筑，大卵石铺成中心线，（后期路面改用红砂石板铺筑中心线），不仅形制独特，而且具备多用途、多功能，是南方丝绸之路（茶马古道）重要干线之一。由民间商道而官道，兼有军事用途，与文献所载临邛—名山段大致吻合。该路段自 20 世纪 60 年代后逐渐废弃。

夹关龚店张湾至名山拴马林段保存基本完好的古道遗址长约 4000 米。由龚店张湾，经宋山，小鼓儿山下行经龙洞沟，上至与临济（邛崃）、名山（雅安）三交界的拴马林。现存古道为清代重修。平均宽度约 1.5 米，最宽处可达 2.5 米。路面以红砂石板铺中线，镶以条石或卵石边带，两外侧铺以大卵石做路面。路肩用条石或卵石收边。临外侧用大卵石砌筑保坎。坡道处中心线采用石板铺成梯道。宋山段道旁原有清代修路纪事石碑一通，今已毁，仅存石碑残件。

2013 年 5 月，茶马古道按四川省（成都段、邛崃段、雅安段、西昌段……）、云南省……分段联合申报，国务院批准公布为全国重点文物保护单位。

附录一：南方丝绸之路（茶马古道）邛崃段现状

1. 大邑三坝至邛崃大同古道。今大邑三坝20世纪60年代仍属邛崃县。大邑三坝至邛崃大同的古道是连接崇州、大邑、都江堰同邛崃西北山区的古道之一。如今三坝至邛崃孔山、景沟的古道基本保存完好，景沟村民往三坝赶场仍在使用。三坝和邛江镇至孔山两条山道，用石板砌筑梯道，部分路段依山岩凿路，或将山岩下段向内开凿成斜面，以获得路道、石阶空间。宽约0.6～1.50米，长约3公里。景沟至孔山段在山坡上修筑石板梯道，宽约1米，长约1公里。古道北至大邑县的药师岩，有唐代至明代石刻造像群。古道南段经邛崃大同乡景沟有全国重点文物保护单位石笋山唐代摩崖造像。古道中段岩壁上尚存唐代和明清时期的零星石刻造像，都是这条古道最好的历史佐证。

2. 十方堂至孔明古道。十方堂渡口往西山边有小村子叫胡山圵扁，村旁有古道通往孔明乡，20世纪70年代仍在使用。经孔明有小道与平乐古道相连。

胡山圵扁古道旁尚存"大清乾隆十七年三月"（公元1752年）《修路碑序》一通，红砂石质，平面呈四方形，高约1米，边长约0.4米。

大同古驿道

油榨古码头

3. 油榨至芦山大川古道。油榨（俗名油榨沱）为隋唐古火井县治所。今存古火井县衙遗址和天罡祠。旧有盐井，以天然气（火井）熬盐和盛产好茶而闻名于世。旧时所产盐和茶，除从桃花潭码头经火井江水运临邛外，还可从陆路经水口、马湖至临邛。沿途有东汉崖墓和唐代佛教摩崖造像分布。又有古道沿火井江而上至今高何翻越镇西山往芦山。另有一条重要的道路从油榨往西北经木梯埫、将军庙至芦山大川镇。1935年11月，红四方面军九军二十师76团、81团从芦山大川出发，顺小河子，涉玉溪河上游，翻越南宝山，在瓦厂岗、木梯埫与川军交战，冲破封锁线到达油榨、火井一带，走的就是这条古道。至20世纪80年代，当地村民往来仍在使用这条古道。今邛崃(油榨)至芦山大川公路基本上就是按古道线路修建的。

现存古道主要遗址有油榨古码头、木梯埫和大川两河口古栈道遗迹。

（1）油榨古码头位于天罡祠河对面岸边,用卵石人工铺筑成宽约6米,长约80米的坝子。岸边和沟边用大卵石砌筑边带保坎。坝子平整，用于集散堆放货物。坝子西北与古道相接。

（2）木梯埫位于今南宝乡（旧属火井），古时有木栈道,今已无存。有木梯上下山,故名。山上残存唐代以后所改筑之百步石梯,宽约0.8米,长约300米,已荒废。

花楸山鱼(余)岩五通碑

（3）沿此条古道翻过南宝山进入今芦山大川界，在南宝山西麓山下，小地名两河口的大川河东岸岩壁上，残存木栈道横木和桩孔等遗迹。

4.花楸山鱼(余)岩五通碑古道。花楸原属下坝乡，今划属平乐镇，古火井县属地，素产好茶。其地理位置靠近油榨。鱼(余)岩今属油榨乡川王村。从鱼(余)岩可眺望油榨场镇。山上完好保存从下坝到花楸鱼(余)岩的两条上山道和与之交会的从油榨方向上山到鱼(余)岩的古道，用石板精心铺筑。山道以开凿石梯道为主，宽0.6～1.2米不等，总长约4公里。鱼(余)岩山顶几条古道交会处立有修路纪事石碑五通，故小地名俗称五通碑。

石碑为五间六柱，庑殿顶，红砂石质建造。横长约6米，通高约2.5米。存碑页五通。其一为《重修余(鱼)岩大路叙》，全文抄录于后。《重修余(鱼)岩大路叙》："凡举一事，善作尤贵善成，善创莫如善因。即如余(鱼)岩之大路建自前代，由来久矣。上至高场(今高何)，过西山(镇西山)而通炉城(康定)。下至平市(平乐镇)，由南河而递省垣。虽非康庄大道，亦客商往来之捷径也。奈世远年湮，倾圮败坏，泥沙泛滥，几成畏途。纵行者尚觉举步多艰，负载者能无踯躅不前乎？因此目击心伤，组织培补，从(重)新修砌以绍前徽。但锱铢不足，难以告成。爰邀约乐善诸君子共

银杏坪修路碑

结善缘。路工既竣，计程不过四五里之遥，贵费已至一千余钏（串）之多。谨撮缘起，勒之于碑，与众共见，俾志不朽。总以见众擎易举，凡我同人与有力焉已耳。是为序。（以下捐助功德人名略）斯路也，建于甲寅（公元1914年），成于己未（公元1919年）。文生郑尚阶拜撰。"

另碑《余（鱼）岩石路告成碑序》称："……斯路之肇也，盖莫知其原然，吾父、吾祖、溯曾高而上，皆去往来此间者众多焉……其西通炉（康定）藏（西藏），南达邛（崃）蒲（江）……宽约四尺余，边有栏石……"下署："己未仲秋月中浣　崃阳中学庠生超群李元升拜撰。"

5.银杏兴福寺古道。银杏原名三角堰，因寺中有千年银杏而得名银杏坪，乡名银杏乡，今划属火井镇。山有古道连接平乐、高何。兴福寺山门前存石碑一通，三间四柱，重檐庑殿顶石质建造。分嵌红砂石碑页三通。碑与寺庙无关，是一通"清道光三年（公元1823年）仲夏月"所立修路纪事碑。碑称："自康家沟至银杏坪，其间路道上通天全、炉邑（康定），下通平落、蒲江……嘉庆戊寅二十三年（公元1818年）六月告竣。"古道部分犹存，往来于高何何场一段至今仍在使用。

鱼（余）岩五通碑和兴福寺碑对古道走向记叙明确，是一份珍贵的"古道指南"。

6. 纸坊沟至马岩岭古道,清代重修。路面多以红砂石板铺筑,条石镶边,或部分辅以卵石。坡道石板铺筑成石梯或将山崖直接开凿成梯道。古道上保留部分古代石桥。清代"桃源桥碑"有"上通西藏,下达北京"句。

7. 天台山镇紫荆村古道(原属太和乡)。古道位于紫荆村6组,与雅安地区名山相接,历来是夹关至名山古道之一。历代均有维修。现存古道为石板路面。道旁有联升塔(字库)和石拱桥两座,长约2公里,宽1.2～1.8米不等。塔碑上有对通往名、雅古道修路事宜之记载。

附录二:严道(荥经)《何君尊楗阁刻石》(史称《尊楗阁道碑》)

"蜀郡太守平陵何君,遣掾临邛舒鲔将徒治道,造尊楗阁。袤五十五丈,用功千一百九十八日。建武中元二年六月就。道史任云、陈春生。"

此摩崖刻石位于荥经县烈士乡冯家村钻山洞荥河南岸崖壁上。隶书阴刻,共计52字。古志对其书法多有评论。宋代以后误传为"碑刻",并称"原碑已失"。2004年重新在原位发现。

建武中元二年,即东汉光武帝刘秀中元二年,公元57年。碑文记载了蜀郡太守何平陵命临邛的官员舒鲔带领囚徒在严道(荥经)古"蜀—身毒道"上修建栈道之事。是佐证临邛作为南方丝绸之路重镇的珍贵文史资料。

荥经《尊楗阁道碑》及拓片

邛崃冶铁遗址

据《史记》《汉书》载,临邛古有铁矿,卓氏在临邛冶铁,远销滇濮椎髻之民,而富至僮仆千人,田池射猎之乐,拟于人君。西汉时朝廷就在临邛设有盐铁官,专门管理盐铁的生产与销售。宋代陆游在《老学庵笔记》中记载了宋代临邛以竹炭冶铁的见闻。邛崃城乡现在地名中仍然保留有大量与冶铁相关的地名,如铁屎坝,今名铁花村,大致范围从临邛城区西南城墙到天庆街、西街、书院街、善恶坝(今常乐坝)一带。农耕地或基建工地(如西门原酱品厂)都出土大量铁炉渣,老百姓俗称为铁屎,故名。部分镇乡的铁屎冲、铁炉沟、铁厂沟、铁墩子等等,都是邛崃历史上不同时期冶铁工业的珍贵文化遗存。

夹关临江冶铁遗址(唐)

临江唐代冶铁遗址位于夹关镇临江社区。东西向呈长条形分布,高出地表5~6米。遗址内发现大量铁炉渣和铁矿石。局部断面发现有汉代至唐代文化堆积。地表为公路、民宅和农田叠压。是邛崃汉唐冶铁工业的重要实证。

铁炉渣——铁屎

夹关临江冶铁遗址

平乐冶铁遗址（唐—明）

遗址位于平乐镇禹王社区（原协议村），小地名铁屎坝。1993年版《邛崃县志》（第二十五篇"文物·冶铁遗址"）载："平落镇阎镇子冶铁遗址……这里散布的炉渣结块和混杂的木炭屑，弃置的生铁块，随处可捡。"2005年7—9月，经成都市文物考古工作队和邛崃市文物管理所联合调查试掘，确定遗址大致范围和面积：以电缆厂水塔为基点，以其东30米处山丘顶部为中心区域，南北长约250米，东西宽约230米，面积近60000平方米。始于晚唐，盛于两宋并延续至晚明。遗址中发现大量铁矿石、炉渣（铁屎）以及少量铁块和唐宋邛窑生活用具等。同时还发现两个装铁液的坩埚，用以生产铁锭或浇铸铁器。是邛崃现存古代冶铁遗址中时代特征明显、冶炼使用时间较长、遗址面积最大、文物遗存最丰富、本地区最具有代表性的冶铁遗址。2007年6月，四川省人民政府批准公布为四川省文物保护单位。

平乐冶铁遗址试掘现场

平乐镇禹王社区

铁墩子冶铁遗址（宋）

遗址位于临邛镇南江村台地上，小地名铁墩子。遗址平面呈不规则长方形，面积约1500平方米。遗址内暴露冶铁炉一座。可见铁炉渣和零星铁矿石分布。2009年，经成都市文物考古工作队调查勘探，确定为宋代冶铁遗址。

铁墩子冶铁遗址

临济铁屎冲冶铁遗址（宋）

遗址位于临济镇瑞林村、骑龙山脉南方丝绸之路邛名段左侧山沟内。1993年版《邛崃县志》有载。调查发现，沿山沟约一公里布满铁屎（铁炉渣）。当地方言称山沟为"冲"，铁屎冲地名由此而来。遗址为东西走向，平面呈条状。西高东低，长约1000米，宽约150米，遗址面积约150000平方米。西南山坡上发现炼铁炉砖、红烧土等遗物，堆积丰富。沿沟有部分赤铁矿石散落。

临济铁屎冲冶铁遗址

出土的铁屎

南宝炼铁土高炉（现代）

土高炉位于南宝乡金甲村，为1958年"大跃进""大炼钢铁"时所建土高炉群，现仅存高炉一座。外立面呈不规则锥形，下大上小，无顶。通高6.8米。底平面呈方形，底边长约2.6米。炉身用砾石和红砂石砌筑，中空。底边四面开圆拱形炉门。是20世纪50年代末大炼钢铁运动的产物，对研究近现代史有一定的史料价值。2013年9月，成都市人民政府批准公布为成都市文物保护单位。

南宝炼铁土高炉

邛窑遗址

邛窑概况

邛崃古称临邛、邛州。邛崃在南北朝时期，受南方青瓷传播的影响而生产青瓷器。邛窑盛于唐、宋，宋末元初因战乱而衰败，延续烧造时间长达800多年。境内临邛镇十方村十方堂古窑址、固驿镇公义村瓦窑山古窑址、临邛镇西河尖山子古窑址、白鹤大渔村古窑址以及西河柴冲窑等古窑址，构成了南北朝至宋代邛崃地方性民间青瓷窑系。按学术惯例，以地域冠名称为邛州窑，简称邛窑。邛窑的概念是指邛窑遗址和出土、传世器物的总称。邛窑又因烧造延续时间最长、产品种类最丰富、产品最精美、流传最广、最具有典型性而成为四川古代民间青瓷系代表，被学术界称作"邛窑系"。2006年5月25日，经国务院批准，将十方堂遗址、瓦窑山遗址、大渔村遗址三处合并公布为"邛窑遗址"，列为全国重点文物保护单位。考古调查表明，唐宋时期的邛窑烧造规模远不止以上几个窑。县城内文君街、天庆街建筑工地就曾发现窑炉遗址，出土一些窑具和唐宋陶瓷标本。县城附近的白莲村、文笔村，以及远至35公里外的牟礼镇永丰村（古依政县治），也都发现有唐宋窑炉的遗迹。考古调查还发现多处明清时期的窑址，其中官庄窑除保留一些废弃的龙窑和四个高大的窑包外，一些民窑（龙窑）一直延续至2008年5月12日汶川大地震后才停烧。

十方堂邛窑遗址（隋—宋）

十方堂邛窑遗址位于临邛镇十方村（原南河乡十方堂村）南河西（右）岸。其地因遗址的窑包（Y5）上曾有一座清代的重檐四阿顶尼庵，庵名"十方堂"而得名。尼庵于20世纪50年代被拆毁，今人不明缘由，误将地名改成什邡堂，或误作十方塘。该地因窑包堆积如小山丘，残片和一些小件器物如瓷盏、水盂以及各种窑具如支钉、垫圈等，俯拾皆是。学生将瓷盏用作墨盘，称其为墨盘子；将支钉捆绑在鞋底爬山走路防滑，称为脚码子。而小瓷盏及部分窑具大多比较厚重，当地老百姓谓之蛮碗，故早年民间又俗称该地小地名为蛮碗山、高窑坝，也有叫乍蛮碗窑、汉窑、汉窑坝者。

遗址沿南河呈条状分布，现存窑包及窑包遗迹14处（其中5号窑包已清理发掘不存）。东西长530米，南北宽210米，总面积111300平方米。因其现存窑包最多、烧造延续时间最长、产品最丰富、质量最精美、出土器物最多、流传最广（为北京、上海、南京、四川、重庆等地或国外的一些大型博物馆收藏）而成为邛窑的主要代表。1982年3月，邛崃县人民政府批准公布为邛崃县文物保护单位；1985年7月，成都市人民政府批

十方堂邛窑遗址

准公布为成都市文物保护单位；1987年5月，四川省人民政府批准公布为四川省文物保护单位；1988年1月，国务院批准公布为第三批全国重点文物保护单位。

时代：隋至宋。分类号：43号，编号223号。

据稽考文献，与邛窑相关的历史文献资料共有四条：

（1）唐代杜甫《又于韦处乞大邑瓷碗》诗："大邑烧瓷轻且坚，叩如哀玉锦城传。君家白碗胜霜雪，急送茅斋亦可怜。"

（2）宋代陆游《老学庵笔记》："《宋文安公集》中，有省油灯诗，今汉嘉（今乐山）有之，盖夹灯盏也。一端作小窍，注清冷水于其中，每夕一易之。寻常盏为火所灼而燥，故速干，此独不然，其省油几半。"又，《斋居记事》："书灯勿用铜盏，惟夹瓷盏最省油。蜀中有夹瓷盏，注水于盏唇窍中，可省油之半。"

（3）元代吴莱《大食瓶》诗句："定州让巧薄，邛邑斗清坚。"

（4）1922年版《邛崃县志》（卷一·山水志十五）"十方堂"条下："十方堂，佛庙也，在南河崖岸……水泻沙崩，多出窑器，未见文雅。"

窑包

1936年的十方堂挖掘现场

邛窑遗址发现经过

自民国初年起,不时有邛窑器物出现在邛崃古物市场,皆因"未见文雅"而不为世人所重。直到"民国二十四年(公元1935年)有军人陈某于十方堂发现邛窑残碎瓷片","以每市斤售洋三角","皆归于陈手"。"二十五年(公元1936年)夏秋,唐式遵驻防邛崃,更作大规模之发掘。军民齐集三四百人,争先恐后,日夜挖掘,收获甚多,且运到成都、重庆、南京、上海市博物馆公开展览,并设有专肆售卖。"(魏尧西《邛窑》,《风土什志》1948年第2卷第2期)

原华西协合大学古物博物馆馆长、美籍学者葛维汉,英籍学者郑德坤,加拿大籍学者杨枝高等人先后前往邛崃现场考察并著文发表于当时的《中国杂志》《华西边疆研究学会》等刊物。摄影家黄希成则用当时十分珍贵的进口彩色胶卷、黑白胶卷,把邛窑出土之精美器物拍成彩色、黑白照片,精制成彩版,名为《唐邛窑奇品》,在上海《美术生活》杂志1936年12月号上发表,在全国文物界、美术界引起轰动。其时,华西协合大学古物博物馆、四川博物馆、故宫博物院、南京博物馆、上海博物馆、重庆博物馆、重庆古今文物馆等国内各大博物馆及唐式遵、黄希成、邛崃县民教馆和一些私人对邛窑出土器物都有收藏。从20世纪30年代起，国内外及本地方学者多有研究文章面世。

1950年以后的邛窑遗址调查主要有七次。

（1）20世纪50年代初，陈万里、冯先铭等先生主持的"故宫博物院古窑址调查组"到邛调查。

（2）1956—1958年，四川省文管会徐鹏章等先生主持的"川西文物普查"；四川省博物馆、省古陶瓷研究组主持的"四川古窑址调查"。

（3）1983—1984年四川省文管会、邛崃县文物管理所主持的"邛窑遗址联合调查"。

（4）1986年邛崃县文物管理所主持的"邛崃县第二次全国文物普查"。

（5）2002年邛崃市文物管理所主持的"邛崃市文物普查、复查"。

（6）2005年成都市考古工作队、邛崃市文物管理所主持的"十方堂邛窑遗址联合调查"。

（7）2006年邛崃市文物管理局主持的"邛崃市第三次全国文物普查"。

上海《美术生活》1936年12月号

1984年的十方堂邛窑遗址发掘现场

邛窑出土瓷片

十方堂邛窑遗址的发掘

在多年文物调查的基础上，1984—1987年，经文化部、国家文物局批准，四川省文物管理委员会和邛崃县文物管理所联合对十方堂邛窑遗址进行发掘。执照领队：沈仲常先生。主持：陈显双先生。同时组成省、县、乡三级"邛窑发掘领导小组"，沈仲常任组长。抢救性发掘清理了3号窑包（Y3）。对1936年唐式遵破坏较小的5号窑包（Y5）进行了全面发掘清理。

遗址内清理发现9座窑

087

唐代胡人俑头

埙

炉。其中龙窑6座,馒头窑(马蹄窑)3座。龙窑为长条斜坡式,坡度17°~21°。其中3号窑包的1号龙窑长27.4米,宽2.7~3.2米,由火膛、窑床、烟道等部分组成。窑具用耐火材料烧成,有匣钵、垫板、垫圈、垫柱、支钉等。出土匣钵上发现刻有"贞元六年闰"纪年,证明邛窑至迟在唐代就已经使用匣钵叠烧法。遗址内出土器物及标本上万件,产品胎质以褐胎、红褐胎居多,砖红胎、砖灰胎、黄白胎、灰褐胎、灰白胎次之。在器物胎面上普遍施用一层黄白(青白)色化妆土(泥釉)是其特点。釉色以青为主,有青中闪白、青中闪黄、青中闪绿,还有绿、粉绿、黄、米黄、芥子黄、茶黄、黄褐、褐、蓝、紫蓝和黑等色,深浅不同,达二十多种。邛窑多为高温石灰釉、乳浊釉。施半釉,施

龙窑遗址

釉不到底。器物采用还原焰烧造,温度普遍达到1250℃以上,瓷化程度高,吸水率低,釉色还原好。部分建筑装饰构件和明器也采用低温铅釉,烧造温度相对较低。

产品以生活用具为主,品类繁多,式样丰富,据不完全统计有200多种。大体可以分为,①生活用具类:碗、杯、盘、盏、豆、盒、壶、瓶、钵、罐、缸、坛、匜、灯、唾壶、炉、香熏、器盖、网坠、纺锤等。其中尤以省油灯、龙纹提梁壶、美人抱鱼壶、鸭衔杯、鹦鹉杯、双流壶、胡人抱角杯、盘龙香熏、莲花香熏和莲瓣盏托最具特色。②文具、玩具、乐器类:砚[多脚砚、撮箕砚(风字砚)等]、象棋子、围棋子、水滴、水盂、陶铃、弹珠、埙、口哨等,尤以人头埙、熊(兽)头埙和美人哨(唐宋美女头形之口哨)最有特色。③人物、动物、佛像类:人物、动物和佛像类依制作方式不同又分为手捏和模制两种。人物、俑类有男女老幼、文人武士、仙道佛神以及各式男女胡人等。动物则有狮、虎、龙、象、牛、马、猪、狗、猫、鱼、龟、鸡、鸭、鸽、鸟等。尤以手捏人物抱球、玩球儿童,手捏骑马、骑怪兽武士人物和手捏小鸟、猫狗最为简洁生动。手捏胡人形象概括生动,模制胡人俑则精致传神。④建筑构件:琉璃砖瓦、瓦当、鸱吻及装饰构件等。⑤明器:谷仓罐、仿真供品(核桃、桃李等)、墓俑等。⑥模具、窑具:碗、盘、碟、

遗址内出土器物及标本

唐代省油灯

宋代铭文碗

唐代"临邛"二字杯

唐代彩绘碗

盒、杯印模，炉、熏、砚等构件印模。印模多刻莲花、蝴蝶、龙凤、狮、麒麟、花卉以及飞天等图案。构件印模多刻人物头像（男、女、僧侣、佛、胡人）、花瓣（多莲瓣）、动物（如鸭头）、兽面（如炉之足腿）等。铭文印模极少，有蝴蝶盘刻花印模背面有刻铭文"乾德六年二月上旬造官样。杨全记用"，是五代时期邛窑订烧官器的直接证据。窑具有匣钵、支钉（七齿、五齿、三齿文钉）、五齿垫圈、垫片、垫柱、垫筒、垫饼等。邛窑器物烧造绝大多数使用五齿支钉是其特征。

器物成型主要采用慢轮轮制手拉坯、模制和手工捏制。装饰手法主要有彩绘、印花、刻划花、刻划加彩、堆贴花（贴塑）等。彩绘主要是高、低温釉下彩，有单色（褐、绿色）、三彩（多彩）绘。三彩绘常用褐、绿、黄、蓝、黑色，故称作"邛三彩"。所绘纹饰多草叶纹、花卉、云气纹、鸟虫、彩条纹、几何纹、联珠纹和大色块彩斑以及文字，因有别于北方"唐三彩"而被称作"邛窑绘三彩"。褐色、黑色以氧化铁为着色剂，绿色、蓝色以氧化铜为着色剂。以氧化铜为着色剂，在高温氧化还原的烧制过程中，偶见析出绚烂的铜红彩，是中国古陶瓷中最早的铜红釉。

出土器物上有文字和年款的还有"临邛""仁寿年造""开元三年""天宝九年十月造像""长庆三年造像""隆兴四方""河滨遗风""乾符""贞元""乾德""宣和三年"等,为邛窑的断代提供了直接物证。

在5号窑包清理发掘出唐代民居建筑遗址一处,面积约900平方米,分为上下两层。下层5间为唐代早期,上层4间为唐代中晚期。房基上叠压着3座龙窑和3座馒头窑。房基均为砖石结构,其中F1为正厅,平面呈四方形,砖石台基,红砂石方形柱础,方形铺地砖,红砂石垂带式踏道。正厅四周有回廊。F3亦有砖砌垂带式踏道,长方形铺地砖。遗址两侧有两条相连通的排水沟通往南河。F9作坊遗址内素土地面,发现砖砌地辘轳井(地钧井)1口,石臼1个,拌料灰陶缸2个。F9墙基发现一块"贞元十八年"(公元802年)铭文砖。结合遗址内出土5个窖藏,其中一罐铜钱重约40公斤,多数为"大泉五十""五铢""半两"和"开元通宝",最晚的是"乾元重宝"(公元758—760年),为唐代民居建筑遗址的断代提供了依据。唐代民居遗址的发现填补了中国古建史的空白,也为邛窑遗址的断代提供了另一个依据。

唐代彩绘钵

唐代胡人俑

十方堂遗址第二次发掘

2005年至2006年,由成都市文物考古工作队和邛崃市文物管理局联合对十方堂遗址1号窑包进行发掘清理,发掘工作由黄晓枫女士主持。本次发掘面积2500平方米,在1号窑包发掘清理出龙窑1座、作坊6处、水井1口、挡墙9道等遗迹。出土大量器物及瓷片、窑具标本。清理出的窑炉位于窑包西坡,为斜坡式龙窑,长42米,宽2.5米,由窑门、火膛、挡火墙、窑床、烟道及窑门前的工作面、护壁构成。清理发现窑壁外还有一道烧结的窑壁,证明此窑炉是依前期窑炉改建或重建,其时代为宋代,废弃时间大约在南宋末至元初。作坊遗址包括建筑遗址、储泥池(沉泥池)、陈腐池和地辘轳井(地钧井)、炼铅土坑、水缸、料缸等。出土包括碗、盘、杯、盏、碟、壶、瓶、瓷塑等器物标本和印模等工具以及窑具。出土器物以高温绿釉、浅绿釉、乳浊釉为主。其中不乏蓝绿色窑变釉和"宋三彩"器。蓝色泛紫窑变釉、浅绿釉多见开片。出土的宋代高温铜红釉器物残片表明,邛窑在此之前已成熟掌握了这一技艺,成功烧制出高温铜红釉产品。

2005年十方堂邛窑遗址发掘现场

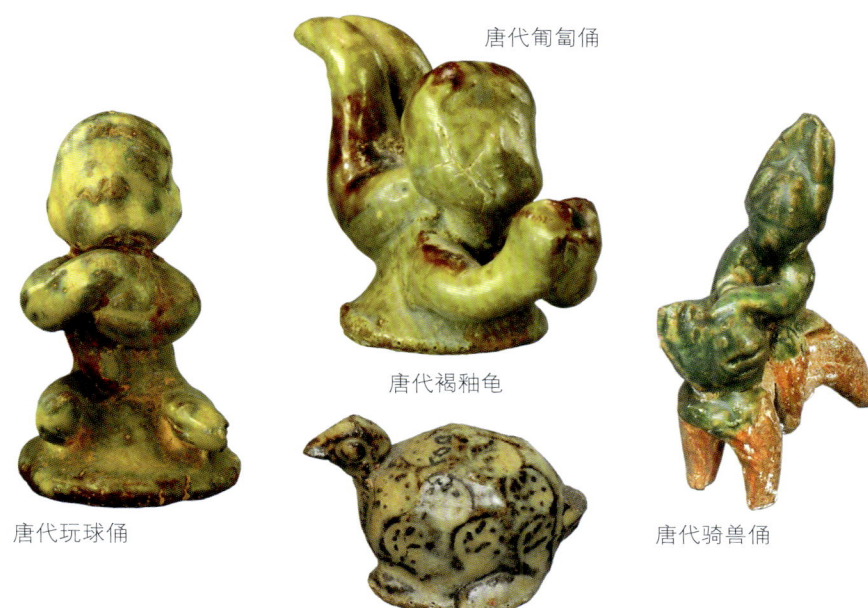

唐代匍匐俑

唐代玩球俑

唐代褐釉龟

唐代骑兽俑

邛窑考古遗址公园一隅

附录一："两研会"和"邛崃古陶瓷科技研讨会"在邛崃召开

十方堂邛窑遗址 3 号、5 号窑包的清理发掘，在全国考古文博界引起轰动。1984 年 10 月 21 日至 27 日，由中国古陶瓷研究会主办的"中国古陶瓷研究会和中国古外销陶瓷研究会年会暨学术研讨会"（简称"两研会"）在邛召开。来自全国的著名专家学者冯先铭、安金槐、傅振伦、耿宝昌、王舒冰、苏秉琦、叶文程、李知宴、刘家琳、周和平、蒋赞初、张彬、胡晓曼、马文宽、叶喆民、张福康、潘文锦等和四川著名专家学者成恩元、沈仲常、董其祥、陈丽琼、林向、魏达议、高文、陈德富、唐昌朴、丁祖春、赵殿增、陈显双、黄家祥、赵纯义等以及杨超、杜天文等省、市领导236人出席了大会。与会代表考察了 3 号、5 号窑包发掘现场，高度评价了邛窑遗址的发现与发掘，认为其极大地丰富了中国古陶瓷研究的内容。代表们对 3 号、5 号窑包的断代，唐代民居遗址的认定和分期断代以及以后的保护工作提出了宝贵的意见。会后编辑出版了《四川古陶瓷研究》一、二辑。

1984 年 10 月，中国古陶瓷研究会和中国古外销陶瓷研究会年会暨学术研讨会在邛召开，与会代表留影

2001年4月17日至19日,由中国科技大学、四川省文物局和邛崃市人民政府联合主办,邛崃市人民政府承办的"中国邛窑陶瓷科技考古研讨会"在邛崃召开。来自全国的著名专家学者耿宝昌、俞伟超、朱清时、李家治、张福康、张浦生、王莉英、周世荣、陈丽琼、陈显双、陈德富等30余人参加了会议。与会代表参观了十方堂邛窑遗址,参观了邛崃市文物管理所藏品以及邛崃部分民间藏品,对邛窑给予了高度评价。会后,2005年5月,出版发行了由耿宝昌先生主编的《邛窑古陶瓷研究》一书。耿宝昌先生在序中,高度评价了邛窑的生产工艺、历史价值和历史地位,称:"高低温釉下彩、三彩更是'邛窑'的代表作品,均较早烧制成功。其工艺传播于江南诸名窑,而又(以)湖南长沙'铜官窑'受其影响最深。"

2001年4月,为配合本次研讨会,邛崃市文体局、市文管所编印了《邛窑古陶瓷研究论文资料选编》一书。收入自1937以来年发表的调查研究文章26篇(章)、图片110多幅,分发与会代表,为代表们提供了丰富的历史资料。

2001年4月,中国邛窑陶瓷科技考古研讨会在邛召开

附录二：试论"邛窑"衰败之原由

胡立嘉　何吉民

位于川西成都平原西陲之邛崃，古称"临邛""邛州"，与成都、郫城以及江州（今重庆）同筑城于秦惠文王更元十四年（公元前311年）。其境内遗存有固驿瓦窑山、白鹤大渔村、南河十方堂、西河尖山子以及西河柴冲、孔明黄鹤村等一批古窑遗址。这批古窑址构成了南北朝至宋代临邛地方性民间青瓷窑系，按学术惯例称为"邛州窑""邛窑"。其中尤以南河十方堂邛窑遗址，因其保留面积最大、烧造延续时间最长、产品种类最丰富、产品最精美、传播最广泛而成为"邛窑系"的代表。

1984年和2005年两次对十方堂邛窑遗址进行科学清理发掘，结果都表明，其规模巨大，由南北朝、隋、唐、五代到两宋，延续烧造时间达800多年，其下限终止的时间确定在宋末至元初。所以，以十方堂为代表的古"邛窑"遗址，"创烧于南北朝，盛于唐，衰（败）于宋"，这是学术界普遍认定的。但是，邛窑在延续烧造了几百年之后，为什么突然衰败而终断了呢？学者们的看法却不尽相同，归纳起来不外乎五种：①原料枯竭说；②瘟疫说；③洪水说；④白瓷取代说；⑤战乱说。持一、四说法的居多。多数学者认为，瘟疫流行只是一时，不可能对邛窑造成毁灭性灾难，况疫后人们也可以返回家园，重新建设（也许规模将小于此前），故此说不可取。洪水虽可以造成沿河窑场的破坏，但这种破坏性原则上不会是全面的、持久的。一旦洪水退去，完全可以恢复生产，至少是受灾较轻的部分恢复生产，也可以延续下去而不至于终止。此说也不可取。所以更多的人倾向于"原料枯竭说"。

"原料枯竭说"辨

"原料枯竭说"是至今被许多学者认同采用的观点。

首先我们必须弄清楚一点，邛窑是青瓷窑，其坯料大多是"就地取材"，经过精加工处理的细粘土、以细沙作羼和料而成的陶土，虽然经过碾碎、炼泥、淘洗，但陶土中往往含铁较重，所以烧成后的胎骨相对使用高岭土烧成的白瓷胎骨比较粗糙，且多呈褐色、红褐色、灰色，或呈黄白色、灰白色、砖红色等。部分坯料为白泥，当地人称作"白鳝泥"，烧成后的胎骨比较精细。以上黄泥粘土和白泥是邛崃至今依然普遍存在的制陶瓷原料，碗厂、坛罐窑、砖瓦厂一直在使用。十方堂遗址后面山丘、城近郊拱辰、君平乡也有大量"白鳝泥"随地可取，十分丰富。另外，邛崃地处川西成都平原西南边缘向川西高原龙门山脉前沿过渡带，境内山、丘、坝俱全，属亚热带季风气候区，气候温和，雨量充沛，植被覆盖率较高，古代天然林木更是十分茂盛，窑场燃料根本不是问题。据文献记载：邛崃宋代冶铁、冶铜和铸钱，都需要大量燃料（包括木柴、煤、木炭、竹炭）。1958年"大炼钢铁"时，全县处处冒烟，燃料丰富。所以，宋末邛窑衰败的原因不应是所谓的"原料枯竭"。

"白瓷取代说"辨

有学者称，"到南宋（邛窑）虽仍在继续烧造，但却已趋衰退的境地"，原因是"被兴起的彭州白瓷器、广元黑釉瓷、灌县玉堂窑瓷器取而代之"。

事实恐怕并非如此。我们从邛崃城乡建设大面积地下文物勘探的数百个工地出土的大量陶瓷标本来看，汉代多以灰陶为主，少数器物有黑色陶衣，未见原始青釉瓷。两晋亦然。南北朝至隋唐、五代、两宋地层出土物均以邛窑青瓷居多。我们必须承认，在宋代地层同时出土有典型龙泉窑、耀州窑青瓷，定州窑、彭州瓷峰窑白瓷和广元窑黑釉瓷标本，但为数极少。元明两代也是以土白瓷、土白瓷青花、青灰釉、青黄釉、黄褐釉土碗标本、瓷片为主，精细白瓷片标本也较少。清代青花白瓷标本较多。

原因很简单。除了工艺之外，还有一个中国老百姓普遍使用的经济承受力问题。直至20世纪60年代，四川绝大部分地区城乡居民大多还使用土碗：土白瓷碗为上，绿釉土碗次之，黄褐釉土碗又次之。凡是景德镇白瓷器（哪怕是景德镇很一般的民窑器）都十分珍视，凡有磕碰伤，有时碎成几块，也要请补碗匠补上。补碗匠这个职业就是那句"没有金刚钻，别揽瓷器活"俗语中专揽瓷器活的。补碗称"锔碗"，用一个细小如针的金刚石钻头，以十字弓手钻在破损的瓷器上钻出八孔，再用细小的铜扣钉钉上（锔星），扣紧，修复。其贵重程度可见一斑。另外，从邛崃城区建设试掘工地发现的两个"明代瓷器窖藏"看，兵荒马乱之际，人们除了隐藏金银细软，还不忘将几件青花"细瓷"（民窑器）用木箱加锁或用大罐子装起埋藏地下，等同于贵重财产视之。20世纪80年代初期，四川西南的会理县曾发现唐宋青瓷窑址，而直到80年代末期，这个县城许多餐厅、人家，特别是当地农民还普遍使用一种"绿釉土巴碗"，使人感觉这里的人都很"奢侈"——"使用宋代绿釉碗"。由此可见，宋代白瓷在当时还不可能"取代"邛窑青瓷产品，这种"冲击"在短时间内也不可能使"延续了数百年，且广为流传的邛窑"烧造终止。所以，这一说法也不大能够成立。唯一的可能性就是战乱。

"战乱说"辨

笔者是持"战乱说"的。首先，战乱所造成的毁灭性破坏不仅是对经济、对生产资料，更主要的是对生产关系中起主导作用的人——窑场主（经济支撑和组织等主要环节）和技术工人所造成的严重伤害。持续的战乱中，如果窑场主被杀或逃亡外地，技术工人死亡和流散，足以使一定范围内的窑场（乃至其他工商业）遭受重创，直至破产。迁徙的窑场主，或流散、逃亡的技术工人很可能投入其他地方的陶瓷产业生产中，这也是陶瓷等手工业技术南北交流、融合的重要原因之一。这一流动也使一些窑口的产品（器物）之间似可找到一些因袭、传承、借鉴、影响的痕迹。

唐代盘口瓶

唐代褐釉罐

邛州地处蜀郡西南门户，仅唐代以降，就曾二十余次被农民起义军如李顺、王小波、蓝大顺、张献忠部，西部少数民族政权如吐蕃、僚、南诏以及北方蒙古军攻陷。

从时间上看，宋理宗时，蒙古军多次提出"假道于宋"，多次进袭四川，攻入成都。而攻入成都往往殃及成都周边的州县，包括邛州。宋理宗嘉熙三年（公元1239年）即蒙古太宗窝阔台十一年，蒙古塔古塔兵至成都撤出后，"攻掠邛城"，"邛将赵晨率雅州牌手战死，城陷，一城百姓遭难。"（《邛州志》）。及至南宋宝祐、开庆（公元1253—1259年）年间，蒙哥汗亲率主力进攻四川。进攻四川的先头部队由可答胡和纽璘率领，分两路进攻成都。"元人……破严道邛崃关，如风雨之骤至。"（民国《邛崃县志》卷四）。连续战乱，必然会对临邛城郊的十方堂窑场造成致命的打击，使其元气大伤。（注："邛崃关"在古邛崃山，即大相岭，位于今荥经与汉源之间。）

此时南宋在南方气数已尽，蒙古(元)兴起。在灭亡南宋的过程中，蒙古军队在四川进行了长达半个世纪的征战，使四川的社会经济受到严重破坏。蒙古攻蜀以前，四川每年的财政收入接近宋王朝年总收入的三分之一。每年供应军米156万

唐代三彩壶

唐代鸭酒杯

唐代五脚炉

石，同样略占宋王朝军米供应量的三分之一。至蒙古军攻蜀，连年战乱不休，除了余玠任蜀守期间而外，四川不仅无粮可调作军米，而且还要调剂京、湖之军饷作军粮。此间，四川人口锐减。宋孝宗淳熙二年（公元1175年），四川人口共有259万户、742万口。① 但到了至元十九年（公元1282年），四川人口仅存12万户。② 一百余年间（主要是蒙古军攻蜀的五十年），四川人口居然减少了247万户。其惨烈程度可想而知。

公元1260年，忽必烈即汗位，这时川西、川北大部已被蒙古军占领，划入元朝版图，且改邛州临邛郡为邛州。宋祥兴二年（公元1279年）二月，南宋亡。但直到次年，即元至元十七年，元军才最后攻占四川全境。这一时期长达十多年的战乱，继之改朝换代，蒙古军队"屠成都，焚眉州，蹂践邛、蜀、彭、简池、永康，川西之人十丧七八"，"昔之通都大邑，今为瓦砾之场；昔之沃壤奥区，今为膏血之野"（《邛州志》）。这就注定了邛窑从衰败走向消亡。

笔者从所调查到的明清以后的邛窑遗址看，大多沦为单一的"碗厂"和"坛罐窑"，虽仍然沿袭轮制手工拉坯和投柴式龙窑烧造工艺，但主要烧制灰黄胎、黄褐胎、褐胎、青黄釉、酱黄釉、褐釉的碗、碟、杯、盘、钵、壶、罐、坛、缸以及灯台之类的器物。胎骨粗糙，釉色单一，更没有釉下、釉上彩绘，从各方面来讲，根本无法与唐宋邛窑相比。邛窑早已失去了往昔的光华。

结论：宋末元初，连续五十多年的战乱，致使四川、邛州经济凋敝，人口锐减（死亡、逃亡），这才应是使曾经辉煌数百年的邛窑从衰败走向消亡的根本原因。

注：
① 《建炎以来朝野杂记》甲集卷十七"四川元丰绍兴淳熙户口"。
② 《元史》卷十二《世祖本纪》。

（原载《成都文物》2008年第3期）

固驿瓦窑山遗址（南北朝—初唐）

固驿瓦窑山遗址位于固驿镇公义村，小地名瓦窑山。因两个废弃的窑包堆积而得名。固（驿）新（安）公路呈南北向从遗址穿过。遗址面水（南河）背山（五面山）。现存窑包2个，面积约5000平方米，是四川古代民间青瓷邛窑早期重要窑口之一。烧造时间为南北朝至隋末唐初。该窑址未见诸文献记载，20世纪50年代初期文物普查时发现。始见于徐鹏章先生《川西古代瓷窑调查记》。

1988年9—11月，由四川省文物管理委员会、四川省文物考古研究所和邛崃县文物管理所共同联合发掘，发掘工作由陈显双先生主持。在遗址北侧五面山麓发现斜坡式龙窑一座（编号QGY1），东西向，坡度15°～21°，长46.2米，宽2～2.1米，残高0.2～0.85米。其长度在全国早期窑炉中属罕见，对中国古陶瓷窑炉发展史的研究有着重要价值。窑炉由火膛、火厢、窑床和烟道几部分构成。

1号窑包在1号窑炉（QGY1）侧边，残存面积约200平方米。2号窑包位于遗址西南玻璃厂、马家院子一带。两窑隔固新公路相望，相距约50米。2号窑包遗址面积大、堆积厚、文化层丰富，但因现代建筑叠压，

固驿瓦窑山遗址

发掘面积仅150平方米。瓦窑山遗址出土器物标本近2000件，计有碗、豆、杯、盘、盏、砚以及钵、罐等。多为轮制手拉坯。器物多褐胎（灰褐、红褐、黄褐）、灰白胎，胎体厚重，坯料较粗糙。有石灰青釉（青中闪白、青中闪灰、青中闪黄）、米黄釉、酱黄釉、黑褐釉，施釉不到底。胎体表面普遍施用一层米白或米黄色化妆土。大多素面，少量器物饰弦纹、釉下黑褐或绿彩绘条带式联珠纹、圆圈形联珠纹、花瓣纹，偶见点绿彩。联珠纹饰应是受波斯文化影响的装饰图案。固驿瓦窑山窑早在隋代就出现釉下彩绘，表明其在我国已知几个生产釉下彩器的窑址中，应数固驿窑较早。出土窑具中不见匣钵，多为支钉、垫柱，垫圈、垫板较少。支钉有五齿、六齿、七齿。其出土器物的组合带有明显的南北朝至隋末唐初时代特征，对邛窑青瓷的发展有着重要影响。

1991年4月，四川省人民政府批准公布为四川省文物保护单位。2006年5月，国务院批准公布为全国重点文物保护单位——邛窑遗址。

邛窑遗址第一次发掘工作从1984年3月起至1989年12月结束，历时近六年。十方堂遗址和瓦窑山遗址的第一次发掘，共开挖5米×5米探方132个，扩方248个，发掘面积3548平方米。共清理出窑炉10座（龙窑7座、马蹄窑3座），唐代民居遗址9间约900平方米。出土器物、标本5万多件。

瓦窑山遗址出土的隋代联珠纹罐

大渔村窑遗址（南北朝—宋）

　　大渔村窑遗址位于临邛镇大渔村（原属白鹤乡），十方堂遗址沿南河西北约3公里处。现存窑包3座，呈"品"字形分布，窑包间相距约300米，最远的一号窑包距南河1.5公里。一号窑包（QDY1）位于现今花果山（渔村地界），小地名杨天官坟。窑包依山而成，坡度19°~21°，发现龙窑窑炉遗迹2处。陶瓷残片、窑具顺山堆积。南北（顺山）长约40米，东西宽约53米，面积约2200平方米。果园栽种植物对遗址扰乱破坏严重。1984年省、县文物调查发现，未见文献记载。2002年市文物管理所主持的邛崃市文物普查、复查，从该窑址采集到盘口、短颈（弦纹）、桥形钮四系罐、钵、碗、盘、杯（单耳杯、高足杯）、缸、砚等残片标本。多褐（红褐、灰褐）、灰白、砖红胎。多施青釉（青中闪白、青中闪黄），另见黄褐釉。慢轮手拉坯，多素面。装饰有单色褐绘、黑褐点彩联珠圆纹等。窑具中未见匣钵，多楔形垫板、楔形垫圈（一边厚一边薄）、垫筒及碟形平顶五齿、六齿支钉等。该窑包诸多元素与固驿瓦窑山窑相同或相近，故断定其烧造时间为南北朝至初唐。

　　二号窑包（QDY2）位于大渔村西200米，在渔村从南河至花果山机耕道北侧小平坝田地中间。窑包堆积呈不规则椭圆形，直径约50米。窑包高出地面约3～4米，上部已严重破坏。窑包堆积主要有陶瓷残片和窑具等，未见窑炉遗迹。窑包近旁有现代砖瓦窑1座，据调查，现当代曾在此取土烧砖瓦。

采集到少量标本同于3号窑包所采集标本。

三号窑包（QDY3）位于二号窑包南侧，隔渔村至花果山机耕道南面田地中，原渔村小学所在地。该小学修建在三号窑包之上，堆积严重破坏。遗址面积约（60米×70米）4200平方米，高出周围田地约2米。采集标本多为生活用品碗、盘、罐残片及支钉等。匣钵残片多。器物胎体多褐胎、灰褐胎，使用化妆土，施青釉、褐釉、黄釉。偶见点褐彩、绿彩及彩绘。二号、三号窑包为2002年市文物普查时发现，未见于文献记载。所采集器物标本，器型、制作、胎釉均与十方堂窑相同，烧造年代当是唐至宋代。

大渔村窑遗址烧造时间当为南北朝至宋代。

2002年7月，邛崃市人民政府批准公布为邛崃市文物保护单位。2006年5月，国务院批准公布为全国重点文物保护单位——邛窑遗址。

大渔村3号窑包所在地临邛镇大渔村

尖山子窑遗址（唐—宋）

尖山子窑遗址位于临邛镇西江村（原西桥乡元兴村）西河（㟍江）西岸台地上。20世纪50年代初文物调查时发现，最早见于徐鹏章先生《川西古代瓷窑调查记》。后经省、市、县文物部门多次调查。现存窑包3座，略呈"品"字形相邻排列。窑包高出四周农田约4~6米。农用灌溉水渠从两个窑包（QJY1、QJY3）中间穿过，扰乱严重。遗址东西长80米，南北宽40米，面积约3200平方米。2002年市文物普查采集标本多为生活用品的碗、壶、罐、盘残片。碗多饼底，壶多短流，长弧流次之。桥钮壶、罐居多。胎多褐胎、灰白胎、灰黄胎。施用化妆土。釉多青釉、青黄釉。另采集到一些釉下三彩、单色褐绘瓷标本。窑具有匣钵、五齿支钉、垫圈、垫筒等，与十方堂窑相同或相近。其烧造时间应为唐至宋。

2002年7月，邛崃市人民政府批准公布为邛崃市文物保护单位。2013年9月，成都市人民政府批准公布为成都市文物保护单位。

尖山子窑址一号窑包

尖山子窑址二号窑包

尖山子窑址局部

柴冲窑遗址

柴冲窑遗址位于临邛镇（原西河乡）红旗村邛（崃）大（同）公路西侧约500米山丘上。小地名因柴姓人居此而名柴冲。山丘下水沟上有一座由木棒搭成，上铺稻草和黄泥的小桥叫土巴桥。最早见于徐鹏章先生的调查，徐文称为"才冲土巴窑"（"才"应为"柴"）。

2002年，邛崃市文物普查时，在坡度为15°~20°的斜向山坡上发现有窑炉炉壁遗迹和大量红烧土及窑具，可见窑包堆积，呈不规则椭圆形，高出地表约3米，遗址面积约1100平方米。采集标本有罐、小口罐口沿、钵残片。口沿可见外卷唇（侈口）和内卷唇（敛口）两类。有一种擂钵内刻满密集的斜向刻划竖直纹。出土器物多灰白胎、砖灰胎、砖黄胎，胎体粗糙厚重，故当地人称为蛮碗。多褐釉、茶褐釉、青灰釉。窑具仅见圆柱状垫筒，垫筒多为平底平口，另一类平底齿口（五齿）。筒身高10~12厘米，直径15厘米。筒身近底处明显外撇，略呈喇叭形。筒身有轮制弦纹和有意按压的指窝（便于拿取）。对于这座窑址的进一步调查研究尚有待进行。关于它的烧造年代还缺乏参照物，尚无定论。

附：据编者考察，柴冲窑所出土的这种带斜纹的研磨器擂钵，在今天的湖南郴州一带仍广泛生产使用。其形制、釉色都非常相似，多配以小木杵以研磨食品。

柴冲窑遗址所在地临邛镇（原西河乡）红旗村

官庄窑遗址（清）

官庄窑遗址位于临济镇包塘村（原属石头乡东方村），小地名官庄、罐子窑，与蒲江县大塘镇碗厂村接壤。2002年邛崃市文物普查时发现。现存窑包4座，面积约28000平方米。可见废弃的阶梯式窑炉。其中Y1残长24米，宽2.6米，残高1米。窑包堆积丰富，多为生活用品和窑具。计有钵、缸、罐、高足灯盏等。其中有一种擂钵内有密集的斜直刻划纹（略近似席纹），与柴冲窑所见相同。另外采集到一种细长角状器，今窑工称为羊角锤，但不明用途。出土器物多褐胎、红褐胎、砖红胎、灰白胎。釉有青、青黄、黄褐、酱褐几种。

调查中在当地清墓墓碑上发现有"清乾隆年间在此烧窑"的记载，故将其定为清代窑址。当地采用阶梯式窑炉烧造坛、罐、缸、钵、碗者，仍有数家一直延续至2008年。

官庄窑遗址所在地临济镇包塘村

当代停烧、废弃的阶梯式窑炉

窑包堆积丰富

黄鹤窑遗址（清）

黄鹤窑遗址位于临邛镇黄鹤村（原孔明乡6大队西果园），小地名黄鹤窑，俗称坛罐窑。最早的文献记载见于民国《邛崃县志》（卷一《疆土志》）："城西偏南二十里孔明庙（今孔明乡），山市小场也，相传为诸葛武乡侯过辙，后人立庙。附近多坛罐窑……"现存不规则长椭圆形窑包两座。一号窑包长约15米，宽约8米，高约4米。遗址面积约1200平方米，堆积层厚，器物残片和窑具大量暴露在地表。所采集标本类型、质地、胎釉、色泽、火候等，均与官庄窑相同或相近。

黄鹤窑遗址

碗厂头窑址（明—清）

碗厂头窑址位于夹关镇韩坪村，小地名碗厂头。窑炉和作坊遗址面积约800平方米。窑炉遗址呈南北向，南高北低。作坊位于龙窑窑炉西侧。所采集标本多为碗、盏、罐之类。胎体厚重，多灰褐胎、灰白胎。器型有明代晚期特点。施酱釉、褐釉。窑场废弃时间不详。

碗厂头窑址

植碗厂窑遗址（明—清）

植碗厂窑遗址位于临济镇包塘村。因曾有植氏在此烧窑，故小地名叫植碗厂。遗址分布于两个长条形土丘上，面积约22000平方米，现为农耕地和果园。遗址文化层堆积丰富，出土器物多碗、盘、碟、壶、罐、盅和灯盏等。器物多灰白胎，部分器物有明代晚期特点。多酱釉、青釉和黄釉。与碗厂头窑址一样，对研究邛窑宋以后烧造的延续有着重要意义。

文化层堆积丰富

植碗厂窑址所在地临济镇包塘村

碗厂山窑遗址（清）

碗厂山窑遗址位于孔明乡郭山村，小地名碗厂山。始烧于清代。现存窑炉和窑包堆积呈条状分布，面积约23000平方米。窑炉呈南北向顺山脊而建。采集器物标本多碗、盏、盘、碟、壶、罐等。釉色有酱、黄、青、青灰等。胎多灰白胎，胎体比较粗松。

碗厂山窑遗址

周碗厂窑遗址（清）

周碗厂窑遗址位于卧龙镇拢龙村。因清代起有周姓碗厂（窑场），故而小地名叫周碗厂。遗址分布呈不规则三角形，面积约6800平方米。瓷片堆积丰富。出土器物标本多碗、盘、钵、罐、灯、壶残片。器物有灰褐胎、灰白胎。以酱釉、青灰釉、青白釉为主。

周碗厂窑遗址

临济碗厂村窑遗址（清）

碗厂村窑遗址位于临济镇碗厂村。明代至清代有吴姓烧窑，故小地名叫吴碗厂。现存窑包三座，最大的一号窑包高6米，直径约21米，断面可见窑炉红烧土遗迹。堆积物主要为窑具垫圈、瓷片、砖、石等。出土碗、盏、盘、杯、碟、钵、器盖等标本瓷片，多为灰褐胎、黄褐釉。遗址被吴姓农户的房屋叠压，大部分被扰乱。

严碗厂窑遗址（清—现代）

严碗厂窑遗址位于临济镇喻岗村。因清代起有严氏在此烧窑，故小地名叫严碗厂。现存窑包两座，呈东西向排列。窑包高出地表1～3米。遗址面积约22000平方米。窑包堆积丰富，采集标本多碗、盘、碟、壶、罐、盅、灯等残片。灰白胎。多为酱釉、酱黄釉、黄釉、青釉、褐釉和灰白釉。创烧于清代，延续至20世纪60年代初废弃。

邛窑中，清代、民国以至20世纪50年代的坛罐窖极为普遍，几乎遍及县域各镇乡，其中以临邛、孔明、石头、临济、平乐等镇乡较为集中，有少数窑一直到2008年"5·12"地震后才停烧，对研究邛窑青瓷在清代、民国直至当代的延续都有重要价值。

严碗厂窑址

古火井县衙遗址（唐）

唐代古火井县衙遗址位于油榨乡桃花社区小地名枫香坪的山丘台地上，该地因有一棵古老的枫香树而得名。该地为古代火井县衙所在地，至今仍保留有"衙上"和"衙背后"的古老地名，从民俗学的角度进一步证实了该县衙遗址的真实性。

今油榨乡一带早在汉代以前就以利用天然气熬盐而名闻天下。北周置火井镇，隋大业十二年（公元616年）升为火井县。县衙遗址面积约15000平方米，坐西向东，东西长约170米，南北宽约90米。遗址内留存有建筑基础遗迹。2002年市内文物调查时，在山坡下天罡祠附近采集到唐代雕花大石础等建筑构件。

县衙遗址山脚黄盐溪岸边尚存唐代穿城堰（又名天罡堰）水利工程。该堰渠至今仍在使用，是邛崃境内最古老的人工灌渠之一。

建筑基础遗迹

古火井县衙遗址

油榨古火井、盐井遗址

古火井遗址位于油榨乡桃花社区村民熊福安家房后的土坎上。遗址范围尚未探明。1985年,熊福安修房时,在房后土坎中发现一根陶管。陶管为灰陶圆管,管径0.12米,口径0.10米。管口暴露于土坎断面,上距表土1.2米。初步检测管道内有盐卤沉积物,应是古代输送盐卤和天然气的管道。管道长度不明,初步探明管道呈东南—西北走向。

灰陶天然气管道

当地曾在1981年,于村民封信民家采集到输送盐卤所用槽管三段,民间俗称"火槽子"。火槽子为红砂石打制而成,长0.43米,厚0.11米,上宽下窄,一面中间开凿槽子,两头穿空,槽宽0.1米,深0.06米。数段相接如水槽。经专家检测,应是古代输送盐卤和天然气的石槽式管道。该遗址有待进一步调查发掘。

油榨古火井、盐井遗址

附录：历史典籍中的火井

蜀都有火井，在临邛县西南。火井，盐井也。欲出其火，先以家火投之。须臾许，隆隆如雷声，焰出通天，光耀十里。以竹筒盛之，接其光而无炭也。

——晋·刘逵《蜀都赋注》

临邛火井一所，从（纵）广五尺，深二、三丈。井在县南百里。昔时，人以竹木投以取火。诸葛丞相往视之，后火转盛热。盆盖井上，煮盐得盐。入以家火即灭。讫今不复燃也。酒泉延寿县南山名火泉，火出如炬。

——晋·张华《博物志·异产》

临邛县……有火井，夜时光映上昭。民欲其火，先以家火投之，顷许如雷声，火焰出，通耀数十里。以竹筒盛其光藏之，可拽行终日不灭也。井有二，[一燥一]水，取井火煮之，一斛水得五斗盐，家火煮之，得无几也。

——《华阳国志》刘琳校注本

火井在去云台山东五里。火自井出，周围有灶数十，居民各以竹刳其中，引火至灶，锅滚而竹不然。观者不敢近井，盖井火时一喷，辄及数丈。不用时，以物盖之；用时去盖，投火少许，即腾腾焰上至井。近井数十家擅其利云。

——嘉庆《邛州直隶志·杂志》

晋·张华撰，宋·周日用等注《博物志》

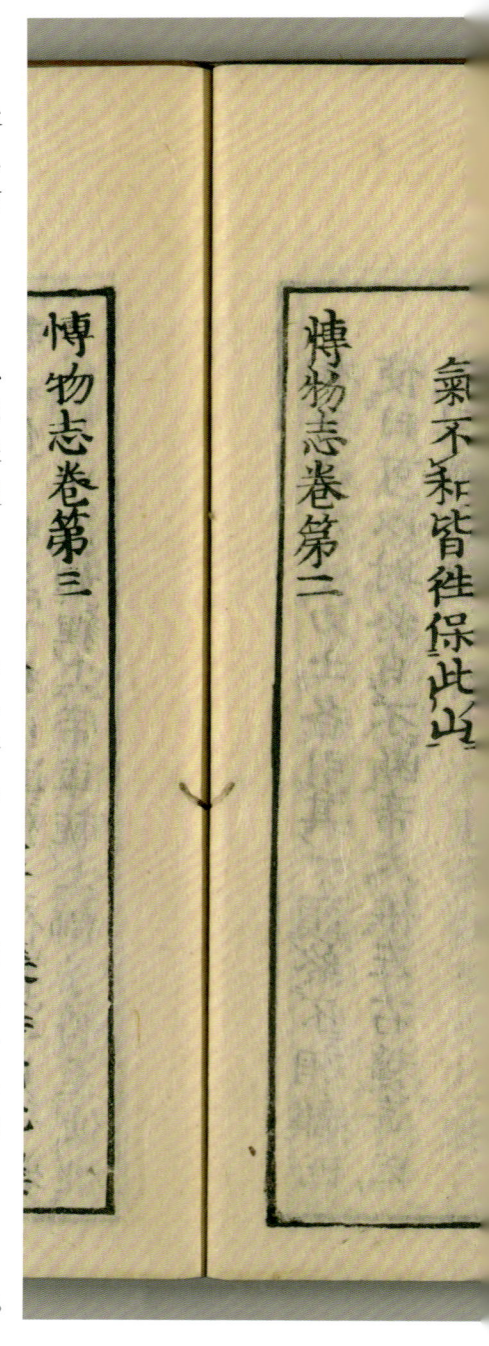

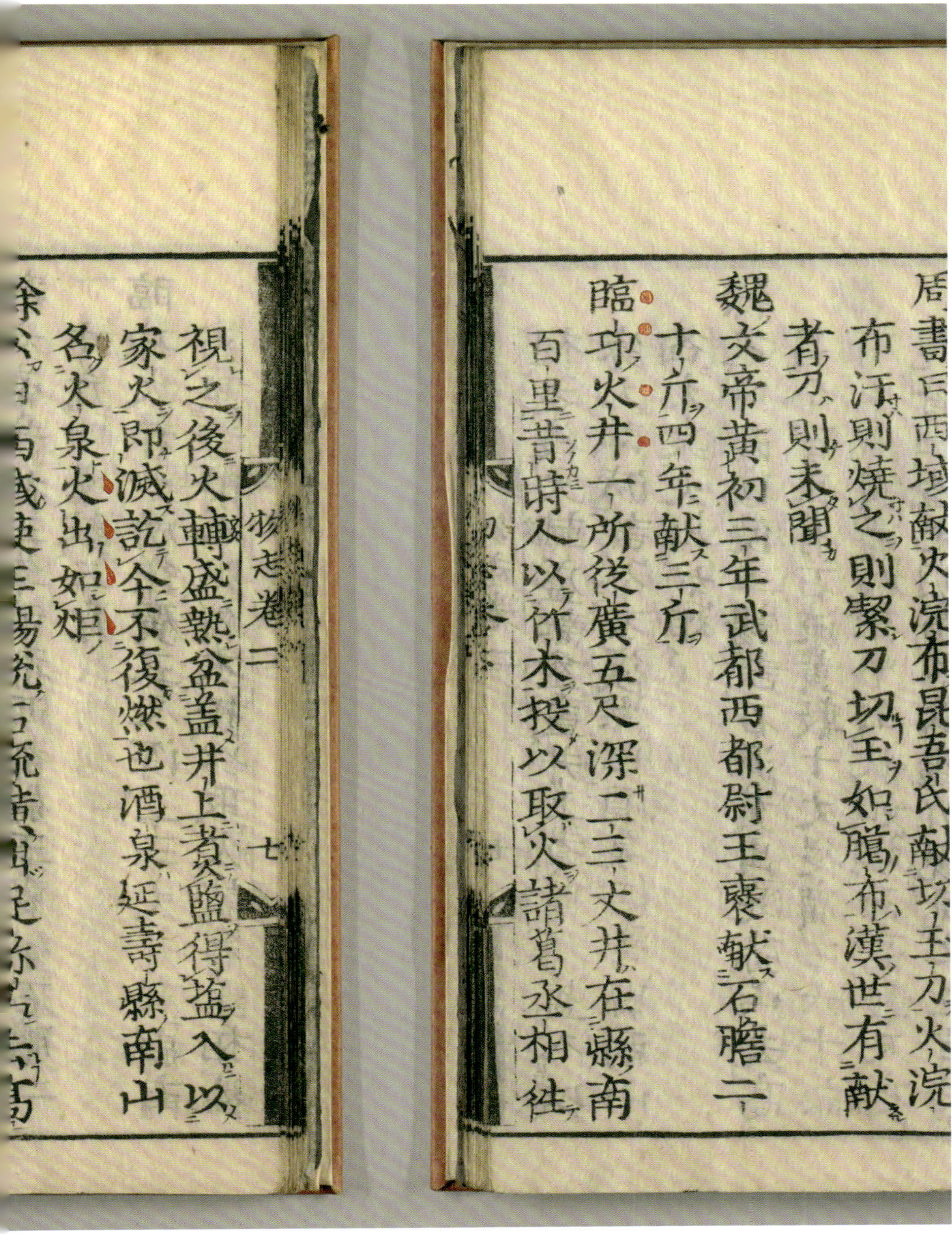

居書曰西域獻火浣布昆吾氏獻切玉刀火浣
布汙則燒之則潔刀切玉如䏩布漢世有獻
者刀則未聞

魏文帝黃初三年武都西都尉王襃獻石膽二
十六斤四年獻三斤

臨邛火井一所從廣五尺深二三丈井在縣南
百里昔時人以竹木投以取火諸葛丞相徃

視之後火轉盛熱盆蓋井上煑鹽得鹽入以
家火即滅訖今不復燃也酒泉延壽縣南山
名火泉火出如炬

余按㚒 □□□□□□□□□□

古盐井遗址（汉—清）

古盐井遗址在邛崃分布较广，叫盐井、盐坝、盐水等与盐有关的地名也较多。

经考古调查，与史料记载相符的古盐井遗址有两处。

1. 南宝乡盐井村古盐井遗址。遗址位于南宝乡盐井村黄盐溪边。岸边有一川主庙，大殿中一井，"口径二尺，深一丈五尺"，石制井圈。为古代盐井。河心有一井，条石方形井圈。20世纪60年代人们舀此井水熬黄盐（此卤水所熬之盐皆成黄色，故溪名黄盐溪），与史载吻合。今庙毁井填，河心遗迹尚存。

2. 平乐镇东山村古盐井遗址。遗址位于平乐镇（原属下坝乡）东山村正法寺石头河边。井口圆形，口径0.4米。井旁就石凿池（盐池），与民国《邛崃县志》（卷一《寺塔桥渡记》）"下坝场、平乐坝之间有正法寺，宋建，明增、清修。寺畔有古盐井遗址"的记载相吻合。

南宝乡古盐井遗址

石窟造像

石笋山造像

邛崃唐代摩崖造像

　　凡在崖壁上雕凿人像、鸟兽、花草图案或文字，按学术惯例统称为"摩崖石刻"。在崖壁上雕凿以佛教或道教等题材故事的人像，习惯性称作"造像""摩崖造像""摩崖石刻造像"或"石窟造像"。有在前面加以"佛教造像"或"道教造像"以区别题材；也有在前面加上时代，诸如"唐代……""宋代……""明代……"以界定历史年代。邛崃现存的摩崖造像绝大多数为唐代佛教摩崖造像，极少数为明清造像，故称作"邛崃唐代摩崖造像"。

　　"邛崃石窟"包括邛崃境内大同乡石笋山、临邛镇花置寺、磐陀寺唐代摩崖造像。2006年5月25日，经国务院批准将三点合并称为"邛崃石窟"，公布为"全国重点文物保护单位"。

　　佛教自东汉末年传入中国以后，逐渐由北向南或由南向北传播。据有关文献资料记载，汉传佛教最迟在南朝末年就已传入临邛，于唐代在邛州一带兴盛起来。其中，中唐时期的密宗大师"章敬寺马采"在邛州传播弘扬"唐密"，应是唐代邛州佛教兴盛的顶峰时期。自两汉以来，邛州工商经济发达，又地处"南方丝绸之路""茶马古道"交通枢纽，故域内佛教寺院众多。在古代交通要道的临邛、大同、马湖、水口、高何、平乐等镇乡，沿途山岩上多有佛教摩崖造像，是唐代佛教提倡"像解""像崇拜"发展的必然。其中尤以大同石笋山、临邛花置寺、磐陀寺、鹤林寺后山以及平乐金华山天宫寺唐代摩崖造像保留规模最大，相对最为集中，保存也相对完好，是邛崃唐代摩崖造像中的精品，对于研究佛教艺术、佛教的传播以及唐代邛崃经济、文化和交通都有着重要历史价值。明、清两代亦偶有摩崖造像，但多为零星小龛，不成规模。

　　邛崃唐代摩崖造像龛，形制为平顶方形龛，不同于北方的"石窟"。其龛多为三面布局（左、后、右）或四面布局（左、后、右、下），偶见五面布局（左、后、右、上、下）。造像内容表现形式为人物众多，配以复杂的环境，构图丰满，多级多层。多采用半圆雕、高肉雕、高浮雕和浅浮雕手法。大者高数米，最小的人物高仅3厘米，线条流畅，刀法洗练，追求秀美、婉丽、精致是其特点。

　　佛像的"汉化"和"世俗化"在邛崃唐代摩崖造像中有比较明显的表现，诸如释迦佛、弥勒、观音、文殊、普贤菩萨面相均"汉化"。许多菩萨面相有明显的南方妇女温文娴静的特征。二弟子除迦叶为"胡人"形象外，阿难则完全是汉化的"四川青年男子形象"。其供养女童、供养妇人和歌舞伎则完全"世俗化"。佛像温和慈祥，菩萨秀美恬静，天王雄壮威武，力士愤怒凶暴，女使丰满圆润，舞姿飘逸潇洒，建筑飞檐斗拱，花木生动自然，构图饱满繁复是邛崃唐代摩崖造像的显著特征。

石笋山唐代摩崖造像

造像位于大同乡景沟村山上，刊刻于横长120米、高40米的山岩峭壁上。坐西向东，依山势分上下两层横向排列，共计33龛，现存造像749尊。部分造像收入《中国美术全集》。

造像为唐代中晚期开凿，其中第28号龛"释迦龛"下有摩崖题记一则，称"释迦、菩提二像龛"刊于唐"大历三年"（公元768年），故习惯性将石笋山摩崖造像的时间定为"唐大历三年"。然而四川省社会科学院胡文和先生和北京大学考古文博学院教授李崇峰先生先后到石笋山考察后都认为：诸如14号龛"弥勒大像龛"开凿的时间一定早于28号龛"释迦、菩提二像龛"的大历三年。也就是说，石笋山摩崖造像最初的开凿时间应早于公元768年。

造像为"一佛二菩萨""一佛二菩萨二弟子二力士""观音经变""西方净土变"等佛教题材，大多为双层平顶龛。内外龛均为方形平顶，龛内壁呈半弧形；或外龛方形平顶，内龛为圆拱形龛；或内龛作佛帐龛。帐形龛的帐檐、帐柱都有精美雕花装饰。龛内造像都是三面、四面布局。主要代表龛有3号龛、4号龛、6号龛、7号龛、8号龛、14号龛、20号龛、21号龛、26号龛、27号龛、28号龛、29号龛。

14号龛为敞口大龛。龛高8.1米，宽6.4米，深3.0米。龛内刻弥勒大像，作弥勒式倚坐于大方座上，着"U"形领袈裟，双腿自然下垂，赤脚踏于地面，左手扶膝，右手屈肘上举结印。像后有桃形头光，头光上装饰联珠纹和火焰纹。坐像通高7.5米，像宽3.9米，深3米。左右壁分刻二菩萨立像，像高6.4米，半圆雕。左侧菩萨身饰璎珞，衣裙下垂。左手屈肘上举（残），右手下垂提净瓶。右侧菩萨头侧垂缯带，胸挂璎珞，衣纹弧形下垂呈鳞片状。戴手镯，左手下垂提帛带，右手屈肘持拂尘。菩萨身后均有桃形头光，

14号弥勒大像龛

刻纹饰。弥勒大像、菩萨立像及背后诸像，都曾多次修补。现状为20世纪80年代当地信士修补妆彩。弥勒龛为邛崃市最大的一尊弥勒造像。龛外残存七佛等造像，龛口左右两壁崩塌明显。外壁岩面可见方形卯孔，应是刻工搭架或凿刻完工后所搭建木构建筑的痕迹。

3号龛、8号龛为"观音经变龛"，或称"千手观音龛"。两龛内容、形式、布局大体相同。

3号龛内龛高2.3米，宽1.95米。主尊为千手观音。跏趺坐于圆座上，头挽高髻，戴三叶冠。身饰璎珞，有帛带绕

8号观音经变龛局部

122

3号千手观音龛

臂。双手合十于胸前,两侧各圆雕手臂十余只(残),手持法器。身后浮雕三层手形(千手)呈圆形展开。观音头顶上化出五朵祥云飘出。祥云中分刻有一尊、三尊、五尊各式小佛像。圆座下分刻八个小供养菩萨,跏趺坐于圆台上。

龛后壁圆形千手左右、龛左右壁三面均分为上、中、下三层造像布局,雕刻天神、人、鬼道各部众,有佛、菩萨、天王、鬼卒、武士、僧侣、仕女、侍童、供养人等。右后壁上层刻有"联珠如意轮",轮中一神,手足分立如"大"字,下方云朵上刻"天马"一匹,马上骑一人,马下有一童子,云朵宛若新月舟形。右壁上层刻有二层楼阁,云上有飞天伎。楼下刻二鬼头嬉戏。第二层云朵上并排刻将军一尊,穿戴盔甲,左手持弓,右手叉腰,脚边立一童子;盛妆贵妇一尊,挽高髻,着宽袖长袍,侧立一侍女;袒胸露乳,仅着短裤女像一尊,身份应是妓女;武士一尊;僧侣一尊,披僧袍。皆面向中间观音像。下层刻"天龙八部"之阿修罗,三头六臂(残),手持兵器,身饰项圈璎珞,着三叉战裙。内侧立一天王,头戴平顶冠,左手托小方塔,右手持兵器。旁边刻有童子。其下刻一排小像跪跽坐,其一为猪头人身,应为畜牲道。左壁内容大体相近,风化严重。这种将武士、贵

123

6号西方净土变龛

妇、僧侣、妓女以及魔道刻于一龛，是佛教宣扬"人无贵贱，人皆平等""人皆有佛性，人皆可成佛"观念的表现。人物造型生动，两鬼头嬉戏如顽童。半裸妓女形象这类表现形式，在同时代的川西石刻造像中很少见。

4号龛、6号龛为"西方净土变龛"，布局形式大体相同，除三面布局外，正下面龛底为多级造像。后壁中央并排刻"西方三圣"，下刻七宝莲池、飞仙楼阁、天桥等。尤以6号龛最具代表性。

6号龛为双层平顶龛。外龛敞口平顶，内龛为帐形龛。内龛高2.88米，宽2.4米。龛楣上刻帐檐。帐檐顶上刻一排忍冬纹、一排团花纹，帐面刻两排团花，团花下方刻三角形垂帐纹。两边帐柱，柱上刻流苏。柱下部高浮雕各刻一歌舞伎立于云朵上，侧身相向。头顶有圆形华盖，盖上饰珠链。右柱歌舞伎为正侧面造像，头挽高髻，侧仰头，发髻向后坠下，身着天衣，缠帛带，双手向上屈肘（残）。下着长裙，裙摆裹双腿，身上和腿上挂璎珞，脚踏两朵小莲花，呈踏步状。莲花下为云朵。整个身躯侧向龛中，呈"S"形舞蹈动作。头手毁损严重。

后壁中间刻"西方三圣"三尊。主尊阿弥陀佛和二菩萨的头及上半身毁损严重。均结跏趺坐于仰覆圆形莲台上。有桃形头光和身光。头光和身光饰有火焰纹、联珠纹。头顶上半圆雕华盖。三尊佛像背后壁刻有三座二层楼阁。龛左右壁内侧各刻一座二层三开间楼阁。楼阁下有高台基。台基正面雕有舞乐伎一队五人。所持乐器已风化不可辨识。台基侧面刻有楼梯通往楼阁之上。左右壁中部各刻一方形高楼阁，下有高台基，楼上三面雕像（已风化）。左右壁近龛口处上部，分刻圆形经幢一座、塔楼一座。在后壁三座楼阁和左右壁两座楼阁之间均有两层飞廊（天桥）相连接。楼阁侧旁有祥云和飞天伎。龛底多级造像（毁损严重）。在龛底正面和左右两壁下部刻成"七宝莲池"。雕出回栏，栏下施斗拱，有楼梯自莲池直通回栏内。宝池中刻出莲叶莲花，莲花莲叶中又刻出"化生"。池边左有"狮头船"，右有"虎头船"，各从拱桥下驰出。船皆两层，下层有多人作奋力划桨状，上层所刻人物多已毁损不清。池下面龛底多刻抚琴人物和对舞人物，上半身均已严重毁损。莲池中刻有楼梯通往左右壁楼阁。楼阁、飞廊（天桥）、楼梯、檐廊之下多刻有各式人物，最小的仅高3厘米。其楼阁、亭台、飞廊（天桥）、塔楼、经幢、回栏等建筑，以及瓦垄、檐角、斗拱、枋、柱、栏杆都是微缩仿真之作，是研究唐代建筑珍贵的实物模型。楼阁之下，

6号西方净土变龛外左壁菩萨

6号西方净土变龛外右壁菩萨

20号维摩辩经龛

左右壁龛口下部刻莲花生,龛口下角分刻文殊、普贤骑青狮、白象(残)。

外龛门左右壁各开一拱形龛,各刻一菩萨立像。左侧菩萨像略残。右侧菩萨立像通高1.94米(含背光、莲座),面相慈祥,柔美端庄。高髻,身着天衣,外披帔帛,下系长裙。戴耳饰、项饰,披挂璎珞于胸前交叉成"X"形。帔帛边沿和长裙腿部都满饰璎珞。左手屈肘(残),右手自然下垂提净瓶。双脚踏于仰覆莲座上。头后有桃形头光,饰忍冬纹、火焰纹和联珠纹。造像面相圆润、娴静,体态婀娜丰满,略微呈"S"形,腹部微微鼓出,长裙贴腿,衣纹自然下垂,生动流畅,是石笋山造像中的精品之一。

20号龛为"维摩辩经龛"。取材于佛教典籍《维摩诘经》,又叫"文殊问疾"或叫"文殊维摩对论",是"邛崃石窟"中的精品,其表现题材在摩崖造像中也比较少见。龛后壁正面没有主尊而刻小型二层楼阁矗立在拱桥之上,左右侧刻回廊天桥相连。楼阁顶上刻飞天五身。楼阁上下左右分刻佛、菩萨、弟子、天龙八部、天王、力士、僧(尼)众及供养人等。楼门中间刻一佛二菩萨二弟子。左壁刻文殊跏趺坐于莲台上。头上方刻华盖,背后刻桃形头光。右手屈肘向上,左手屈肘平置于腹下,面对右壁。右壁刻一帐形龛,龛顶部有奔象和天马。龛门向左。帐内雕刻维摩,上着交领衫，下着长裙，头戴平顶冠，凭几而坐，面对左壁文殊，似与之论辩。龛底毁损。龛口已部分垮塌。

在龛外右壁上方浮雕飞天一身，面向龛内。残长0.32米，高0.4米。飞天伎头挽双高髻，裸上体，帛带环身后飘，着长裙，裙下摆及脚部残。双手屈肘向前托供盘，盘中盛供品，伏身飞行于祥云之中。造型生动，雕刻精美，是邛崃石窟中浅浮雕经典之作。

21号龛为"童子拜观音龛"。圆拱形小龛，龛内左侧刻一观音菩萨立像，头戴宝冠，冠侧缯带下垂。面形丰满，五官稍有风化不清。戴项饰，挂璎珞，着天衣长裙。帛带自肩绕臂下垂，中段在胸腹下缠绕两道呈"U"形。左手屈肘向上持杨柳枝，右手自然下垂持净瓶，立于圆形莲台上（莲瓣风化不清）。身后有桃形头光，饰火焰纹、联珠纹。龛内右侧刻一圆桶形高台，上半部阴刻一道弦纹。台上半圆雕一供养女童，头部稍大而圆，头发中分，在头顶和耳前各挽一小髻。眉清目秀，淳朴天真。身穿窄袖衣、宽脚裤，双腿蹲坐地上。左手在下，右手在上抱物于胸前。整个身躯和头略侧向菩萨，两眼凝视观音。本龛造像题材和造型在邛崃石窟中少见。

26号龛为敞口双层大龛。据摩崖题记称为"菩提瑞像龛"。内龛有

20号维摩辩经龛局部

20号维摩辩经龛局部

21号童子拜观音龛

方形龛楣和方形龛柱。龛高3.3米，宽3.5米，深1.6米，龛楣上刻6个联珠纹圆环，龛楣正中央有后代补刻圆拱形小龛一个，内刻小坐佛一尊。龛柱正面刻卷草纹（左柱大部垮塌）。龛内平顶弧壁，呈马蹄形龛。龛底分刻两层台基。上层台基上口刻出台沿线，台基刻三根间柱分成四间，每间刻花形壸门一个。四个壸门中分别刻乐伎一个。乐伎挽高髻，穿广袖衣，着长裙，帛带绕作环状飞动，蹉腿而坐。从右至左，一持排箫，二、三作舞蹈，四吹横笛。台基之上起方形两重束腰须弥座。下层束腰以间柱分成三间，中间浮雕夜叉像一尊。两边各浮雕怪兽一尊。上层束腰处左右两角刻一力士承座：俯首，一手叉腰，一手屈肘向上支托顶座，盘一脚、竖一脚而坐，作用力驮承状。束腰中间分成两格造像。各刻坐姿思维菩萨一尊。须弥座上沿刻繁复璎珞、流苏。须弥座上至今保存比较

25号菩提瑞像龛及局部

完好的绿色妆彩,应是明代以前所施,弥足珍贵。

须弥座上为主尊菩提瑞像。宝冠及头面部已风化。圆形身光,饰卷草纹和联珠纹。宝冠侧有缯带下垂,胸腹残损。身着袒右肩袈裟,胸饰璎珞。结跏趺坐。左手横放左腿上,掌心向上。右手置右膝上。束腰方形须弥座后面有靠背。靠背右侧浮雕一凤鸟立于头上。左侧浮雕一龙头。靠背后浮雕菩提树,树上有小鸟等。树冠两侧各有飞天伎一身,从云朵中飞向主尊,帛带、长裙拖于身后。后壁雕刻内容繁复,但风化剥蚀严重。主尊两侧分刻二弟子。左侧弟子阿难肩颈以上残损,双手合十于胸前,躬身面向主尊。圆形头光,饰太阳芒纹和卷草纹,身披袈裟。右侧弟子迦叶头已残损,双手置腹部,左手提念珠,右手握左腕。身上内穿交领衣,外披双领下垂式袈裟,立于圆莲座上。龛内左右壁分刻二菩萨坐像,右侧菩萨头戴宝冠,

129

"一佛二菩萨二弟子二力士二天王龛"及局部

脸型圆润丰满（五官略有风化）。冠侧有缯带下垂。着天衣长裙，上身挂满璎珞，腰腿也挂有璎珞。帛带两道绕于腹下和腿上。腰间中垂宽带，带上也饰璎珞。左臂屈肘于胸侧，手持一物，右手扶膝上。双脚自然下垂踏两朵小仰莲，倚坐于方座上。头上有桃形背光。背光上雕饰火焰纹、忍冬纹和联珠纹。左侧菩萨风化严重，其头光、衣饰、坐姿、脚下小莲台、方座都与右侧菩萨大体相同。龛口左右壁半圆雕分刻二力士。左侧力士怒目张口龇牙，头戴三叶冠，冠侧缯带下垂，发髻残损。袒露上身，肌肉遒劲，戴项圈，下系三叉裙。帛带缠背后，经腹下绕两道飘垂于身后两腿外侧。裙腰外翻，系绳挽结。腰带中间悬垂一条倒三角形宽带于腹下，带上刻纹饰。下端有环饰和流苏。右臂侧上举（残），左臂向下斜伸于体侧，手持金刚杵。右膝微屈，双腿分立。手脚戴臂钏和脚环。右侧力士怒目撇嘴。头挽发髻，额束带状冠，束带沿边饰联珠纹，冠带后飘。袒上身，戴项圈。下着三叉战裙，束宽腰带，有饰件。腰带中间悬垂一条倒三角形宽带于腹下，带上饰璎珞。帛带绕背，经腿上两道飘垂于体外侧。左臂上举（残）。右臂戴手镯，斜向下伸于体侧，手倒持战戟。两腿分立，左腿微屈作发力状。

27号龛、28号龛、29号龛为"一佛二菩萨二弟子二力士二天王龛"（一龛三号）。按造像摩崖题记称"释迦龛"。28号龛为方形敞口平顶大龛。内龛宽4.5米，高4.2米，深2.2米，是石笋山造像中第二大龛。

主尊释迦牟尼以半圆雕手法刻成。面相方圆，慈祥端庄，双目注视前下方，厚唇，嘴角微上翘（面部经当代维修）。高螺髻，两耳垂肩，颈部三道蚕纹。内着僧祇支，外披双领下垂袈裟。双臂自然下垂平置于腿上，两手交叠，右手放在左手之上，手心向上，捧一盒，结跏趺坐于高大的束腰仰莲圆座上。座上

28号龛局部

覆布下垂呈"M"形。桃形头光，外饰火焰纹，中央饰十二芒太阳纹。

主尊后壁左右两侧高浮雕二弟子造像。左为阿难，光头，大耳，文静如年轻沙弥。身披双领下垂袈裟，双手捧于胸前。右为迦叶，光头，大耳，眉心微攒，显老成相。内穿交领衣，外披双领下垂袈裟。双手残。二弟子头后均有圆形头光。邛崃境内"一佛二弟子"造像排列普遍为"左阿难、右迦叶"，与四川境内诸如广元皇泽寺、千佛岩等地造像中二弟子排列左右位置相反，也是其地方特点。

左右二协侍菩萨分别为文殊、普贤。采用圆雕和半圆雕手法刻成。左侧普贤菩萨面相丰满圆润，头顶挽高髻，两耳垂肩，眉长弯，双目微睁，俯视前下方，颈有三道蚕纹。桃形背光，饰火焰纹和联珠纹。上身着僧祇支，下穿长裙，周身满饰璎珞。双手相握平置于腿上。戴手镯。略向右侧身游戏坐于大象背上。盘左腿，右腿下垂踏于仰莲座上。莲座下方立一承座"象童"。童子光头、圆脸、大眼，双手合十于胸前，着半截裙衫，臂缠帛带，戴手镯。下穿窄裤，于膝部卷扎于绑腿内。足戴脚环。赤脚躬身站立于白象右下方莲台上。坐骑为六齿大象，长鼻向左卷呈"S"形。额挂璎穗，颈戴项圈，圈上挂璎穗。两前脚粗壮有力踏地。

右侧文殊菩萨头部已残损，头后有桃形背光，饰火焰纹和联珠纹。上着僧祇支，满饰璎珞。帛带自肩下垂。略向左侧身游戏坐于雄狮背上。盘右腿，左腿下垂踏于仰莲座上。左手平置腹前，右手扶于膝上。莲座下立一承座"狮童"。童子头及上身风化，身着半截裙衫，身披帛带。下穿窄裤，于膝部卷扎于绑腿中，双腿微曲。双手合十，躬身立于雄狮左下方莲台上。坐骑雄狮头向左侧，圆瞪双眼，口大张，鬃毛竖立，作"狮子吼"状。颈戴项圈，圈上挂铃铛。两条前腿粗壮，两只大爪子立于地上。

龛内左右壁高浮雕力士造像，分别位于文殊、普贤二菩萨外侧稍下方。左壁力士头顶挽髻，戴三珠小冠，冠前中心有花饰。发带向右后上方飘起。脸型方正，额骨和颧骨高突。大耳，双目圆凸，眉心攒结。大鼻，闭嘴，上齿紧咬下唇。袒露上身，颈戴项圈，圈下联璎珞。帛带自双肩下披至身外侧。下着裙，裙腰外翻。身躯略向左下扭转，下半身不再刻出，为大象所遮挡。左手捏一物置于肩下胸侧。右臂向上屈肘，戴手镯，手握金刚杵，杵头向下，作欲厮杀状。

右壁力士头顶挽髻（髻残），戴三珠小冠，脸型方正，颧骨突起，怒目圆睁，大耳，大鼻，张口，眉心攒结处有圆形花饰。左臂高举过头顶，屈肘握拳。右手斜向横过胸前于左胁下，手掌五指伸开。袒上身，戴项饰，帛带绕臂从身后直至身体右外侧飘垂到龛底。下半身不再刻出，为雄狮所遮挡。龛口下方近底部左右分刻一供养童子。左侧供养童子有异域风格：头戴小帽，帽前呈尖弧状，上缀花饰，圆脸，眉目清秀，面带微笑，大耳，耳垂上戴耳环。头侧向右上方，仰望主尊。袒露上身，戴项圈，圈上挂璎珞。下穿裤，束腰。裤脚于膝部卷扎于软靴内。腰带上悬挂倒三角形宽带，下端挽结，叉腿而立。脚部略残。左手屈肘向上，右手屈肘于腹前，两手共握一莲柄，上端为莲花、莲叶。戴臂钏、手镯、脚环。右侧供养童子面部残，大耳，戴耳环，颈部三道蚕纹，戴项圈，圈上挂璎珞。袒露上身，下穿裤，束腰，腰上垂宽带（下端残）。裤腿于膝部卷扎在绑腿内。戴臂钏，双手合十，面向龛内躬身而立。

龛外左右两侧各刻天王立像一尊，编号为 27 号龛、29 号龛。27 号龛为左侧天王龛。龛为花瓣形圆拱龛。龛内刻毗沙门天王像一尊。龛壁左右分刻小立像二身。天王头大，体形壮硕，身材比例略显矮胖。

27 号天王龛局部

头戴高冠,冠上刻卷草纹。面形圆,鼓目挑眉,双眼向下俯视,挺鼻,闭唇。身穿战袍,系围巾,戴护肩、护肘。胸腹之间束革带,带上有方、圆形装饰。腰系三叉裙,束帛带,帛带自腰后在身体两侧,下垂到龛底。腰带上垂三角巾于腹前,下以方环扣饰穿联绦带装饰。下扎绑腿、戴脚环。脚穿软靴,两腿分开。左上臂贴身,屈肘向上,手掌向上托一单层方塔、攒尖顶。塔身三面各开一圆拱小龛。右手叉腰,五指张开。上身扭腰略向右,整个身躯略呈"S"形。两脚之间刻地鬼两个。左脚踏一地鬼腰背,地鬼匍匐在地,睁目龇牙,头发向上方竖起;右脚踏一地鬼右腿,地鬼盘左腿而坐,目光凶残,口咬一蛇之七寸,蛇回头欲咬地鬼头,地鬼左手抓住蛇尾,右手抱住天王右小腿。龛内左壁下刻一夜叉立像。头似人形,头发向后上方竖起,颈略向前伸。系肩巾,上穿短袍,系腰带,下穿裤子、软靴。双手相抱在胸前,立于小平台上。右侧壁下方半圆雕手法刻一供养妇人像。供养女圆脸,体态丰腴,仪态端庄,面带微笑。头顶挽髻簪花,两侧头发在耳前齐向后梳。内穿宽袖长裙,外套两层半袖衫。绦带在胸前挽结呈"八"字下垂,帛带自肩颈上绕胸腹两道向右垂下。腰系绦带挽结,穿环下垂于裙脚。脚穿云头鞋。供养妇人左手臂贴身,屈肘向上,手托供盘,盘中盛供果。右手自然下垂握帛带。29号龛为右侧天王龛。天王头部、颈肩部均因岩层风化残损。身躯表层风化严重。天王头戴尖顶盔帽,张口,系肩巾,穿

22号龛

23号龛

32号龛

33号龛

战袍，胸下系革带。腰系三叉战裙，脚穿软靴。帛带绕腹部两道，自腰后垂于体侧。腰系绦带，穿方环扣下垂于脚。左臂下垂、微弯，手中似持一物（风化）贴于大腿。右手屈肘于腰侧，手持武器于肩上（已风化）。右脚踏一地鬼，鬼头自脚下伸出，睁目张口，作痛苦状。天王肩往左，腰略往右扭，左脚往左略跨，整个身躯充满动感。

位于27号龛与28号龛之间下部的龛基岩壁上有《石笋山菩提释迦二像龛铭》摩崖题刻，全文附录于后。

33号龛为"禅窟"，或称作"僧房窟"。方形窟，窟口上方左右两角有斜撑。窟后壁略宽于窟口，窟底平面略呈倒梯形。窟高1米，宽约0.7米，深约0.8米，其大小适宜一人坐禅。位于下列造像尽头，龛门与造像龛壁呈90°夹角，是遮风避雨之地势。窟门左右上方的斜角处各有一个卯孔。窟门前地面上有三个小圆孔，推断原来的禅窟前搭有凉棚之类构筑物。

1991年4月，四川省人民政府批准公布为四川省文物保护单位。2006年5月25日，国务院批准，与花置寺、磐陀寺唐代摩崖造像合并称"邛崃石窟"，公布为全国重点文物保护单位。

附录：石笋山菩提释迦二像龛铭

裴节

  夫无为也，闻寂乎希夷之外，虽十地而罕知有善也。现□乎象帝之中，在九流而可识，宣尼卓□□□□□□□□□忘极深研，机不出乎清浊之表。妙物为言□□□□□而岂与夫慈云宝藏，赈穷子而宜群生。惠目□□，□昏□而立真谛。色声不涤我净，所以圆明性相□□□□□□□□故凭上流而窥末教，则庄老之玄，犹□□□□□□□下乘，则周孔之书，犹存垢也。不生不灭，□□□□，□□□□□岂来广度于恒沙之界，大矣哉。□得上人秀之所造也。上人俗姓孙，嘉州人□□□□□海宾之百子弱弟，好弄长达昔□□□□□□□□□而来，于此邑精一行，剃录缁衣，□□□□□□□□□胜府访幽奇，乃构止文岑□之□□□□□□□□道于其上，白云烂漫在其下。□禅□□□□□□□□之若林，慕法者兴之如市。上人曰：□□□□□□□□□□得者万法俱空，非像不足表□身□□□□□□□□□□为皇帝陛下，法界苍生□□□□□□□□□□□摸（摩）绝嶂开凿□龛。正□□来访，□□□□□□□□□好之真形，厥功毕而大愿成，圣容出而万物善。□□天不长见，荒壕野岫之中，变成金谷。非至□□□，其孰能□□□矣。勒石岘山，铸铜南海，皆以纪乎功业，□□垂□之芳□□。二□铭曰：

  催哉圣觉，应□多娇。水月其明，或方或圆。
  惠济元炁，猛力奇特。破灾消障，念之必克。
  尊重弟子，日有上人。□□相好，妙等金身。
  伐运推移，天长地久。刻石传芳，永垂不朽。

大历三年二月十五日

  注：该造像铭为邛崃大同石笋山唐代摩崖造像记。刊刻于"释迦龛"与"菩提瑞像龛"之间下面的岩壁上。大历三年即唐代宗大历三年，公元768年。

夫子岩唐代摩崖造像

　　夫子岩造像位于大同乡盐水村古道旁边的岩壁上,小地名夫子岩。造像基本以纵三横九排列,坐南向北,分布在高 4.8 米、横长 14 米的岩壁上,共计 26 龛。

　　龛为双层平顶方口小龛。多数为外方内圆的拱形、弧壁。20 号龛为外龛莲花瓣形,内龛圆拱形,该龛内造像已不存。造像均为佛教题材,其内容形式多样。计有"一佛二弟子""三佛二弟子二菩萨二力士""七佛""童子拜观音"以及"一身佛""十三身佛"等,造像 200 余尊,最大的一龛高 2 米,宽 1.5 米。

　　6 号龛为双层平顶方形小龛。外龛较深。内龛前有龛基。内龛口顶部为圆拱形、弧壁。刻"三佛二弟子二菩萨二力士"。龛后壁并排刻坐佛三尊。中间一尊头部残,穿双领通肩袈裟,内着僧祇支,束带于胸。两手扶膝,双腿自然下垂,脚踩两朵莲花,弥勒坐于方座上。左右二佛着圆领袈裟,跏趺坐于束腰圆形莲座上。双手平置腿上。身后均有桃形背光。左右两侧分立二弟子,着交领衣,双手合十于胸前,立于莲座上。左右龛壁分刻二菩萨,头部残。高冠,长裙,一手举于胸前,一手下垂。内龛口两边分立二力士,风化严重。外龛内壁分上下两层造像。龛基前刻一排十三身像。

8号龛　　　　　　　　　　　　　　　　　　造像风化严重

主尊坐莲台上，左右各六身。主尊和左右二尊（正面五尊）有桃形背光。

8号龛为竖式长方形敞口、弧壁马蹄形龛。龛底中心半圆雕经幢塔一座。方形塔基，基上三重六边形束腰塔座。塔座两层六边形收两台，每面开壶门两个，壶门内所刻装饰已经风化。束腰每面开壶门一个，内各刻造像一尊。束腰以上刻大仰莲瓣。莲瓣上起塔身（残）。塔身背后及左右龛壁浮雕四方亭、台、阁、瑞草以及人物。内壁上部刻火焰状祥云，左右各两朵相对称，云尾卷曲上飘至龛顶。云中刻坐佛、菩萨多身。龛门外有龛柱。左右龛柱正面各刻小龛三个，编号为9～14号龛。9号龛为小方碑，文字磨灭。10号龛与13号龛相对，各刻菩萨坐菩萨造像一身。11号龛与14号龛相对，各刻金刚一身。12号龛与9号龛相对，为横卧式平顶小龛，刻小立像五身。该龛内容、形式见于广元皇泽寺唐代摩崖造像，但为邛崃现存摩崖造像中罕见，与水口响水滩千佛崖20号龛、21号龛相似。

17号龛为横长方形卧式平顶龛，后壁及左右壁均平直，刻"七佛"。风化较严重。左四尊头部毁损。右三尊圆脸，头上有髻，大耳。穿双领式交领袈裟。两手平置腿上，结跏趺坐于束腰高座上。中间一尊坐束腰方莲座，座上覆布下垂。左一、左二、左三和右一坐束腰圆莲座。右二、右三坐束腰方须弥座。左右壁各刻一力士面向龛外。

18号龛位于17号龛"七佛龛"下方，龛大小基本相同。上龛沿刻精细缠枝纹。后壁与左右壁相交转角处呈弧形。龛内壁分上下两排造"十三佛"像，共刻二十六身佛，多风化。下层与上层错位排列，各刻坐佛十三身。头面毁损，风化不清。身披袈裟，手置于胸前或腿上。跏趺坐于仰莲座上。莲座下刻有莲梗相连。背后有桃形背光、圆形头光，饰联珠纹、火焰纹。下层龛内左壁外口刻一力士，右侧力士无存。

23号龛为方口双层小龛。位于21号龛右下，22号莲瓣龛右上方。可能是之后补刻。方龛内左边又开一竖长形小圆拱龛，小龛内造佛像一尊坐于莲台上。小龛右外壁上浮雕供养女一身。供养女略向左侧身，朝向小龛中佛像，长裙曳地，右手持物屈肘置于胸前，立于一高台上。与石笋山21号龛"童子拜观音"近似。7号龛摩崖碑刻为捐资功德碑，大部风化。署有"邛州临邛县怀远乡"字样，有补于唐代临邛历史建置沿革。

17号龛

说明

① 石笋山地名缘于该地有孤峰卓立似笋，与造像山崖相距百余米隔沟对峙。该峰脚三面孤立，一面与其他山岩相连。峰上段独立，高约20米，峰脚下岩面刻有佛像和西王母造像等四龛。山峰中段以上至山峰顶部，唐代依山就势，将山峰刻成七级四方形石塔(中段以下仅三面雕，一面与山体相连)。底层塔身三面开龛，内雕佛像。2008年5月12日汶川特大地震，山塔中段以上被震塌毁损。

② 石笋山造像东面山沟中一条通往今大邑县三坝河的古道（该地原属邛崃县）。古道东侧岩壁尚存零星摩崖造像。沿古道距石笋山造像后山约2.5公里处有"大寺"（原名石笋寺），山顶有一大石如笋，刻作七级石塔（残）。清康熙《邛州志》卷三《建置志·寺观》："石笋寺，州西北四十里。"此地理位置记载与石笋山后山的"大寺"（石笋寺）大致相符。

③ 今高何何场小地名牛路口也有一座石笋寺，寺内有大石如笋，上有唐代摩崖石刻五十三龛。清嘉庆《邛州志》卷十二《营建志·祠寺》："石笋寺，在州西四十里，一名七佛寺。因内有孤石屹立，周围四丈，高三丈余，其形如笋，故名。"此记载有误，何场石笋寺唐代名七佛寺，明代改称石笋寺，又叫三圣宫，但并非位于州西四十里，而是"州西南七十里许"。此或是误将康熙《志》移植，待考。今人常误引嘉庆《志》条于大同石笋山。

18号龛

花置寺造像所在地竹溪湖

花置寺唐代摩崖造像

造像位于城西临邛镇柏树村小柏树水库（竹溪湖）北岸花石山半山腰岩壁上。唐代有寺名花置寺，民间习惯叫千佛岩。现存摩崖造像13龛。据摩崖造像碑记载，该造像由密宗大师"章敬寺僧马采"主持，刊于唐贞元十四年（公元798年）。主要有"千佛龛""无量寿龛""西方净土变龛""千手观音经变龛""天王龛""五十三佛龛"等。其中以"千佛龛"和"无量寿龛"为代表。

花置寺摩崖造像坐北向南，多为敞口平顶龛、单层龛或双层龛。

1号龛为"一佛二菩萨二弟子龛"。龛外左右壁有后代楷书阴刻对联："露滴成仙岛；岩开聚佛场。"

2号龛为"毗沙门天王"。龛高2.4米，宽0.95米，像高1.5米。

3号龛为"莲花生五十三佛龛"，双层方形龛。平顶弧壁。内龛高2.3米，宽2米。龛内后壁下部正中刻一炉式宝瓶：鼓腹、短颈、圆唇、矮足。瓶中向上生出莲叶、莲梗、莲花和祥云。祥云凸起成云座，座上刻一佛二菩萨二力士。佛跏趺坐于莲台，左右二菩萨侍立。桃形身光，身后刻菩提双树。龛内从下往上刻五排53朵莲花，每朵莲花上刻一坐佛，共53尊小佛像。每尊小佛均施禅定印，结跏趺坐于莲花座上，每朵莲

2号龛毗沙门天王

摩崖纪事碑

花座下均有莲梗相接,是佛教"一花一世界,一叶一菩提"思想的体现。小佛身后均有桃叶形大背光。

5号龛、6号龛为相连的两个双层、平顶、敞口、弧壁、落地式大龛。平面呈相连的两个半月形,或称作"梳背形""马蹄形"龛。内容为"劫千佛",俗称"千佛龛"。

5号龛外龛高6.75米,宽5.2米。内龛高6.4米,宽4.85米,深2米。龛左壁基本完好,右壁基本不存。5号龛的右内壁与6号龛的左内壁直接相交,其交合面局部垮塌。龛后壁中央留出凸出的一块方形岩面刻成祥云座,座上刻"一佛二菩萨二弟子二力士"像。像在"文革"期间毁损,现经修补妆彩,原貌已被改变。龛内从下至上刻21排小佛。圆脸,大耳,螺髻,着袒右肩袈裟,结禅定印,跏趺坐于仰莲座上。绝大部分小佛头部毁于"文革"期间,20世纪80年代基本按原样修复。小佛像高约0.25米。

2013年9月17日,重新现场勘查测定千佛龛千佛数。5号龛内从下至上刻21排小佛。第一排(含已毁损,但留有残痕者,下同)刻小坐佛44尊,第二排41尊,第三排42尊,第四排46尊,第五排45尊,第六

7号无量寿敞口大龛

3号莲花生五十三佛龛

排34尊,第七排37尊,第八排38尊,第九排36尊,第十排37尊,第十一排45尊,第十二排45尊,第十三排47尊,第十四排45尊,第十五排44尊,第十六排45尊,第十七排44尊,第十八排43尊,第十九排42尊,第二十排42尊,第二十一排47尊,合计889尊。

龛外壁有"通泉李宜之题刻"。外龛顶部有后代所绘《西游记》团形壁画4幅。

6号龛外龛高6.7米,宽4.9米。内龛高6.2米,宽4.5米,深1.32米。龛右壁基本完好,左壁基本不存。形式、布局与5号龛相同。龛后壁中央凸岩造像位置稍低于5号龛。凸岩上刻祥云莲座,座上刻"一佛二菩萨二弟子二力士"。主尊着袒右肩袈裟,左手平置腿上,右手扶膝,跏趺坐于束腰莲座上。莲座束腰处装饰宝珠等纹饰。主尊及菩萨背后有头光。头光之间满刻宝相花。造像曾被毁损,后经修复妆彩,部分原貌已被改变。

6号龛内从下至上共刻20排。近底部第一排刻变形莲枝纹。第二排刻小坐佛(含已毁损者,下同)35尊,第三排35尊,第四排29尊,第五排29尊,第六排36尊,第七排36尊,第八排36尊,第九排35尊,

5号龛和6号龛千佛龛

第十排40尊,第十一排40尊,第十二排40尊,第十三排38尊,第十四排39尊,第十五排38尊,第十六排38尊,第十七排38尊,第十八排38尊,第十九排37尊,第二十排38尊,合计695尊。其坐姿、座式、头光与5号龛同,头部均为"文革"后修复的。

5号龛和6号龛两龛共计刻小坐佛1584尊,加上两龛中间所刻"一佛二菩萨二弟子二力士"14尊,总计1598尊,故名"千佛龛",民间称作"千佛岩"。外龛右壁中刻一方碑,莲花形碑首、碑座,有"建中靖国改元暮春十八日"题刻。"建中靖国改元"即北宋徽宗建中靖国元年,

公元 1101 年。另有宋代"政和五年三月初八"题刻。6 号龛右壁下部有摩崖纪事碑一通，高 1.64 米，宽 0.93 米。碑名"大唐嘉定州邛县花置寺新造无量诸佛石龛像记"。此碑为宋代重刊唐碑，明代又重刊宋碑。

7 号龛为"无量寿"敞口大龛，刻无量寿（又名阿弥陀、接引佛）立像一尊。像高 4.45 米，头大而方，螺髻，大眼，直鼻梁，厚唇，两耳垂肩，披双领 U 形袈裟，内穿僧祇支，胸前束带呈十字形。袈裟衣纹呈"U"形弧线阶梯状下垂。左手自然垂于体侧，掌心向前翻，右手臂屈肘向上，掌心向外，施接引印。赤脚立于莲台上。火焰纹桃形头光、身光。手、脚等经后人修补、改刻。

8 号龛为"五十三佛龛"。龛内刻有一佛二菩萨二弟子二力士和天龙八部。龛内环壁刻 53 尊小坐佛（左壁有 7 尊小佛坐像不存，实际仅存 46 尊）。这类题材在邛崃唐代摩崖造像中比较多见，也是邛崃唐代摩崖造像中的特点之一。

1993 年版《邛崃县志》和 1983 年版《邛崃县文物志》载：花置寺"群像龛"（"千佛龛"）1. 右龛 21 排，每排雕小佛 45 躯，共 945 躯。2. 左龛 20 排，每排 40 躯，共 800 躯，总计两龛造像共 1745 躯（见《邛崃县志》738 页，《邛崃县文物志》56 页）。其所测数据和计算方式皆有误。

现经重新测定，5 号龛（右龛）21 排，计 889 尊小坐佛。6 号龛（左龛）20 排，实际刻莲枝纹 1 排，小佛像 19 排，计 695 尊小坐佛。两龛共计 1584 尊小坐佛。加上两龛中心"一佛二弟子二菩萨二力士"14 尊，两龛总计造像 1598 尊。特此订正。

1980 年 7 月，四川省人民政府批准公布为四川省文物保护单位。2006 年 5 月 25 日，国务院批准，与石笋山、磐陀寺唐代摩崖造像合并公布为全国重点文物保护单位，合称"邛崃石窟"。

附录一：大唐嘉定州邛县花置寺新造无量诸佛石龛像记[①]

夫释门之教，体悟归定。虽悬于无着，而睹相思善，要本于有凭，匪徒作极于生灵，实亦宏开夫教化。邛州花置山寺新造石龛像者，御赐敕授上京章敬寺，上应奉为钦遵圣主、元臣、师僧、父母、法界众生创斯迹也。

宗师法号僧采，俗姓马氏，扶风茂陵人，东汉伏波将军之后也。承钟毓之秀，标童竹之奇。宿植真性，早舍俗尘。蒙恩得度于此州花置寺为硕德焉。而识通化洽，理造音操，诚玄境之玉洁贞姿，得释家之如来密谛。三明教内，引离小乘；四部众中，常演大法。故得声驰上国，名重神都。大历四年，代宗感深日极，创修章敬，籍敕赐大师懿德，以故主授纲维，智出缁流，言成方物。

此寺既因天造，宛若地成。每悏□圣心，特承荣渥。受恩之情既切，报德之志逾深，愿布悲诚。上资吉福庇，以鹤山之殊胜，方鹫岭之标奇。插层汉以峥嵘，上齐云日；瞰长江之澄澈，下洽鱼龙。灵仙之所往来，贤哲之所栖隐，将崇饰像，舍此何之？

贞元十四年圣诞月，伏表奏闻，兼请所旧居兰若之额，以净法般若为名□。上允所祈，广以贞元二字。仙毫乍拂，睹鸾凤之遗文；御

5号千佛龛局部

榜遥飞,动江山之喜气。乃曰:诏功德使开府,宝诰宣扬,仍将锡助。大师志存丹恳,愿罄家财,方欲再践乡园,躬宏(弘)制度。而都城仰恋,法众请留。大师寻有表□辞,恩旨未许。

乃仗本州白鹤寺临坛大德沙门道应讲论,同制规模。元戎方伯等,各竭真诚,以资其事。乃依峭壁,面炎阳,前山后山,或龛或室。公输子来而肆巧,天龙赏集以效灵。福资□圣朝,功假□神力。于是,千亿万佛,尊容俨然;三十二相,毫光普照。释侣瞻仰,州人护持。天鼓时鸣,不惮怒雷之震;法雨常润,无忧劫火之焚。资国祚以延长,济群生而何报。能事已毕,宁无记焉。

大唐贞元十四年岁戊寅,朝议郎守太子左赞善大夫前殿中御史从侄马宇撰,高平徐清书。宋元祐丁卯二月八日,住持僧希古重刊[2]。

注:①唐宋时期,临邛县属邛州,也不称邛县。唯明代洪武九年(公元1376年)降邛州为邛县,归嘉定州。成化十九年(公元1483年)复升为邛州。故知此碑记应为明洪武九年至成化十九年间重刊之古志。据《四川通志》,唐代此碑原名"大唐邛州临邛县花置山寺新造无量寿佛石龛像记"。

②元祐丁卯即北宋哲宗赵煦元祐二年(公元1087年),此碑系宋元祐二年住持希古重刊唐碑。

6号千佛龛局部

附录二：大唐嘉定州邛县花置寺新造无量诸佛石龛像记跋[1]

　　流览前记，此地肇造之原委备矣。然自大唐暨今，千有余年，惟此寺载入《四川通志》。其地为积翠岩焉。记经重刊，亦数百余岁。诚哉，昔贤往事之不合湮没也。慨自明季兵燹，梁栋灰烬，御榜无存，惟石壁峭然，千古弗坠。虽空余佛像，而瞻仰犹新。游览者未尝不唏嘘感息，三叹不置焉。我朝定鼎以来，有下院凤朝寺僧德惠者，与徒孙真美，于山左重修旧寺并彩绘诸佛以及石龛焉。古迹炳遗，至今籍归凤朝寺管理，为上院焉。惜乎衣钵无传，历久渐废。有分派四代侄徒孙海仲，不忍此迹终湮，既经理下院，复于兹地采买山业，永资香火。其寺之前殿后殿，相继重修。睹此风雨飘零，遗文几坠，何可以千年创始之功、记载之迹，一旦芜没也。爰命石工重镌其记，众乐嘉之。故予为之附志其事云。

　　郡人王玮敬跋并书。

　　大清道光十六年□月，僧海仲、徒寂馗、孙照维、曾普参镌。

注：①王玮跋文刊于《记》之后。据跋文所称，现存花置寺唐代摩崖造像记当系清道光十六年（公元 1836 年）十月，由僧海仲主持，照古志重刊。

8号五十三佛龛

附录三：花置寺宋代题刻（三则）

郡守陈知存，倅宇文邦彦，建中靖国改元暮春十八日，率临邛令□□□、孙校椽、寨汝明、程经薄、吴□□、程度、游普、润曲，少休于此。男深洙、门人陈盖从行。

注：建中靖国改元即宋徽宗建中靖国元年（公元1101年）。此为花石山宋代摩崖题刻，阴刻行楷书，直行竖排。

政和五年三月初八日，唐耜同□赵鉴、句宗益、淳于琳、李攸、宇文宰行春至华石山。

注：政和五年即宋徽宗政和五年（公元1115年）。此为花石山宋代摩崖题刻。

通泉李宜之为临邛暇日，携延行□。六月晦，至花石。幽寻之乐于此。为□竹章概、彭山宋希祖、河内□□、□□刘晋玉、牒赵羽夫。是岁淳熙丙午。

注：淳熙丙午即南宋淳熙十三年（公元1186年）。此为花石山宋代摩崖题刻。

附录四：烹茶岩摩崖题刻①

淳熙甲辰秋七月②，华阳杨祖之，言□□，郡人陈鸿、张谓、□□英、李侨、黄鼐、冯履光、张椿、居一游花石山，赋诗留连，往来酌泉于此。冯约期而不至。

注：①烹茶岩位于竹溪湖，有郡守张方"竹溪"二字摩崖题刻。

②淳熙甲辰，即宋孝宗淳熙十一年（公元1134年）。此后七年，即光宗绍熙元年（公元1190年），李侨中进士。

磐陀寺造像

磐陀寺唐代摩崖造像

造像位于城西临邛镇磐陀村花果山东面山坡，磐陀寺（唐开元寺）明代大殿前后岩壁上。现存佛教摩崖造像6龛。据1号龛题刻，为唐宪宗元和十五年（公元820年）所刊。主要有"西方三圣龛""千佛龛"和"西方净土变龛"。尤以"西方三圣龛"和"净土变龛"最具代表性。

1号龛位于寺前坎下岩壁上，双层方形平顶龛，龛高4.8米，宽3.5米，深1.9米，为"西方三圣龛"。主尊阿弥陀跏趺坐于大方座上，头面方圆、高螺髻，两耳垂肩，眉心有白毫，额上饰宝珠一颗。面相庄严慈祥。身着通肩袈裟，双手掌心向上平置腿上结入定印。衣纹下垂呈"U"形阶梯状圆弧线。桃形火焰纹头光、身光。主尊高3.2米，肩宽1.7米，座高1米。方座束腰正面开壸门4个，刻伎乐一组4人。乐女皆坐姿，高髻，身着长裙，飘带环绕，分持笙篥（排箫）、琵琶、檀板、横笛演奏。龛内左右壁分刻观音、大势至菩萨立像。左壁观音像高2.8米，肩宽0.74米，座高0.44米。头戴高冠，冠上有化佛一尊。身着僧祇支，挂璎珞，戴项链、手镯，披帛飘带下垂。右手持柳枝屈肘向上举，左手下垂持净瓶，赤脚立于莲台上。右壁大势至像高2.8米，肩宽0.74米，座高0.47米。头戴花冠，冠侧饰缯带。着僧祇支、长裙，帛带下垂。身饰璎珞，戴手镯。左手持宝盒屈肘上托，右手下垂提帛带，赤脚立于莲台上。后壁主尊阿弥陀肩膀两侧上方，分刻

"文殊""普贤"小龛。文殊、普贤分骑青狮、白象。按照佛典,文殊、普贤应为释迦牟尼佛协侍菩萨。龛顶刻莲纹团花藻井。

龛口左右下方分刻十三级密檐方塔一座。塔立于云头之上。塔下为方形须弥座,塔身上下两端微收,中段微凸,整体呈梭柱形。每级塔身正面开拱形窗一扇。第一级塔身正面开一莲瓣形龛,龛内刻坐佛一尊。龛外侧塔身两边转角处分刻一天王立像。喻天王托塔之意。塔顶有宝珠塔刹。塔之下方又开一小方龛,左塔下小方龛刻一坐佛。右塔下之小方龛则刻观音、地藏菩萨并排善跏趺坐于莲台上。地藏菩萨光头,如同沙弥像,十分生动。左塔高1.25米,塔基宽0.31米。右塔连云座高1.27米,基座宽0.25米。龛内右壁有摩崖题刻,时间为唐元和十五年(公元820年)。龛外右侧岩壁刻有摩崖纪事碑两通。

2号龛为"千佛龛"。方形龛,龛顶无存,后壁平直,平面呈冂形。宽2.6米,高2.3米,深1.8米。后壁中央近龛底处设计留出凸崖一块,半圆雕"一佛二菩萨二弟子二力士"及"天龙八部"。主尊有火焰形背

1号西方三圣龛

1号龛口的十三级密檐方塔

151

2号千佛龛

光和头光,头残。身披通肩袈裟,双手置腹前捧物,跏趺坐于束腰高莲座上。二弟子有圆形头光,头光上饰太阳纹,立于仰莲圆台上。左侧弟子披通肩袈裟,双手举胸前(残);右侧弟子穿交领袈裟,双手持物于胸前。二菩萨有火焰形背光和头光,两串璎珞相交于腹前,游戏坐于束腰仰莲圆台上。圆台上覆布下垂。左侧菩萨头残,衣饰与右侧菩萨同,左手托物于腹前,右手置于胸侧,左腿下垂踏小莲座,盘右腿;右侧菩萨头残,屈左手于胸侧(残),右手半握平置腹前。帛带绕腿上两道,盘左腿,右腿下垂踏小莲座上。

二力士仅存上半身,头部风化,身上饰帛带。

1号龛侧面菩萨像

3号西方净土变龛

二力士身后有两尊天王像，仅存身躯中部，穿铠甲，帛带绕腹前一道，残损严重。主尊后有"天龙八部"（残）。"一佛二菩萨二弟子二力士"及"天龙八部"残损严重，无法准确计数。

龛壁三面浮雕小坐佛。

左壁从下至上第一排19尊，第二排19尊，第三排19尊，第四排18尊，第五排17尊，第六排17尊，第七排19尊，第八排18尊，第九排18尊，第十排18尊，第十一排18尊，第十二排18尊，第十三排18尊，第十四排17尊，第十五排9尊，共262尊。

右壁从下至上第一排18尊，第二排18尊，第三排18尊，第四排18尊，第五排17尊，第六排17尊，第七排18尊，第八排18尊，第九排17尊，第十排17尊，第十一排16尊，第十二排15尊，第十三排15尊，第十四排15尊，第十五排13尊，共250尊。

后壁从下至上第一排22尊，第二排22尊，第三排21尊，第四排24尊，第五排25尊，第六排31尊，第七排32尊，第八排30尊，第九排30尊，第十排31尊，第十一排28尊，第十二排26尊，第十三排24尊，第十四排23尊，第十五排21尊，第十六排19尊，共409尊。

2号龛 左右壁各15排现存小佛共512尊，后壁16排现存小佛409尊，总计921尊。

坐佛头部残损。多数身着通肩袈裟，少数着交领袈裟、双领袈裟、袒右臂袈裟；也有袒上身，下系裙衫者，头戴风帽者。均结跏趺坐。多数双手袖手平置腿上。偶见施禅定印和在胸前结印者。小坐佛均有桃形头光和背光，像高0.1米。

3号龛为"西方净土变龛"，双层敞口方形龛。龛高2.45米，宽2.56米，深1.48米。龛内三壁造像，龛底多级造像，满构图，雕刻内容十分繁复。主尊头部及龛底多级造像毁于"文革"期间。

后壁中央刻阿弥陀、观音、大势至"西方三圣"坐像。主尊阿弥陀头顶有圆形华盖，头两侧生出两道毫光。身披通肩袈裟，双手在胸前结印，跏趺坐于仰莲圆台上。身后有桃形头光和火焰纹背光。像高0.48米，座高0.33米。观音、大势至二菩萨头侧有缯带垂肩，身着僧祇支。胸饰璎珞，两串璎珞交于腹部，相交处饰团花。绦带自腹前下垂。帛带绕腿两道。观音造像右手残，左手持物平置腿上。大势至造像左手残，右手平置腿上。二菩萨像高0.45米，座高0.3米。头顶有圆形华盖，火焰纹头光、背光。

三尊佛像后面刻有三座两重檐楼阁。楼阁之间有飞廊（天桥）连通。飞廊上雕众多人物。龛内左右两壁各刻两座重檐楼阁。内侧楼阁为两重檐三开间，下有高台基。楼阁飞檐斗拱，雕栏杆，飞廊相接。上层当心间刻坐佛一尊，下层当心间刻坐佛一尊坐于帐内。外侧塔楼从七宝莲池畔祥云中涌出，上下两层。上层一间，中刻"一佛二菩萨二弟子"。下层梯形墙体，其上施斗拱，斗拱上覆檐。墙下为两层雕花栏杆，坐姿乐伎队一支共六身。后壁两转角处和左右壁楼阁之间刻有佛塔、经幢共四座。楼阁下层有梯道通往龛下"七宝莲池"。

龛底为"七宝莲池"多级造像（残）。在龛基正面雕莲池围栏，施斗拱，饰团花。左右两侧雕文殊、普贤菩萨，分骑青狮、白象，以及诸身莲花供养菩萨。龛底刻一回廊，廊内多身造像（残）。池中刻"莲花生"、人首鸟身对舞伎、乐伎、童子倒立于莲叶上玩杂耍诸像。池前左右角有"狮头船"和"虎头船"，船有舱有盖。船头有划浆人物。天空中有祥云飘飞，云中有诸佛、菩萨、弟子、飞天造像。其竖琴、曲颈胡琵琶、排箫、阮等乐器不鼓自鸣于空中。祥云中的一匹"天马行空"，格外生动。

5号龛

龛口两侧龛柱上（龛左右内壁之外口），纵向各分九格，开外方内圆拱形龛18个，共刻绾双髻女坐像16身，莲花等图案两个。题材内容为佛教"十六观想"。

龛基正面又开有一圆拱形小龛，高0.44米，宽0.95米，刻"一佛二弟子四菩萨"。3号龛是邛崃唐代摩崖造像中比较具有代表性的一龛。

4号龛为摩崖碑刻。明碑两通，左碑高0.86米，宽0.62米，右碑高0.66米，宽0.4米。文字已经风化。

5号龛为双层龛，外方内拱，弧壁平顶。龛内刻坐像三尊。主尊跏趺坐于圆形莲台上，身挂璎珞，下系长裙，肩披披帛，火焰背光。莲座束腰开壶门三个，各刻一瑞兽兽头。左尊似为三头六臂明王像，裸上身，斜挂络腋，饰璎珞，下着长裙。屈竖左腿，盘右腿，戴脚环。坐于莲台，莲台下部为山石座。右尊裸上身、挂璎珞、戴臂钏，跏趺坐于山石座上。火焰背光，背光上刻鸟首、人头之类。三像头部已毁于"文革"期间，无法辨识。

外龛右壁从上至下刻三龛，上部为圆拱形方口龛，龛上有斜撑，龛右壁无存。龛内刻立像一尊，立于仰莲圆台上。圆头光，面残，通肩袈袈至脚，下摆呈尖角状。右手屈于体侧（残），左手屈于胸前（残）。

中部为圆拱小龛，雕一力士，高发髻，帛带绕背。举左拳，右手握拳在体侧。着三叉短裙，两脚分立于山石上。下部刻一帐形小龛，仅存左上角。

外龛左壁上部小龛，左侧无存。圆拱龛，高龛基。龛内存主尊坐佛及右侧弟子、菩萨立像各一尊，龛基右侧力士一尊，均已风化。力士山石座前刻一狮兽伏地。龛基正中上部有一圆形雕刻。左壁中部方口小龛，上方有斜撑，龛左壁无存。龛内存结跏趺坐佛一尊及右侧菩萨像立像一尊，均风化，左壁下部有两小龛，左半部无存，仅存右半部火焰纹背光残痕。

5号龛是邛崃境内仅存的唐代密宗典型造像，对研究唐代中晚期邛崃佛教密宗的传播有着重要意义。

6号龛是一龛只刻出佛像粗坯轮廓的未完工龛。龛略呈竖长方形。从已刻出的粗坯看，应是并排坐于坐骑之上的两尊菩萨像。对于邛崃这一时期出现的这类工程半途而废的现象（如白鹤山鹤林寺唐代摩崖造像），究其历史原因，主要应与当时的战乱有关。

2002年12月，四川省人民政府批准公布为四川省文物保护单位。2006年5月25日，国务院批准，与石笋山、花置寺唐代摩崖造像合并公布为全国重点文物保护单位，合称"邛崃石窟"。

附录一：磐陀寺唐代摩崖造像记①

此地峰干云端，迥出尘表。青翠松竹，嵯峨贞珉者，求胜奇此最绝，因命工刊琢成斯像焉。可谓宝塔开而现金身，红日升而毫相远。超证染净，兹为本因。专诚者谁，即此郡白鹤寺法师利安并诸大德及士女等。愿同契菩提，永□道侣。各列其讳，纪千古不朽之功也。

（诸大德士女名讳略）

元和十五年②春造。兼南路界首像并妆庆毕,永为供养磐陀山开元之寺。

注：①该摩崖造像记位于磐陀寺唐代摩崖造像"西方三圣龛"门右壁。该造像记无标题，标题为抄录者所加。竖行楷书阴刻。

②元和十五年即唐宪宗李纯元和十五年，公元820年。

附录二：磐陀寺摩崖纪事碑[①]

磐陀寺古刹也，在州治递西南隅，肇自宋（唐）元和十有五年。僧人少旻因山之形凿镌佛像一尊。今人称为古佛，云以从来之远也。四方之人求嗣者，塑童像环两傍辄应。古佛身像饰以金，其费颇巨，工未易兴。元和之后，淳熙癸酉，僧人义峰重饰之。越明洪武九年，又重饰金身。迄隆庆五年春正月，僧如常诣州叩首而言曰：古佛像由洪武至今二百余祀，金身脱落，寺僧贫窭，弗能饰，无以示华美耸瞻视也。敢告。余为之施舍区画，焕然一新，非复前时之陋。环州之士民忻忻鼓舞，若有所得，何也？川之人重佛，以其地近西天故也。是年三月，余适奉朝命，升湖广衡州府同知，士民偕众僧走谒于余，祈文以记其事。余喟然叹曰：古佛之遇不偶，有如此者，使余宦此不三四年而迁焉，其何以成此像也耶！诸士民亦相与啧啧而叹曰：古佛之遇真不偶也。如此不然，其何能新之于此。可见官之久远，古佛之遇不遇系焉。数之所在，人安得而违之耶！先是岁在丙寅，余下车约己裕民，教士劝农，时和年丰，百姓晏堵，士民相与祝古佛，愿生多男以报之，戊辰果获其应。其详载乡进士刘应辰文中。是山也，尝偕学官景子、洪子，进士刘子、谢子往眺览之，见其有大石如磐形，故名之也。徜徉于山石之上，前则挹州城之壮丽，人物之繁多，声教之铿锵，宛然在目。左连雾中、鹤鸣山、明月池之胜，右带白鹤、书台、点易洞、鱼村、邛江山水之奇，后接天池、中峰、虎跳、西河之景，真一方之大观也。大都地灵人杰，自古为然。以山之灵异若是，当必有钟其秀者生于其间，以增重之。其在山也，有不因人盛而传乎？其在人也，有不因山美而彰乎？庆庶山与人两无负也。余因记其略，以俟来者。

督饰僧官如常
隆庆五年奉直大夫知邛州事南昌罗源高启新谨识
书丹州吏古万吉

注：①该碑为明代隆庆五年（公元1571年）邛州知州高启新所撰文。摩崖碑刻。文中误将唐元和十五年写作"宋"。清嘉庆《邛州志》录此碑，碑名作"盘陀寺古佛全像记"，多有错漏，今依原碑校录。

天宫寺唐代摩崖造像

　　造像位于平乐镇金华村金华山上。现存唐代中晚期佛教造像74龛。造像分散开凿于沿山沟道路两边山岩壁上。该处造像大多毁于"文革"时期，后由今人改刻维修妆彩。除34号龛为"弥勒大像龛"外，其余均为小龛小像。题材多为"一佛二菩萨二弟子二力士"，另有"维摩辩经""净土变""七佛"等。

　　34号龛"弥勒大像龛"位于山顶。双层方口平顶弧壁龛。外龛高5.5米，宽3.66米，深2.28米。半圆雕倚坐弥勒一尊，像高4米，宽3米，身着U形双领袈裟，领外翻，双手扶膝上。衣纹下垂呈"U"弧形，赤足分踏于两个仰莲台上。其头、手、脚及衣纹均被后人改刻妆彩。头后有桃形头光。龛内壁上又开多个不规则方形龛、拱形龛、花形龛。左右分刻二弟子、二菩萨。左侧弟子头、手均被后人改刻，身着袒右肩袈裟。右侧弟子头后有圆形头光，穿交领袈裟。其头、手以及衣纹均被后人改刻。左侧菩萨着袒右肩僧祇支，胸下系绦带，着长裙。右侧菩萨上身斜挂络腋，下穿长裙。二尊菩萨头后均有桃形头光，戴项圈，饰璎珞。

　　4号龛位于金华山进山沟口左面岩壁上。该处有1号龛至14号龛共

14龛，呈八列三层自由重叠排列。

4号龛为"十四铺身"，双层方口横卧式小龛，龛高0.67米，宽1.05米，深0.18米，平顶弧壁。该龛造像布局有异于常见的川西唐代中晚期造像。龛内造主尊（佛）两尊，主尊的位置不在后壁中央，而分别在后壁左右转角处。两主尊（佛）跏趺坐于束腰圆座上，背后有桃形头光和身光，饰火焰纹和联珠纹。左右各分立二弟子、二菩萨、二力士，共计十四尊，构成两组相同的"一佛二菩萨二弟子二力士"布局。从而形成左主尊（佛）右边的弟子、菩萨、力士，右主尊（佛）左边的弟子、菩萨、力士排列在后壁中央这类极为少见的布局。四尊弟子立像均有圆形头光，身着袈裟，双手置于胸前，立于圆台上。四尊菩萨立像均有桃形头光，饰联珠纹。身饰璎珞，腰系长裙，帛带下垂，立于莲座上。头、手损坏，经后人修补。四尊力士立像立于山石座上，帛带缠身，大部被改刻修补。

龛门外壁左右下方各刻七级密檐方塔一座。塔高0.44米，塔身每层开一圆拱形小龛。塔刹残。底层塔龛中刻坐佛一尊。

1至14号龛中的两龛

28号经幢龛

159

5号龛为"西方净土变",敞口平顶双层龛。龛高2.4米,宽2.5米,三壁布局,残损非常严重。残存的造像有后壁的三尊造像和楼阁残痕,左右壁上众多的小像和楼阁残痕。龛口左下部刻有兽头船,船上方有祥云,云中立佛像等。据此断定本龛为"西方净土变龛"。内龛口外壁左右分刻一菩萨立于莲花座上。左做舞姿,右做站姿,体态婀娜。已残,经改刻。外龛龛口左右两边各刻十三级密檐方塔一座。塔高0.8米,底层塔身较高。每级塔身正面开一圆拱形小龛,塔身中段微凸,外形呈棱柱状。顶部为火焰宝珠塔刹。龛外下方左侧,在塔的下方有一横条形小龛,刻"一佛二弟子二菩萨二力士"及二供养人。已残。外龛左1米处刻十三级密檐双塔,连座残高约1.2米。

13号龛为"中心塔十二铺身",平顶敞口双层龛。外方内圆拱形,弧壁。龛高0.8米,宽0.98米。龛后壁正中刻一座九级密檐方塔,高约0.4米,塔顶残。两主尊(佛)分别位于龛后壁转角处。以塔为中心,左侧刻"一佛二菩萨二力士"五尊。佛左侧力士位于龛口,佛右侧力士位于中心塔左侧。塔右侧刻"一佛二菩萨二弟子二力士"七尊。佛左侧力士位于中心塔右侧,佛右侧力士位于龛口。这种中心塔形式和左右造像数不对称形式为现存邛崃唐代佛教摩崖造像中仅有。龛门外左右侧开花瓣形龛,各刻九级密檐方塔一座(塔顶残)。每层开圆拱形小龛。塔高0.42米。龛基正面刻有"二狮相戏"图案(残)。

28号龛为"经幢龛"。龛型已残损。内中刻一座八棱经幢,高1.22米,座径0.38米。幢身上部共分三层,从上至下第一层正面雕立柱及门窗;第二层雕七佛并排跏趺坐;第三层开三个拱形龛,龛内刻坐佛一尊。幢身原有文字已漫漶。其上刻幢顶。幢基周围造像均已毁。单一的以经幢为主要题材的龛,在现存邛崃唐代摩崖造像中不多见。

43号龛、44号龛均为"一佛二菩萨十七铺身"。刻一佛二菩萨、二弟子二力士二天王和天龙八部共计十七铺身造像。此类题材多见于石笋山唐代摩崖造像。

46号龛为"维摩辩经"("文殊问疾"),敞口平顶双层龛。高1.26米,宽1.13米,深0.64米。外龛为方形,内龛为帐形。龛内后壁中央无主尊。龛内左壁下方刻文殊菩萨,头面部残损。头后有桃形头光,戴项圈,胸挂两串璎珞。上着僧祇支,胸下系绦带,帛带绕臂下垂。下着长裙,左腿盘起,

52号龛、53号龛

右腿自然下垂踏莲台上，游戏坐于仰覆莲座上。文殊菩萨像左右、身后及上方均刻有菩萨、弟子像。龛内右壁下部刻一帐，帐内刻维摩像一尊。头面残，头有冠戴，缯带下垂。身披双领下垂式衣衫。左手扶膝，右手持拂尘，盘腿而坐，与左壁文殊相对。右壁中央上方刻宝箱于云中，宝箱右下侧刻祥云化出五朵莲台，其上刻"一佛二菩萨二弟子二力士四天王"共十一尊。龛后壁左、中刻宝箱、祥云和诸身佛像、飞天。后壁右侧，维摩帐龛上方刻有"天马行空"和空中楼阁。龛前中部刻一方座，座前刻二人面向维摩跪拜。龛基上刻图案及供养人，大多风化。

52号龛为"一佛二菩萨二弟子"，双层敞口方形龛，弧壁。高1米，宽1米。内龛为佛帐形，帐柱上有两串璎珞流苏从帐檐上垂下。龛内刻"一佛二弟子二菩萨"。主尊跏趺坐于束腰莲座上，头面残，头后有头光。内穿僧祇支，外披双领下垂袈裟，双手捧物平置腿上。二弟子披交领袈裟，双手置于胸前，分立于莲座上。圆形头光。二菩萨头面残。有缯带自头侧下垂，戴项圈，饰璎珞，帛带绕臂下垂，下着长裙，立于莲台上。左侧菩萨举右臂，左臂下垂提净瓶。右侧菩萨举左臂，垂右臂提帛带。

龛基正中刻坐像一尊。袒胸露腹，下系长裤，两脚掌相对盘坐于平地。

161

左手置腿上。右手屈肘，小臂侧伸，手掌摊开（残）。左右共立弟子和供养人八身。坐像左侧刻一弟子像，身披袈裟，手持一物，侧身面向中间坐像。弟子像后有四身男供养人像。身穿窄袖长袍，束腰带，双手合十而立。坐像右侧刻一弟子像，身披袈裟面向中坐者而立（残）。弟子像后刻两身供养女立像，身着窄袖长裙，双手合十于胸前。

57号龛为"七佛莲花生"，双层方形平顶龛。龛后壁中央下部刻"地涌金莲"，莲叶、莲茎。莲茎上生出两排共七朵莲花。七朵莲花化作七个莲座，莲座上各雕坐佛一尊。下面一排刻两尊坐佛，身着通肩袈裟。左尊左手举胸前，右手置腿上。右尊右手举胸侧，左手扶膝。上面一排刻五尊坐佛。右侧一尊披通肩袈裟，结禅定印。其余四尊毁损。身后均有桃形头光和背光。

64号龛为"双观音"，方形敞口小龛，高0.48米，宽0.57米。龛后壁中间刻二菩萨并立于仰莲圆座上。头面残，戴项圈，胸前挂两串璎珞。上着僧祇支，胸前束带，下系长裙，裙腰外翻，帛带顺肩而下。左尊屈肘举左手，右手下垂（残）。右尊屈右手向上（残），左手下垂提净瓶。

龛内左侧刻一座十三级密檐方塔。下有云座，上有覆钵刹座和宝珠塔刹。每级开一拱形小龛。右侧刻经幢一座。八棱三级。八棱平座，八棱腰檐，第三层为球形。六角形经幢顶，顶上饰宝珠。经幢上已无文字。龛右下有一花瓣形龛，仅存上部。龛中雕一圆首方碑。碑上文字无存。碑下有云座。

1号龛、2号龛、3号龛、4号龛、5号龛、7号龛、9号龛、12号龛、13号龛、14号龛的龛内或龛门外侧均刻有密檐石塔，多为方形十三级，主要集中分布在顺山沟上山入口处山道左侧的岩壁上。其余仅见沟另一侧第28号龛和64号龛内刻有八棱经幢和方塔。这一现象可能与"塔崇拜"和"像崇拜"的传播有关。5号龛将塔刻于龛内后壁正中主尊的位置，似有佛教早期石窟造像"以塔为中心"的"中心柱龛"遗制的影响。14号龛门外右壁刻双塔，其右塔仅刻出粗坯，属未完工塔。

1982年3月，邛崃县人民政府批准公布为邛崃县文物保护单位。

2007年6月，四川省人民政府批准公布为四川省文物保护单位。

鹤林寺唐代摩崖造像

造像位于白鹤山后山。据宋代魏了翁《鹤山营造记》，白鹤山寺庙始建于隋，原名白鹤寺，后更名鹤林寺。白鹤山名与西汉隐者胡安在白鹤山点易，得道跨鹤飞升有关。现存唐代摩崖造像33龛，唐代摩崖方塔5座。2002年，由邛崃市文物管理所文物调查编号。

造像分布面积广，从鹤林寺后沿左道经漏米洞至后山；沿右道经玉兔石至后山，至幽居寺后的银顶山均有分布。多数风化严重，或土淤，或垮塌毁损，或遭人为破坏。

鹤林寺至后山左道沿途及漏米洞附近唐代摩崖造像，大多为竖式拱形弧壁龛或方形弧壁龛。偶见龛内有残迹，绝大多数只剩龛窟。沿途摩崖石塔犹存。现存唐代造像主要集中在后山和银顶山。玉兔石旁尚存数龛，多被土掩埋。后山和银顶山则不见摩崖石塔。题材多为"一佛二弟子二菩萨二力士""净土变""观音经变"等。

造像多为平顶双层龛，后壁多呈弧形（马蹄形），三面布局。"净土变""观音经变"一类龛，其底部为多级造像。

第一区1号龛"降魔成道龛"，是邛崃境内目前唯一发现的、以《佛

第3区1号龛局部

传》中释迦牟尼降魔成道为题材的造像龛。内外双层龛，外龛残破，敞口平顶，残高1.25米，宽1.64米，深1米。后壁呈半圆形。后壁刻释迦跏趺坐于平地，双手扶膝，圆形头光和背光上刻联珠纹。着袒右肩袈裟，衣纹密集呈斜弧圆线。像残高0.64米，像后及左右刻象车、龙车大战以及人、神、狮、猴、山林、菩提树等。

主尊释迦牟尼坐在山林中一小窟内。窟上方有菩提树。树右下刻象车一乘，乘者弯弓搭箭。左壁上方刻一人骑龙背，手持兵器。左下刻大树和猴子。右壁刻山石，一人骑龙背。中部有众神、人、魔持刀、棍、弓箭混战。

残像

第二区 2 号龛"千手观音龛",方形小龛。外龛残,内龛方口、平顶、弧壁。龛口上方有斜撑,有龛楣、龛柱,其上刻忍冬纹、缠枝纹。内龛高 0.72 米,宽 0.75 米,深 0.26 米。龛后壁中部刻千手观音坐像一尊。像高 0.2 米,座高 0.16 米。头部风化,头上有圆形华盖。盖顶饰宝珠。观音身饰璎珞。左脚下垂踏莲座(残),右脚盘腿,善跏趺坐于束腰圆座上。造像身躯两侧雕出三层手臂。最面上一层圆雕、半圆雕刻出八臂,上二臂举过头顶合十;中上二臂于胸前合十;中二臂平置腹前,两手结禅定印;下二臂自然下垂,双手扶膝。第二层手臂在身后上下左右呈扇形展开(残)。第三层浮雕手掌呈圆形展开(残)。

内龛正前龛基上,内龛左、右壁上均刻有多身造像。

第二区 8 号"未完工"方形龛,高 1.28 米,宽 1.58 米。仅抠出龛边而未完工。与磐陀寺 6 号龛、平乐天宫寺 14 号龛当展同一类型、同一缘由。

第三区 1 号龛为"一佛二菩萨二弟子二力士龛",双层方形平顶龛。平面略呈长方形,龛高 2.5 米,宽 2.8 米,深 1.9 米。后壁刻一佛二弟子,左右壁分刻二菩萨、二力士。主尊着双领袈裟,内着僧祇支,胸下束带于袈裟外,跏趺坐于莲座上。像高 0.85 米,座高 0.85 米。身后有桃形头光和背光。背光上以联珠纹分隔成三层,饰以忍冬卷草纹,外饰火焰纹。二弟子分两侧立于座上。头面部残。头上饰圆形头光,中间以联珠纹分隔成两层,内层刻太阳芒纹,外层刻卷草纹,以联珠纹串边。右侧弟子伽叶穿交领衣,外披双领下垂袈裟,双手合十于胸前。右手腕挂念珠,面朝前方。左侧弟子阿难像残高 1.4 米,肩宽 0.31 米,身披双领下垂袈裟,双手合十于胸前,俯首侧身面向主尊,躬身而立,似聆听教诲。与石笋山 26 号龛菩提瑞像龛弟子造像略同。这在佛教石窟造像中较为少见。

左右两壁分刻二菩萨。面部残损,头挽高发髻,戴高花冠,冠侧缯带下垂。戴耳环耳坠,颈戴项链、项圈,项圈上挂璎珞。上着僧祇支,下着长裙,绦带下垂。帛带绕臂自腹前、腿上垂两道飘于体侧,上饰璎珞。胸前挂两串璎珞,呈"X"形相交于腹前。长裙于膝下多装饰璎珞。左侧菩萨左手下垂,右手屈肘上举(残)。脚下残,残高 1.3 米。右侧菩萨左手屈肘上举,右手下垂(残)。脚以下残损。残高 1.45 米。菩萨体态端庄,身躯略呈"S"形。菩萨像头后有桃形头光。背光上以小莲瓣纹和条带式联珠纹分隔出内外两区,内区刻宝相花和圆环式联珠纹,外区刻忍冬纹卷草图案，头光桃尖处刻云纹。

二力士分立于龛口左右内壁。面部、手及腿以下残损。力士大耳，头戴三叶冠，发带向后飘起。裸上身，肌肉雄健凸起。颈戴项圈，身挂璎珞。帛带经腋下绕背呈三层环状飘于身后。左侧力士面向龛外，腰右扭，左臂侧伸，举右臂。腹以下半身均残损。残高0.67米。右侧立士面向龛外，怒目张口。裸上身，下穿战裙，束腰带，带上有装饰。腰垂三角宽带，有纹饰。左臂高上举（残），右手下垂持金刚杵。脚以下残。残高1.3米。

4号龛"一佛二弟子二菩萨二力士和天龙八部龛"，双层方口龛。内龛有方形龛楣和龛柱，平顶弧壁。龛后壁中间刻一佛二弟子。内壁转角处分刻二菩萨。龛口左右外壁龛柱上分刻二力士。一佛二弟子二菩萨身后刻"天龙八部"，加龛口二力士共计十五身。十五身像的面部均被毁损。

主尊内着僧祇支，在胸前系带挽结。外披双领下垂式袈裟。左手平置腿上，右手扶膝，跏趺坐于束腰仰覆莲高圆座上。座上覆布下垂。像高0.36米，座高0.26米。身后有头光和椭圆形背光。头光分两层，内层头光为桃形火焰纹，外层头光略呈菱形。由内层头光火焰纹上生出七朵祥云而成云座，呈人字形排列在外层头光内。每个云座上刻小佛一尊坐于莲座上。在头光上刻七佛极为少见。

左右分刻二弟子。弟子均内穿交领衫，外披双领下垂式袈裟。左侧弟子袖双手于腹前，面向龛外立于座上。像高0.45米。右侧弟子双手合十于胸前，面向龛外立于座上。像高0.44米。头后均有圆形头光。

二菩萨头顶挽髻，戴高冠，冠侧缯带下垂。颈戴项圈，胸挂璎珞，两串璎珞在腹部结成"X"形。两条长长的帛带顺两肩垂下，搭在莲台上。下系长裙。微鼓腹，身材修长，赤脚立于莲台上。左侧菩萨右手屈肘向上，左手下垂提净瓶。像高0.5米。右侧菩萨右手自然下垂提帛带，左手屈肘向上举物于头侧（残）。像高0.5米。

龛内壁佛、弟子、菩萨身后刻天龙八部八身。左壁从中向左第一身"龙"，戴头盔，穿铠甲，左手举于肩侧。头上方刻一龙形，两前爪伸至头顶，龙头回首而望。第二身摩睺罗伽，光头，上着圆领袈裟，下系长裙，脚上蹬鞋。双手斜抱一长条形笙一类乐器（风化不辨）于左肩。第三身，光头，披通肩袈裟，双手合十。下着长裙，脚蹬鞋。第四、五两身仅存残痕。右壁从中向右第一身迦楼罗，穿圆领袈裟，头顶一大鹏举爪回首。第二身，

第3区6号西方净土变龛

大耳垂肩,穿圆领衫,双手合十于胸前。头顶横一长方形物件,已风化不辨。第三身阿修罗,三头六臂,上二臂举日月;中左臂残,右臂举斧。下二臂双手合十于胸前。第四身,头顶有发髻,风化严重。第五身紧那罗,头顶有角,裸身,仅在腹前系一方小布。双手举乐器于前。

龛外正面两侧龛柱上分刻二力士。左侧力士残。右侧力士头面和右手已毁损。头上方有发带飘起。头后有圆形头光,宽边,边外沿饰六个莲瓣,头光中心刻十二芒太阳纹。裸上身,肌肉凸显有力。颈挂项圈,项圈上饰璎珞。下着长裙,裙腰外翻。长裙外套腰裙,束带。革带一条自腰悬垂至脚。脚上穿靴。帛带自双肩绕臂,呈波浪纹飘垂于体侧。左手自然下垂提帛带;右臂微屈举于右侧头顶(残)。

龛基上有雕像(残)。

6号龛为"西方净土变龛",残高1.4米,残宽2.1米。该龛因自然坍塌、风化和人为毁损严重,但残存之楼台亭阁雕刻精美,是典型的唐代建筑微缩模型,也是鹤林寺唐代摩崖造像中为数不多的"西方净土变龛"。与石笋山、磐陀寺同题材龛构图有所不同。

龛后中央刻西方三圣像三尊,均残损风化。跏趺坐于束腰仰覆莲高圆座上。身后有大背光和桃形头光,饰火焰纹和联珠纹。像前莲池中残存

鹤林寺唐代摩崖造像多数风化严重

四级造像痕迹。左右龛壁基本无存。三尊菩萨身后各刻一幢两层楼阁。中间一幢楼阁体量高大,高 0.85 米,底层宽 0.56 米,约占龛高的 3/5。三间四柱两重檐。在高高的台基上起(刻)底层四根大圆立柱,刻柱头斗拱和转角斗拱。当心间为佛像遮挡,两次间额枋上刻人字拱。柱上覆檐(残)。上层左右收分较多,开间小于底层。在底层檐脊上又起两朵柱头斗拱、两朵转角斗拱和两次间两朵辅间斗拱,共同支撑其上层楼阁之外廊。上层楼阁刻四根圆柱,刻柱头斗拱、转角斗拱以及辅间斗拱七朵。额枋与普柏枋之间刻人字拱。柱上覆歇山式屋顶。正脊、戗脊和垂脊雕刻精细。屋面刻瓦垅,檐口残。屋面比例较大。下层左右两次间各刻一楼梯,两梯相对,并斜向中间。梯上各刻一人物。上层三间中各刻坐像一尊。中间主尊有桃形头光,跏趺坐。四根立柱上均有造像(已残)。楼阁上层两侧有飞廊与左右两幢楼阁相连。飞廊上刻人物(残)。左右两幢楼阁相同,均为二重檐六角形攒尖顶亭式楼阁,高 0.72 米。左幢已严重坍塌和风化。楼阁下层仅刻出两根立柱和正面及斜侧面一边。刻有复杂的转角斗拱和柱头斗拱。其上覆腰檐呈三折式。檐脊上复起平台,刻上层回栏。上层刻四柱呈三折布局,以表现六角形制。刻有柱头转角斗拱和辅间斗拱。檐下普柏枋上刻斗拱。其上覆檐成攒尖顶(实刻三面)。

168

刻瓦垅和高大的宝顶。宝顶上有珠链牵搭于檐角。翼角上翘。上层三间均刻有人像（残）。下层侧间刻人像（残）。

在三尊菩萨像之间，左侧菩萨右后、右侧菩萨左后，即中间楼阁的左右前方，分刻一根大圆柱，柱头上刻一人首鸟身像，右侧像残。左侧像头绾高髻，鸟嘴，双翅大展，尾部上翘，略呈弯月形。应为天龙八部之迦楼罗——大鹏金翅鸟。

龛内残存的左右壁上刻有部分建筑。后壁左右转角处分刻一根经幢，略似球形重叠而成，共七级，有顶。右壁建筑三间四柱，平面呈斜梯形，应是六边形建筑。上部残。下层三开间，刻人字帐形装饰，当心间刻一坐佛。下层门额枋上刻有人字拱装饰。右壁建筑上部风化严重，下部三开间刻有人物。天空及莲池中所刻人物等造像多身，今已无法辨识。

沿鹤林寺后山至点易洞山道（左道）右面山岩上现存唐代摩崖石刻单檐四方塔五座，三面雕或圆雕。攒尖顶，塔刹残。三面（或四面）出檐，檐下叠涩3～4层。塔身正面开一方形或拱形龛。1号塔残高1.8米，塔身高0.8米，宽0.7米。2号塔残高0.9米，宽0.42米。3号塔残高0.3米，宽0.53米。4号塔残高0.84米，塔身高0.48米，宽0.4米。5号塔为高浮雕，刊于岩壁龛内，无塔基，高1.1米，宽0.6米。

附录：点易洞民国摩崖造像

造像位于白鹤山后山点易洞，俗称点易洞大佛。点易洞，据《益都耆旧传》《蜀中广记》，相传为西汉临邛隐士胡安点易、结庐授徒之处。司马相如曾从胡安受经。经考古调查，此地应是唐弋佛教造像龛的一个集中区，壁上残存小龛尤多，全部严重风化。点易洞为方形石窟，其旁有民国五年（公元1916年）肖启良、杜殷氏倡刊摩崖石刻弥勒坐像一尊。

点易洞造像龛为敞口大龛窟。弥勒为大肚弥勒(布袋和尚)造型。光头，头大，耳肥，肚圆，张口而笑，憨态可掬。额心有宝珠。裸上身，袒胸露腹，体形肥硕。披帛从背后绕臂垂于体侧。下穿大脚裤，裤腰外翻，腰间系带。赤脚盘左腿、竖右腿，半跏趺坐于束腰六方形高台上。左手平置左腿上，右手持佛珠于右膝上。通高5.5米，像高4.1米，头高1.4米，头宽1.8

点易洞大佛

米，像深 3.8 米，像宽 7.3 米。束腰六边形座，座宽 9.8 米，高 1.4 米，只刻出前面三方。束腰处刻龙虎、花鸟和人物等图案。座前方约 1.5 米处，左右分立一石刻摇钱树和一石刻令官造像。左侧摇钱树通高 3.9 米，圆柱形，周长约 1.7 米，方形基座。柱上刻莲梗缠绕，刻莲叶、莲花。上段刻莲梗穿方孔圆钱一串。左侧令官通高 3.8 米，像高 2.7 米，座高 1.1 米。头形方正，五官端庄威严，头戴布帽，内着窄袖圆领衫，外套背心式甲胄，下穿长裤，脚穿靴子，立于座上。左手屈肘向上托印。印为方形，外有布包袱，顶上挽结。右手执一令字三角旗，扛在右肩上。这一布局形式应与民国初年历史文化背景相关。其摇钱树象征利和金钱。令官的令旗和大印象征权力和名。借弥勒笑看人间众生为金钱名利而劳碌，暗含深刻之劝喻意义。

造像基座上刻有主持人：邛崃肖启良、杜殷氏，刻工大邑付竺堂、付吉成。

1982 年 3 月，邛崃县人民政府批准公布为邛崃县文物保护单位。

石笋寺唐代摩崖造像

造像位于高何镇何场村、小地名牛路口的石笋寺内。寺内有大石一块，人称为石笋，造像刊于石笋之上。寺在唐代原名七佛寺，因寺内有大石孤立如笋，故明代改作石笋寺。石笋高5米，周长21米，四面一周分上下两层或三层排列造像龛。现存唐代"一佛二菩萨""百方三圣"等造像和明代改刻"阿弥陀"像共计五十三龛。

唐代造像均为敞口平顶方形双层小龛。双层龛多为外方内圆拱形、后壁弧形的马蹄形龛。在石笋背后（东面）一面的上部开凿了一个规整的长条形大凹槽。凹槽的左右后三面形成一个龛窟。在这个龛窟的左、右、后三壁上分布刊刻小龛，上下重叠，左右自由排列，是其独到之处。3号龛为不规则方形平顶小龛，弧壁。刻"一佛二菩萨二弟子二天王二力士"九尊。龛前中间有龛基，龛基中间靠后壁刻一佛坐于高圆座上。桃形背光，

造像之一

上下重叠、左右自由排列的小龛

造像之二

背光之上刻华盖。坐佛两侧分立二弟子。头上有圆形头光，中间饰太阳纹。后壁转角处分立二菩萨，头后有桃形火焰纹头光。龛内左右两壁分刻天王。天王下面龛基两侧分立二力士。右侧力士头残，袒上身，下系战裙，裙腰外翻，腰微右扭，躬左腿，伸右脚。左手上举，右手伸向右下侧。臂缠帛带。后壁左右上方与龛顶相接处，分刻祥云两朵。每朵祥云上刻三尊坐佛。4号龛为外方内圆拱小龛。刻"一佛二菩萨二弟子"五尊。主尊高螺髻，跏趺坐于束腰高仰莲圆座上，左手平置腿上，右手屈肘向上（残）。其余弟子、菩萨像均已重新修补。5号龛为小型圆拱形龛。龛中刻一尊菩萨立像。头面残，头戴高冠，帛带绕腹前两道下垂。左手下垂提净瓶，右手屈肘向上至头侧。头稍大，扭腰，鼓腹，立于圆座上。6号龛为双层方形小龛。龛内刻二菩萨并排坐像（当代有修补改刻）。

石笋正前面（西面）有明代改刻阿弥陀一尊。龛高4.3米，宽2.6米，深1.7米。当代有重新改刻妆彩。佛像螺髻，脸型呈鹅蛋形，双目微向下平视，大耳。上身内穿僧祇支，束绦带，两条绦带下垂至脚。外披袈裟，右肩搭帔帛，下着长裙，赤脚立于莲台上。龛旁有"明崇祯十年"（公元1637年）题记。石笋背面尚有清代题刻二则。

2002年12月，同石笋寺一并经四川省人民政府批准公布为四川省文物保护单位。

响水滩千佛岩唐代摩崖造像

造像位于水口镇（原马湖乡）响水村，小地名响水滩，俗名响水滩千佛岩。造像分布在约42平方米的岩壁上，分为上中下三层排列。现存25龛，281尊造像。多为双层方形平顶小龛，少数为外方内拱龛。计有"一佛二菩萨""一佛二菩萨二弟子二力士""西方三圣"等。后代有改刻、妆彩，风化严重。在龛内中心刻十三级密檐塔和经幢是其特点。

14号龛为横长条形平顶敞口龛。龛内分上下两层各刻十三佛。上层造像云台即成为横中隔线。现存造像上下各13身，共计26身。

3号龛方形敞口龛，外龛壁不存。有打破关系。后壁中央刻十三级密檐方塔一座立于莲座上。攒尖顶，下有塔基。底层塔身较高，正面开一拱形龛，内刻一坐佛。底层塔身四个转角处均刻有力士，寓意天王托塔，力士像已被今人改刻。正面每层开一象征性拱形龛。塔身挺直方正，上下少有收分，外观呈立柱形。塔顶后壁天空左右各浮雕飞天一身，面向方塔。

20号龛为双层圆拱形龛。弧壁，后壁与顶壁相交处亦呈弧形。龛中心圆雕六方塔一座，仅存塔基、塔座和第一层塔身、塔檐。其上层为今人维修改做。方形塔基，塔基上刻六边形束腰塔座，每边有雕饰（残）。其上以圆雕手法刻出第一层塔身六面，上小下大，略呈梯形，素面。以上出檐。后壁刻祥云五朵。云座上刻有坐佛、立佛、菩萨、弟子等。龛内右壁从上到下刻四层四组造像：上层云座上刻二级小方塔一座、攒尖顶；二层、三层云座上刻立像各三身。下层刻动物两只。

21号龛为方形双层龛。外龛残。上口及后壁呈弧形。内容形式与20号龛基本相同。龛中心半圆雕八边形塔一座。八边形束腰塔座上有多层雕饰。仅存第一层高大的八边形塔身，其上为今人修补。塔身正面开一圆拱龛，内刻一坐佛。塔身转角刻四身像（残）。二层以上塔身（已毁）的背后有菩提树与塔相连至龛顶。后壁左右各刻两朵祥云座，座上刻佛、菩萨像多身。龛内左右壁上方有造像（残）。下方刻楼台亭阁相叠，中有造像。龛基前面左右分刻多身供养人像。20号龛、21号龛与大同夫子岩7号龛都是同一题材，为邛崃境内唐代摩崖造像中少见。

响水滩千佛岩唐代摩崖造像

岩鹰寺唐代摩崖造像

造像位于平乐镇花楸村（原下坝乡官田村）。现存唐代摩崖造像14龛。利用天然岩窟凹进面开凿。分布在长32米、宽20米、深10米的岩壁上。凹岩平顶敞口龛，计有"一佛二菩萨""净土变""西方三圣"等造像。"西方三圣龛"横长10米，高3.5米，深0.5米。"三圣"跏趺坐于莲台上，圆形头光。须弥座，座下为长方形素面台基。风化严重，后代有维修、妆彩。龛外刻方形十三级密檐塔和攒尖顶单级方塔。方塔塔身正面开圆拱龛，内刻一胡僧造像，当地民间俗称金和尚。该处造像保留有中晚唐临邛地区佛教造像风格。

岩鹰寺唐代摩崖造像

佛爷槽唐代摩崖造像

造像位于临邛镇磐陀村（原光华村），小地名佛爷槽。造像共计三龛，横向分布于长8米、高4米的岩壁上。敞口平顶龛。1号龛"西方三圣龛"，主尊头、手已被后代改刻。身着袒右肩袈裟，跏趺坐于莲台上，两手平托结印于腿上。火焰纹圆形身光、桃形头光。头光上一周刻有小佛十八尊。龛内左右两壁分刻观音、大势至二菩萨立像。头、手被改刻。胸挂璎珞，身着长裙。帛带绕臂下垂。观音左臂屈肘持物于头侧，右手下垂提净瓶而立。大势至屈右臂持物上举于头侧，左手下垂持物而立。正后壁多刻有小龛。

2号龛为方口浅龛。主尊已毁，为今人改刻。后壁刻六排小坐佛，残存三十六身，毁损风化严重。均身披袈裟，跏趺坐于莲座上。

3号龛为双层敞口方形龛，后壁存三尊造像跏趺坐于高座上，应是"西方三圣"题材。1号龛布局与磐陀寺1号龛相似。

小佛沟唐代摩崖造像

造像位于临邛镇元兴村。分布于石河堰近旁玉林寺长21米、高10米的半山岩壁上，小地名小佛沟。现存唐代摩崖造像三龛。敞口平顶、双层，外方内圆拱形龛，刻"西方三圣"和"一佛二菩萨二力士""弥勒"等造像，风化严重。

1号龛高1.7米，宽1.4米，深0.3米。刻"西方三圣"立像三尊。着天衣，挂璎珞，长裙曳地。脸形圆胖，体态丰腴。头上均有桃形头光。当代有修改妆彩。

2号龛高2.1米，宽1.6米，深0.45米，为"一佛二弟子二菩萨二力士"龛。二力士分立于龛口（残）。

3号龛位于崖下，为明代所刊。龛为尖拱形，闪刻弥勒坐像一尊。像高1.5米，座高0.5米。

小佛沟唐代摩崖造像

大佛沟唐代摩崖造像

造像位于临邛镇元兴村，与小佛沟相距约1公里，小地名大佛沟。呈东西向排列，分布在沟北面长70米、高13米的岩壁上。现存唐代摩崖造像十六龛，大多剥蚀风化严重。以双层方形平顶龛为主，内容多"一佛二菩萨二力士"。

2号龛外龛高2.07米，宽2米，龛深1.02米。主尊高0.8米，肩宽0.31米，座高0.66米。弟子像（头部已残）残高1.15米，座高0.17米。

4号龛为双层方形龛，外龛无存。内龛存右壁。敞口平顶、弧壁。内龛上口左右有弧角。内龛高1.1米，残宽1.1米，深0.66米。为"一佛二弟子二菩萨"龛。仅存一佛和右侧一菩萨。主尊结跏趺坐于束腰高莲台上。双手平置腿上（风化严重）。身后有桃形头光。右侧菩萨保存基本完整。头戴花冠，头部较大，脸型方圆，眉目清秀，厚唇，双下颏，大耳戴环，颈部有蚕纹。披帛从双肩下垂至脚。胸饰璎珞，两串璎珞相交于腹前。左手下垂提帛带，右手持物，屈肘上举。下着长裙，端庄大方，立于圆座上。圆座已风化。像高0.8米，座高0.18米。

5号龛为"一佛二弟子二菩萨二力士"，敞口方形平顶龛，弧壁。龛口有方形龛楣和龛柱。主尊位于龛后壁中央,头、手残损。头后有桃形背光。左手残,右手扶膝,身披袈裟,结跏趺坐于高莲圆座上,座上覆布。后壁转角处分刻二弟子。头部残。身着袈裟,双手合十于胸前,立于座上(已风化)。龛内左右两壁近龛口分刻二菩萨。菩萨头顶挽髻、戴花冠。脸型圆润,五官端庄慈祥(有风化)。胸饰璎珞,帛带绕臂垂于体侧。长裙贴腿,微鼓腹,体形略显修长。立于覆莲座上。左侧菩萨右臂屈举向上,左手提净瓶。右侧菩萨屈肘举左手向上(残),右手垂于体侧(残)。外龛柱正面分刻二力士。左侧力士面部残。裸上身,帛带绕臂,下着三叉战裙,左手提帛带,右手举金刚杵,立于山石座上(风化严重)。右侧力士头戴三叶冠,头略扭向左,怒目张口。裸上身,下系三叉战裙,裙腰外翻,小腿以下残。左手斜伸于腹右侧,右臂侧向右上伸举。帛带绕臂从身后呈环状和波浪纹飘垂于体侧。造像均为后世改刻妆彩。

2013年9月,成都市人民政府批准公布为成都市文物保护单位。

3号至5号龛造像

佛爷山唐代摩崖造像

佛爷山摩崖造像位于孔明乡太阳社区。造像刊于大岩石上，坐东向西，敞口拱顶龛，高4.2米，宽3.8米，深0.7米。龛后壁并排刻"一佛二弟子二菩萨"立像。主尊头大、高髻、圆脸、大耳，身披袒右肩袈裟，腰系长裙。右臂屈肘上举结印，左手下垂。佛、菩萨、弟子身后均有桃形背光。造像头、手、衣纹均经当代改刻妆彩。

龛外左壁有唐代题刻："大唐癸丑年六月"。考，唐代共五个癸丑纪年，分别

佛爷山唐代摩崖造像

为公元653年、713年、773年、833年和893年。第三个癸丑纪年即唐代大历八年公元773年，第四个癸丑纪年即唐代大和七年公元833年。据现有考古资料，邛崃唐代佛教摩崖造像纪年较晚的为磐陀寺元和十五年，即公元820年，属于邛崃较大规模唐代摩崖造像群。故推断该造像可能稍晚于磐陀寺14年，其癸丑应为唐文宗大和七年，即公元833年。对此，尚有待进一步考证。

石佛子唐代摩崖造像

造像位于油榨乡马岩村，横向分布于文井江南岸长5米、高3米的岩壁上。坐东南向西北，共计12龛100余尊。多为方形平顶龛，内容为"一佛二菩萨""观音经变""千佛"等。其中"一佛二菩萨"主尊跏趺坐于莲台上，左右文殊、普贤

石佛子唐代摩崖造像

骑青狮、白象，与主尊呈一字并排。佛像多为今人改刻、整妆。佛座、力士、狮、象之类，原貌犹存。

石佛爷唐代摩崖造像

造像位于油榨乡马岩村，横向刊于石佛爷山西北长3米、高4米的岩壁上。坐东南向西北，共5龛。外方内圆拱双层龛和拱形龛两种。5号龛为"一佛二菩萨二弟子二力士"，余皆风化不清。

邛崃民间俗称摩崖佛像为"佛爷""大佛爷""佛儿子""小佛儿子"，故而地名常见"佛爷山""佛爷槽""佛儿子沟""佛儿湾"等，是佛教造像与民俗文化相融合的一种现象。

石佛爷唐代摩崖造像

长虹明代摩崖造像

造像位于天台山镇马坪村（原长虹村），在山路边高5米、宽3.9米的岩壁上开六龛。6号龛为品字形龛，刻"无量寿"，一龛三尊。主尊无量寿佛头上有螺髻，长圆脸，大耳，身披袈裟，胸前束带，下系长裙，赤脚立于莲台上。左手屈肘于胸前握念珠，右手自然下垂，掌心向外，施接引印。像高2.43米，肩宽0.88米。下面左右分刻二力士，扭腰，面向主尊。像高1.49米，肩宽0.49米。龛左右两侧共有摩崖碑刻五通，字多风化。题刻有"明崇祯二年"（公元1629年）款。

长虹明代摩崖造像

大佛寺明代摩崖造像

造像位于天台山镇杨田村，共5龛。分布于宽7.7米、高4.7米的不规则岩壁上。坐北向南，呈东西向排列。1号龛为不规则圆拱形龛，高4.3米，宽约2米，刻弥勒坐像一尊。弥勒倚坐于方座上。鹅蛋形脸，螺髻，两耳垂肩，面相慈祥。身披双领裂袈裟、内着僧祇支，胸下束带，两脚踏莲座。左手扶膝，右手屈肘上举结印。圆形身光、头光。后世改刻妆彩，仍保留明代造像风貌。其余小龛均改刻妆彩。

大佛寺明代摩崖造像

猴石梯明代摩崖造像

造像位于道佐乡寨沟村（原凤鸣村）。因此段山道为陡峭崖壁上的百步石梯，故小地名叫猴石梯。其石刻造像当地民间称之为普陀山大佛，开凿于明代晚期至清代，清光绪十二年（公元1886年）维修妆彩。造像分布于石梯旁北面崖壁上，分为两个点，共九龛。1号龛、2号龛位于梯道上山转角处，呈上下两龛排列。1号龛

猴石梯明代摩崖造像

为方口平顶浅龛，龛楣伸出，有龛柱。浮雕武财神赵公明，造像头、手局部毁损。上身穿甲胄，外披宽袖长袍，腰间束带，帛带绕臂在身后呈环状，骑虎背。左手改刻，右手握剑（鞭）向右侧上举。2号龛位于1号龛下方，方口平顶浅龛，龛楣伸出，浮雕文官像一身坐于帐内（寓意禄），头戴明式文官帽，腰间束带，两手扶膝。3号龛位于2号龛北4米处，平顶长方形龛。龛楣伸出，有龛柱。龛高1.4米，宽0.77米，深0.22米。造大肚

7~9号龛造像分别为文昌、伏羲、孙悟空

弥勒坐像一尊。圆脸，光头，两耳垂肩，右手握念珠于膝上。衣纹线条简洁流畅，有明代风格。像高1.05米，肩宽0.75米，深0.22米。

4号龛至9号龛位于3号龛东北约40米处。分上下两层，每层三龛并排刊于岩壁上。上层三龛均为敞口弧拱形浅龛。4号龛刻文殊，手持如意坐于青狮背上的莲座上。左右各刻一童子立于云座上。拱龛龛楣阴刻楷书"人文"二字。龛门左右阴刻一联。5号龛刻观音，坐于莲座上。左右各刻一童子立于旁。拱龛龛楣阴刻楷书"普陀山"。龛门左右阴刻一联。6号龛刻普贤，坐于白象背上的莲座上。左右各刻一童子立于云座上。拱龛龛楣阴刻楷书"善发"。龛门左右阴刻一联。

下层三龛为并排敞口方形浅龛。7号龛高1米，宽0.55米；8号龛宽0.65米；9号龛高1.2米，宽0.7米。三龛造像分别为文昌、伏羲、孙悟空。每龛之间有间柱，柱上阴刻二联。文昌头戴儒冠、着袍、束带而坐，左手托书卷，右手放膝上。伏羲头戴树叶冠，肩披树叶，袒腹，腰束树叶裙，赤脚坐于方座上，双手各持一物放于膝上。孙悟空面作猴像，额束金箍，身穿窄袖衣，外着背心，下系腰裙。左手握仙桃于腹前，右手持金箍棒侧上举，帛带绕臂，跷右脚而坐。9号龛形制、造像和对联书体均不同于7号、8号龛，其时代略晚于7号、8号龛，应为晚清造像。该造像当代均有改

181

刻彩绘。龛外搭有石柱廊。石梁上有勘舆术语，中间刻太极阴阳鱼。龛西侧有清同治癸亥二年（公元1863年）纪事碑一通，记载了修建上山石梯道的原由和捐资人姓名。

钻子岩清代摩崖造像

造像位于天台山镇马坪村。不规则排列于路北岩面，共4龛，均为敞口浅底小龛。造像内容为儒释道民俗信仰。2号龛为横长方形碑刻，横长2.5米，高1.1米。碑上阴刻草书，字迹漫漶不清。1号龛为

钻子岩清代摩崖造像

花瓣形龛，弧壁，高0.56米，宽0.38米。内刻送子观音一尊。观音头顶有髻，鹅蛋形脸。内着双领下垂衫，肩有帔帛。下系长裙，胸前束带。半跏坐于仰覆莲台上。盘左腿，侧竖右腿。左手抱一童子坐于左脚上。右手扶膝。龛左右内壁上方刻有纹饰。3号龛方形、弧壁，左右上角为花口。高0.36米，宽0.31米。内刻一文官坐于方座上。文官头戴椅座式乌纱帽，两帽耳短方。身着朝服，宽袍大袖。腰束玉带，脚蹬朝靴。左手扶膝，右手斜抱朝笏。4号龛龛形与3号龛同。高0.54米，宽0.38米。内刻孙悟空一尊。孙悟空头戴圆顶僧帽。猴脸：圆眼、尖鼻、拱嘴、竖耳。上身穿交领窄袖衫，下着长裤，外系腰裙，脚打绑腿，穿靴子，帛带绕臂在身后呈环状飘飞。左臂残，右臂斜向右上伸直，手握金箍棒。下身微蹲，左脚向左下斜蹬，右腿向上弯曲成弓箭步。脚下踏云朵。身背侧刻有祥云。造像年代大约为明代晚期至清代早期。

邛崃天台山镇马坪村观音桥、大丫口、宗胜寺、平乐花楸村三义庙以及境内白鹤仙人洞旁、水口杨纸坊等地还存有少量唐代和明清时期摩崖造像。因严重风化或经由当代村民改刻，原貌无存，故未收录。

附录：石窟造像名录

石笋山唐代摩崖造像

1号龛"一佛二菩萨"（残痕）
2号龛"一佛二菩萨二弟子二力士"（残痕）
3号龛"（千手）观音经变"
4号龛"西方净土变"
5号龛"一佛二菩萨二弟子二力士和天龙八部"
6号龛"西方净土变"
7号龛"一佛二菩萨二弟子二力士和天龙八部"
8号龛"（千手）观音经变"
9号龛"三佛八菩萨二弟子二力士和天龙八部"
10号龛"一佛"（残）
11号龛"一佛二菩萨二弟子"（残）
12号龛"一佛二菩萨二弟子和天龙八部（四身）"
13号龛"一佛二菩萨二弟子"
14号龛"弥勒大像"
15号龛"一佛二菩萨"（残痕）
16号龛"一佛二菩萨二弟子"
17号龛"一佛二菩萨"（残）
18号龛"一佛二菩萨二弟子"（残痕）
19号龛"二佛二菩萨"（残痕）
20号龛"维摩辩经"（"文殊问疾"）
21号龛"童子拜观音"（"供养女童"）
22号龛"五十三佛"
23号龛"一佛二菩萨二弟子二力士"
24号龛"一佛二菩萨二弟子二天人二力士和天龙八部"
25号龛"一佛二菩萨二弟子二力士"（残）
26号龛"菩提瑞像"（大龛）
27号龛"毗沙门天王"
28号龛"一佛二菩萨二弟子二力士"（大龛）
29号龛"天王"

30号龛"一菩萨"
31号龛"一菩萨"
32号龛"一佛二菩萨二弟子二力士"
33号龛"禅窟"("僧房窟")

花置寺唐代摩崖造像
1号龛"一佛二菩萨二弟子"
2号龛"毗沙门天王"
3号龛"五十三佛"
4号龛"二菩萨"
5号龛"千佛"
6号龛"千佛"
7号龛"阿弥陀"(大佛)
8号龛"五十三佛"
9号龛"西方三圣"
10号龛"毗沙门天王"
11号龛"西方净土变"(龛门刻"十六观想")
12号龛"(千手)观音经变"
13号龛"西方三圣"(龛门刻"十六观想")

磐陀寺唐代摩崖造像
1号龛"西方三圣"
2号龛"千佛"
3号龛"西方净土变"
4号龛 摩崖碑刻(明碑)
5号龛 未定名(密宗)
6号龛 未完工

鹤林寺唐代摩崖造像
第一区
1号龛"降魔成道"
2号龛"七佛二菩萨"

3号龛 "一佛二菩萨二弟子"

4号龛 "一佛二力士"（残）

5号龛 "一佛二菩萨二弟子和天龙八部"

6号龛 残

7号龛 "一佛二菩萨二弟子二力士"（残）

第二区

1号龛 "西方三圣"（残）

2号龛 "（千手）观音经变"

3号龛 "一佛二菩萨二弟子二力士"（残）

4号龛 "一佛二菩萨二弟子二力士二天王"（残）

5号龛 "一佛二菩萨二弟子二力士"

6号龛 "一佛二菩萨二弟子二力士"

7号龛 "三佛"

8号龛 未完工

9号龛 "一佛二菩萨二弟子二力士"（残）

10号龛 "一佛二菩萨二弟子二天王"（残）

11号龛 "千佛"（残痕）

第三区

1号龛 "一佛二菩萨二弟子二力士"

2号龛 "一佛二菩萨二弟子二力士"

3号龛 "一佛二菩萨"（残）

4号龛 "一佛二菩萨二弟子二力士和天龙八部"

5号龛 "一佛二菩萨二弟子二力士"（大型残龛）

6号龛 "西方净土变"（残）

7号龛 未完工龛

8号龛 "五十三佛"

9号龛 "五十三佛"（残痕）

10号龛 "一佛二菩萨二弟子二力士、天龙八部"

11号龛 "一佛二菩萨二弟子二力士"

12号龛 "一佛二菩萨二弟子二力士"

13号龛 "一佛二菩萨二弟子和天龙八部"（残痕）

14号龛 "一佛二菩萨"（残痕）

15号龛 残龛
16号龛 "一佛"（残痕）
17号龛 残像一尊
18号龛 残像一尊

第四区（塔，略）

第五区

1. 点易洞：残龛共9龛，无像，偶见残痕。
2. 玉兔石：残存9龛。仅有3龛可见造像残痕，余龛内造像多无存。

天宫寺唐代摩崖造像

第一区

1号龛 "一佛二菩萨二弟子二力士"（残）
2号龛 "一佛二菩萨二弟子二力士"（残）
3号龛 "一佛二菩萨二弟子二力士"（残）
4号龛 "二佛四菩萨四弟子四力士（双塔）"
5号龛 "西方净土变（双塔）"（残）
6号龛 "一佛二菩萨二弟子二力士"（残）
7号龛 "一佛二菩萨二弟子二力士"（残）
8号龛 "一佛二菩萨二弟子二力士"（残）
9号龛 "一佛二菩萨二弟子二力士（双塔）"（残）
10号龛 "一佛二菩萨二弟子二力士"（残）
11号龛 "一佛二菩萨二弟子二力士"（残）
12号龛 "一佛二菩萨二弟子二力士（双塔）"（残）
13号龛 "中心塔二佛四菩萨四弟子四力士"（残）
14号龛 "双塔"（右塔未完工）

第二区

15号龛 "一佛二菩萨二弟子"（残痕）
16号龛 "一佛二菩萨二弟子二力士"（残痕）
17号龛 "一佛二菩萨二弟子二力士"（残痕）
18号龛 "七佛（十三身）"（残痕）
19号龛 "一佛"（残）
20号龛 "一佛二菩萨二弟子二力士"

21号龛"一佛二菩萨二弟子二力士"

22号龛"一佛二菩萨"（残痕）

23号龛"一佛二菩萨"（残痕）

24号龛"二佛"（残）

25号龛"一佛"（残痕）

26号龛"一佛二菩萨"（残）

27号龛"三佛二菩萨二弟子二力士"（残）

28号龛"经幢"

29号龛"纪事碑"（风化）

第三区

30号龛"一佛二菩萨"

31号龛"一佛二菩萨二弟子二力士和天龙八部"（残）

32号龛"双观音"

33号龛"一佛二菩萨"（残）

33-2号龛"三佛"（残）

33-3号龛 残（今人改刻）

34号龛"弥勒大像"

35号龛"二佛"（残）

36号龛"一佛"（残）

37号龛"一佛"（残）

38号龛"一佛"（残）

39号龛"地藏观音"（残）

40号龛"一佛二菩萨二弟子二力士"（龛基十二身像）

41号龛"一佛二菩萨"（残）

42号龛 残龛（残痕二身）

43号龛"一佛二菩萨二弟子二力士二天王和天龙八部"（残）

44号龛"一佛二菩萨二弟子二力士二天王和天龙八部"（残）

45号龛"清乾隆碑刻"（风化）

46号龛"文殊问疾"

47号龛"二佛二菩萨"（残）

48号龛"五十三佛"

49号龛"一佛二菩萨二力士和天龙八部"（残）

50号龛 "一佛二菩萨二力士和天龙八部"（残）
51号龛 "一佛二菩萨二力士"（残）
52号龛 "一佛二菩萨二弟子"
53号龛 "一佛二菩萨二弟子二力士和天龙八部"
54号龛 圆拱形空龛
55号龛 "二菩萨"（残）

第四区

56号龛 "一佛二菩萨二弟子二力士"（残）
57号龛 "七佛莲花生"
57-2号龛 残，三身像
57-3号龛 残，四身像
58号龛 残
59号龛 "七佛"（残）
60号龛 "一佛二菩萨二弟子"（残）
61号龛 "一佛二菩萨二弟子"（残）
62号龛 "一佛二菩萨二弟子"（残）
63号龛 残，三身像
64号龛 "二菩萨一塔一经幢"
65号龛 "一佛二菩萨二弟子二力士"
66号龛 "一佛四菩萨二力士"
67号龛 "一佛二菩萨二弟子二力士"
68号龛 "一佛二菩萨二弟子二力士"
69号龛 "一佛二菩萨"（残痕）
70号龛 "一佛二菩萨二弟子二力士"
71号龛 "天王、力士"（残）
72号龛 残，四身像
73号龛 "一佛二菩萨二弟子二力士"（残）
74号龛 "文殊问疾"（"维摩辩经"）

古建

民 居

　　邛崃地处川西成都平原西陲。其地形大体可以临邛城为中心划分，东面、北面和东北面为平坝区，东南面间有浅丘，西面、西北面过邛江河（西河），南面、西南面过南河即进入丘陵和山区，形成山、丘、坝各三分之一的地形特点。东接新津、彭山，南连蒲江，西、西南靠雅安、芦山、名山，北临大邑。受其地理位置、气候环境、民风民俗各有差异的影响，其建筑形态总体上虽然是川西民居，但坝区和山区也略有不同。此外，城镇经济繁荣区与山乡相对贫困区也存在一定差别。

邛崃民居总的特点是川西民居的大出檐、小天井、小青瓦（冷摊瓦），以穿斗式木结构为主。山区也有部分木石结构、土木结构、砖木石结构。出檐宽大，可以有效遮蔽风雨和烈日。宽檐下多做成檐廊，形成一个休息和晾晒东西的多用途空间。屋面一般多做成悬山式或歇山式，水势较平缓，有举折（俗称裙包水）。屋面小青瓦（旧时多麦草、蓑草）具有较好的透气性。小天井有效解决采光、空气流通和地表水汇排等问题，也可作休息、儿童玩耍、小聚会和晾晒东西之用。其建筑布局无论四合院、三合院，或L形枷担弯、一字扁担形，都具有外封闭、内开敞的特点。外封闭式一般采用建筑外墙、围墙（含篱笆墙、围栏）闭合成一个相对安全的私密空间。邛崃西南山区部分院落除采用建筑和围墙围合外，还在院内转角处等适当位置修建具有防御功能的碉楼以增强安全性。内开敞式则是通过院落大门或围墙龙门子进入院内，能感受到天井、廊檐下空间的宽敞。L形、一字形农房也多用围墙围合，中间留出宽敞的院坝，是其特点。

邛崃民居院落普遍讲究中轴线排列，但龙门子则依地势或按风水朝向，不一定在中轴线上。另外，由于地势等原因，中轴线两侧布局也可能不完全对称，充分体现了邛崃民居布局的灵活性。

邛崃民居由于山、丘、坝地理环境的不同，其建筑布局随形就势，灵活多变，开合有致，多以小巧取胜。在山区和河边，随弯就弯，随地形自由伸展。多采用附岩、垒坎、悬挑、架空、吊脚等建筑方法。在坡坎一面做吊脚，或在临水一面做吊脚（当地叫虚脚楼）都很普遍。就地取材，木、石、土、砖、竹并用是其特色。建筑木作、泥作工简不一。精工者，其门窗、槅扇、天花、挂落、挑枋、柁峰（搁基）、撑弓、吊柱、柱础、门墩、踏脚、檐脊多有雕花装饰，以人物故事、福寿图案、吉祥花鸟、琴棋书画以及几何纹样为主。门窗多雕花镂空，以宜通风采光。简略者，因陋就简，朴实大方，讲究实用性，其木作、泥作少有雕饰。

城镇街区则利用连排木构建筑组成多变空间。其建筑布局也因用途和地理环境不同分作上居下店、前店后居、前店后厂、前店后厂侧居，或是前堂后寝、前寝后堂，或与侧院花园交连，不一而足。

民国时期邛崃民居建筑多有吸收西洋建筑元素，同川西民居木结构建筑相融合成大屋檐、青砖墙、青砖柱、柱头白灰标花、方格西式玻璃窗、冲天式砖门楼等特点。

邛崃境内保存较好的古民居大多是清代至民国初期修建的。由于年代久远和其他各种原因，大多残损不全。从这些残存的各时期民居中，大致可以了解邛崃古代民居的概貌。

另外，在建筑构件上，清代邛州民居将抬梁结构常使用的柁峰（柁墩、驼峰，邛崃地方俗称搁基）多用于穿斗式排列结构挑檐的挑枋之上，形式多样，图案、纹饰繁复，雕刻精美，是其特点。这类做法，梁思成先生将其列为隔架。只因与其他地方建筑上柁峰使用的位置略有不同。本章节按邛崃的地方习惯，仍称其为搁基、柁峰。

临邛镇文庙街210号宁宅

临邛宁宅（清）

宁宅位于临邛镇文君井社区文庙街北侧210号。宁宅是清代皇家贵族子弟学校咸安宫教习宁缃（邛崃人）的私宅，称奉政大夫第，俗称宁家大院、宁宅。坐北向南，单檐砖木结构建筑。始建于清光绪三十年（公元1904年）。总体平面布局呈两进日字形四合院。计有大小天井九个、厅堂七间、卧室十五间、堂屋二间、敞廊十一间、厨房四间、厕所四间；家学书馆一幢三间（已拆毁）。大门一扇、腰门一扇、照壁一通。占地面积1360平方米，建筑面积1190平方米。

宅院大门不在建筑中轴线上，而开在宅院建筑正面的东角，即宅院正前面的左侧边，面临文庙街街面。单檐悬山式门楼，面阔3.3米。双挑坐墩挑出门檐，檐下天花挂落，挑头火珠吊柱，小青瓦屋面。旧有"奉政大夫第"门匾。大门内做落井，安装四扇落井门。左侧置门房一间。大门外用空斗砖砌围墙，上部砌十字形梅花洞。洞上砖砌叠涩出短檐，覆筒瓦。筒瓦之上又做合掌瓦窗。整个宅院皆用此法筑成围墙围合。大门右侧（西）临街为观过楼，是利用外围墙与前客厅房屋之间空间做成

客厅前面的大天井

的夹道和挑楼。楼上装木花窗十四扇,可凭窗临街眺望。

　　大门后为方形小天井。天井正面为砖砌照壁一通。照壁左右各开一小门,左(东)门名为厮道,供族人进出;右(西)门名为遇园,供宾客出入。东侧木门上阴刻"眼前是道,身后有余"八个字。天井、照壁左(东)侧是围墙,右(西)侧则是前客厅一幢,坐南向北,面阔三间10.2米,进深5.7米。单檐悬山式穿斗抬梁结构,十架梁,用二柱四穿一抬梁。正脊为北方民居多使用的双脊檩并排券顶式,而不是川西民居常见的单脊檩人字顶。小青瓦屋面,灰做券顶式过山垂脊。墙上部为篱夹壁。前厅左右各做花窗十二扇,正面(北)做花窗二十扇。门匾题"霝芎草堂"。厅前(北)为大天井,长9米,宽8.1米,俗称前天井。厅西侧为家学书馆一幢三间,1994年城建扩街时被拆毁。

　　进照壁西遇园门为廊道,木质护栏。廊道左(东)面为一个小天井,右(西)面即客厅前面大天井。大天井北为中厅。中厅面阔三间9米,进深6米。当心间为过厅,过厅中安置两重(道)门槛(门坎),每道装八扇雕花槅扇门。中厅为单檐悬山式穿斗木结构,九架梁,用六柱五穿。中厅左右为居室。中厅檩上有"花翎同知府首任直隶丰润县知县""大清光绪三十一年四月十九日吉时上梁"题记(光绪三十一年,公元1905年)。

门窗

中厅之后为长方形后天井。后天井北面为正厅祖堂。单檐悬山式穿斗木结构，面阔三间9米，进深7米。九架梁，用五柱四穿。小青瓦屋面。正厅当心间有八扇雕花槅扇门，门匾题"寿考堂"，为供奉宁氏先祖之地。前厅、中厅、后（正）厅位于同一中轴线上。左右布局基本对称。

中厅东西两侧为小天井、阁、居室、主人厨房、客房和门房、厕所。后天井东厢房为居室、饭厅，西厢房为粮仓。正厅祖堂东转角又开天井、置榭、私厕。西转角有小天井、佣人厨房和水井一口。水井红

廊道

195

砂石井圈,井台高0.6米,三步石阶。井口上立石柱两根,用作杠杆取水或辘轳取水。厢房及阁、榭一类均为穿斗木结构、小青瓦屋面建筑。墙体上部为篱夹壁粉白印花,中、下部木装板、木墙裙、木雕花门窗。花窗纹饰多方格什锦,比较简洁、通透。红砂条石勒脚。地脚枋下设排潮通风"卍"字孔。木地板、木楼板,通风防潮。红砂石柱础雕花。天井、过道、阶檐均由石板、条石铺筑。小青瓦屋面出檐较短,

左(东)门名为"厮道",供族人进出

单檐悬山式穿斗木结构

瓦脊、中堆有灰塑或彩绘太极阴阳鱼、八卦图。

据宁氏后人称，其建筑蓝本系宁缃从京城带回，原系某王府之一部。经由宁缃长子宁琴伯主持施工时，取南北方民居建筑之长，结合川西传统民居特点综合而成。依南北中轴线对称布局，主体建筑均位于中轴线之上，在平面布局上形成两进日字形四合院。采光、透气、排湿、防潮、防火（太平缸、水池）、防涝（天井明、暗沟），围合安全，适度布局腰门、廊道和别院，种植树木花草，使之既私密又开敞舒适，是四川西部晚清时期独具特色的宅第之一。

1985年7月，成都市人民政府批准公布为成都市文物保护单位。

临邛林家大院（清）

林家大院位于临邛镇文君井社区文庙街上段北侧10号～19号。始建于清末，为林氏祖宅的奉政大夫第，俗称林家院子、林家大院或林家大龙门子。原为两个大四合院，大门及前院部分于1994年城市建设扩街时拆毁，残存两个后院部分建筑。

现存后院并排两座三合院，按其位置编号为A、B两幢。

A幢建筑坐北向南，其东（左）面为B幢建筑，西（右）面靠近南街。现存正房一幢，耳房两间。正房面阔五间15米，进深9米。一楼一底，重檐悬山式穿斗木结构建筑，通高9.4米，九架梁，用六柱。前双步廊。腰檐四椽一柱（廊柱），檐下为廊。檐廊顶棚为弓形券拱顶，髹漆。小青瓦屋面、砖脊灰塑。楼上铺木楼板。回字纹横排卧式连通木窗。墙体上部为篱夹壁，中下部为木墙板、木墙裙。细直棂条格、细方格木窗。双扇木板门。木地板。条石勒脚，勒脚上刻古钱纹透气孔。红砂石柱础。两梢间相对，接耳房一间，面阔3米，进深3米。正房与耳房之间有一条1.2米宽的通道。木门窗、木墙裙。山墙、背墙和墙体上部为篱夹壁。五架梁，用三柱三穿。小青瓦屋面。

正房后面2.5米处并排单檐悬山式平房一幢，面阔三间9米，进深3米，通高5.5米。五架梁，用三柱三穿。小青瓦屋面、瓦脊。

B幢建筑位于A幢建筑左（东）侧稍偏北，与A幢建筑相并排。建筑式样、尺度与A幢建筑相近。

B幢建筑坐北向南,现存正房一幢,耳房左右各三间。单檐悬山式,一楼一底,穿斗式木结构建筑。面阔五间15米,进深9.4米,通高7.4米。十一架梁,用六柱四穿,前双步廊。前廊挑枋上置雕花木柁峰,荷叶形,圆光中浮雕寿字纹。楼上铺木楼板。"卍"字纹大方窗。篱夹壁。楼下雕花木门窗,多细方格、直棂长条格。木裙板,石勒脚,木地板。石板铺阶檐。小青瓦屋面,水分平缓,中段微弧,有举折翘水。檐口做滴水瓦。

正房前两梢间相对,接耳房,左右各三间,面阔7.2米,进深一间3米。小青瓦屋面。正房与耳房之间有通道,宽1.2米。

红砂石柱础,多为上扁鼓形、刻乳钉纹,下覆钟形、方底和上扁鼓形、下六棱柱形、方底。建筑装饰简洁大方。

附《清授奉政大夫甸侯老先生像赞》:"懿铄林公,德信可风。温温其度,蔼蔼其容。年逾八十,五品荣封。遗留玉照,永祀荣隆。"前清文学博士铨选教谕李铭拜题。

林家大院的廊檐和天井

临邛周大院子（清）

周大院子位于临邛镇铁花社区,天庆街南侧铁花巷10-4号。周氏祖宅,俗称周家大院或周大院子,始建于清代。

院子坐北向南,平面由两进院落构成日字形大四合院。东西宽27米,南北长44米。占地面积约1200平方米,建筑面积约980平方米。该四合院建筑采用长条形纵深布局。单檐悬山式穿斗木结构,小青瓦屋面。其大门(龙门子)不在中轴线上,而选择开在前院左侧,即院落东南。

大门门厅呈西—东向,面阔3米,进深四间4.6米。高门槛,前后双扇大木门。两组穿斗排列,五架梁,用五柱三穿。单檐悬山式,小青瓦屋面。门厅内正对前院大天井。大门内右(南)侧为前院前厅。门厅左右接厢房四间。

前厅面阔三间11米,进深4.2米,通高6米,单檐悬山式穿斗结构。九架梁,用五柱三穿,前单步廊。前厅东侧有大转角一间。

一进西厢房位于天井西面,与大门门厅厢房相对。面阔五间17.5米,进深6.8米,通高6米,单檐悬山式穿斗木结构,九架梁,用五柱。当心间和两次间前双步廊,前墙后退一步。两梢间前墙凸出一步,中间为前廊,平面呈凹字形，当心间为敞厅。墙体上部为篱夹壁粉白印花，下部为木装板、木墙裙。额枋上做回字纹通栏式护窗或细方格拐子中心套大方孔格眼方窗。正立面每间做六扇镂空灯笼框子什锦木花窗，木裙板，木地板。雕花石础，条石勒脚做古钱纹透气孔。小青瓦屋面、瓦脊。厢房南梢间做小阁楼两间，木梯上下。其南墙临街巷。楼上南面每间做连排镂空花工字灯笼框子什锦条窗六扇，共十二扇。

中厅（过厅）位于前天井以北。面阔三间14米，进深二间3.7米，通高5.4米。七架梁，用三柱三穿。单檐悬山式小青瓦屋面。过厅右（西）侧，于前后院西厢房交接处开侧门一道。在两幢厢房之间依外角柱砖砌门墙，圆拱形门洞，扇形门套。门楣以下、扇形门套以上墙面彩绘如意纹、方形双箭纹，墨线填彩、晕染。门柱填朱砂红色。砖砌叠涩挑出门楣，灰塑万不断纹饰。以上做匾额，有彩绘，匾心字迹已毁。

中过厅以北为二进院落大天井。天井呈正方形，边长12米。天井以北为后（正）厅。前厅、中厅和后厅在同一轴线上。正厅面阔五间21.7米，进深四间9.3米，通高7米。十一架梁，用六柱四穿。中间三间前双步廊，左右两梢间前墙前凸一步，平面呈凹字形。后院有东、西厢房各三间，面阔11米，进深6米，通高5.3米。九架梁，用五柱三穿，前步廊。东、西两厢房在当心间门外廊檐下做木质花格廊屏，俗称厢笆子，宽一间（连接当心间两根廊柱），高3米。横分三格，上部装六扇花条窗；中间两扇小方格条窗，左右各两扇灯笼框子什锦雕花窗，四扇雕花窗式样、花式相同。下部为木装板。廊屏（厢笆子）用以屏蔽天井两对门隐私，兼有风水学防止对冲之理，设计精巧。

建筑全部采用小青瓦屋面，瓦脊，做中堆宝鼎。墙体上部为篱夹壁，中、下部为木板墙、木墙裙。木门（板门、雕花门），木花窗。花窗式样多种，有条窗、方窗、连排横式卧窗。图案花式多样，有浮雕人物（窗心），什锦窗有花卉图案组合式，有几何纹方格、"回"字、"卍"字组合式，有四方、八方连续组合式，有大小方格中镶嵌小图案式样什锦构件雕刻拼接式，十分丰富。木窗组合多变。一间三扇窗其组合方式多为A—B—A，即中间一扇（或两扇）为一种花式，两边各一扇（或两扇）同为另一种花式。其特色颇为鲜明。

前廊挑枋上置木雕柁峰（搁基），其形式、图案多种多样。石础式样多种。其中有一类红砂石础，底脚为四方形几案，兽腿，几案上覆布下垂，案上刻六边形础身，每面阳刻"亞"字形开光，上口做瓦口线，之上束腰，束腰处阳刻花鸟。束腰之上刻扁鼓。扁鼓下部阳刻双重花瓣，上部阳刻"万不断"纹饰。这在邛崃民居中较为少见。天井地面、阶檐用条石、石板铺筑。天井高朗，廊檐宽大。石砌勒脚，勒脚上刻古钱纹通风孔以利室内木地板通风防潮。前院石砌太平缸一个。整个大院布局、结构、做工都极富地方特色，是邛崃现存清代民居经典之一。

临邛周宅（清）

周宅位于临邛镇花园社区天庆街北侧92号。周氏祖宅，俗称周家院子。始建于清代。坐西北向东南，单檐悬凵式穿斗木结构四合院。大门独立于四合院东北角，呈坐西向东斜角开门，与四合院主体建筑不在同一中轴线上，是邛崃民居建筑龙门子朝向讲究风水的例证。大门（龙门子）面阔一间3米，进深2.6米，通高4.8米。门柱前后共六根。穿斗式木结构。前檐下双挑坐墩，装饰花牙、吊柱。双扇木门。覆钟形石柱础。小青瓦屋面，

临邛周宅大门

瓦脊。大门左右两侧连接围墙，四面围合。

大门内为长三角形前天井。大门内右(南)侧为厨房杂物间一幢两间。

四合院以后天井为中心，由前厅、后厅以及左右厢房组成。面阔五间21.2米，纵深长20.2米。平面略呈正方形。左右厢房局部有改建，但布局基本完整。

院落前厅面阔五间21.2米，进深4.2米。当心间为门厅（过厅）。十二扇雕花槅扇门。前厅后（西北）面为长方形天井，长7.5米，宽5米。天井对面为后厅（正厅），面阔三间10.8米，进深三间6.3米。前步廊。正厅房左右各有转角房一间。天井左右两侧为厢房，面阔三间8.3米，进深3.5米。厢房当心间立外廊柱两根做成木屏风廊屏，俗称厢笆子。

院落建筑均为单檐悬山式穿斗木结构。外檐廊均为双挑坐墩，有雕饰。吊柱上镂空花斗、刻火珠。墙体上部为篱夹壁，中、下部为木墙板、木墙裙。木制花窗多采用连排式条窗、冰纹花格、中心套方形镜框花式。红砂石雕柱础。小青瓦屋面、瓦脊。天井、阶檐铺石板。天井宽大是其特点。

临邛周宅天井

临邛东街何家大院（清）

何家大院位于临邛镇文昌宫社区东街下段北侧267号。何氏祖宅，故名。始建于清代。

大院为单檐悬山式穿斗木结构四合院，坐东北向西南。以天井为中心布局，平面略呈长方形。占地面积816平方米，建筑面积705平方米。前厅面阔七间25.6米，进深6.4米，通高6.7米。前厅七架梁，用六柱四穿，后单步廊。前厅明间为过厅。过厅前后门。前双扇木板大门，后槅扇门。门两侧有半窗式雕花槅扇门各一扇。上半镂空雕花窗，窗心为钟磬式镂空花。下半木装板，浮雕麻姑献寿。两槅扇门之间，上部做镂空花天宫罩。门楣枋之上做横连排"卍"字纹花格护窗。门厅左右两次间做大方窗，三层方框套叠，由雕花什锦小构件组合而成。墙上部为篱夹壁，下部为木墙裙。门厅内为大天井，天井之后为正（后）厅。正厅面阔七间25.6米，进深8.4米，通高7.4米。十一架梁，用五柱五穿。前双步廊。前廊挑枋上置木雕搁基（柁峰）。天井两侧（东、西）厢房各三间，面阔11米，进深6.7米，通高5.2米。

院内建筑做雕花门和木板门。木窗多大型方窗，方格花加小雕花什锦构件组合。部分条窗为灯笼框子什锦雕花窗。木裙板。部分门边裙板有浮雕图案。门枋之上墙体多采用篦夹壁,开几何纹大花格护窗。石础和石勒脚刻花简约。小青瓦屋面。檐脊和中堆宝鼎灰塑,做工讲究。室内部分童柱下端有雕花。

东街何家大院建筑局部

临邛花园巷何宅（清）

何宅位于临邛镇花园社区花园街10号。何氏私宅。始建于清代。原为大三合院建筑，今仅存正房三间，保存较为完好。坐北向南，单檐悬山式木结构建筑。面阔三间12.5米，进深6.8米，通高6米。七架梁，用五柱，前步廊。穿斗式结构，小青瓦屋面。廊柱、檐柱下用覆钟形石础。廊檐挑枋上置木雕驼峰（搁基）。木质门窗。当心间有四扇雕花槅扇门。两次间各六扇雕花窗，共十二扇。由条形灯笼框子与什锦雕花小构件组合而成。窗心作灯笼式，上有挂钩，下垂流苏。窗心精雕人物、花鸟。下部为木裙板。楣枋上做横排连通式回字纹护窗，以上做篱夹壁。中隔墙做半装台，上部为篱夹壁，下部为木装板。山墙为篱夹壁。高地脚枋，石勒脚，石柱础，小青瓦屋面。

当心间门外两根廊柱之间做雕花木廊屏（厢笆子）一块，作屏风和隔断用。

花园巷何宅堂屋门及外壁

临邛青石桥严氏民居（清）

严氏民居位于临邛镇鹤鸣社区，小地名青石桥。严氏祖居。始建于清代。原为四合院，西北面为龙门子，濒小溪河，河边有水碾，今已废，仅存正房单檐悬山式木石结构建筑一幢。坐西北向东南。面阔五间18.5米，进深四间6.2米，通高6.4米。前双步廊，后单步廊。檐高3米，穿斗抬梁结构，七架梁，用五柱，山墙排列组合用五柱四穿。当心间和两次间为抬梁结构，设计精巧别致。前后墙柱间搭抬梁一根，两端下口有花式雀替。上一步抬梁、蜀柱和柁墩，整体设计成钟磬流苏博古式，如篆书"大（𠈌）"字形。在前后二步抬梁上立木雕花瓶，代替柁墩。一步和前后二步抬梁之间做立柱式花板，在花瓶和花板之上连接一块磬式上弧下平两端上卷的横雕板，用以代替上根抬梁。横雕板中点承脊檩，两端承前后第二步屋檩。整个雕板（抬梁）与其下的两个花板、两个花瓶连成一个整体，与抬梁共同承托屋面，既实用，又极富装饰性，为邛崃现存清代民居中所罕见。整个抬梁组合的磬板、花板、花瓶上都浮雕图案。

外檐廊下的四根挑枋上各置雕花柁峰一个，式样相近而花式各异。主要有石榴形浮雕如意纹。如意形开光内浮雕花卉、插瓶；有方折沿壶形，方折线勾连纹，中心圆光内浮雕人物。

墙体额枋之上做回字纹连排大方窗，其上方做篱夹壁，窗台以下为红砂石板墙裙。当心间六扇雕花落地式槅扇门，左右每间六扇雕花窗，共计二十四扇。什锦"亞"字形窗格，圆形、葵瓣形灯笼式窗心。窗心浮雕戏剧人物，下垂流苏。六扇槅扇门上部做法与花窗同；中腰花板浮雕人物故事；下部裙板浮雕瓶花置于几案，共四幅。寓意事（四）事（四）平（瓶）安（案）。

廊檐柱之间和挑枋下口做镂花浮雕天宫罩，每组形式图案各不相同。当心间（堂屋）门厅檐口天宫罩为曲瓣形，当中浮雕人物故事，横幅，两侧浮雕瓶花。廊道天宫罩为曲瓣形，其上多开圆光或"亞"字光，当中浮雕人物、瓶花博古。后廊檐口做"卍"字纹花牙天宫罩。墙体下部为石板墙裙。

红砂石勒脚，红砂石地面、阶檐。方形雕花石础。小青瓦屋面、瓦脊，檐口施滴水瓦。整个建筑雕饰十分丰富，显得精致华丽。

严氏民居建筑局部

临邛棠子沟李宅（清）

李宅位于临邛镇棠子沟村。俗称李家花龙门子，始建于清代末期，为李氏祖居。为单檐悬山式穿斗木结构、小青瓦屋面的三合院建筑。坐东南向西北。前（西北）面砖砌围墙围合。大门开在院落左前方，取斜角呈东西向。

大门门柱下石雕六边形束腰须弥座，座上立方形砖柱至顶。砖砌拱形门洞，门洞上方灰塑勾连纹和人物。双扇大门。额枋之上做匾额，阴刻"君子攸居"。其上覆瓦屋檐，前后人字坡，砖脊。

门内为大天井。天井呈纵深布局，宽10.5米，纵长17.6米。天井后面（东南）为正厅房，左右为厢房。正厅房面阔五间（含左右大转角房）29.5米，进深7.5米，通高约7米。九架梁，用五柱，前双步廊。前檐下挑出檐廊，挑枋上置木雕搁基。正堂屋双扇木板门，两边楠扇门。楠扇上部为灯笼框子圆窗心雕花，下部为木裙板。次间额枋以上篱夹壁粉白印花。枋下有六扇花条窗。窗台以下木裙板。裙板上口木线有装饰。檐口做花牙。门前置半圆几案形雕花踏脚石。

左右厢房面阔五间21米，进深三间7.8米。九架梁，用四柱。前步廊。

左右厢房檐下挑出宽大的廊檐。大穿枋从墙柱直接跨三步穿过檐柱

临邛棠子沟李宅

挑于檐檩下。在墙柱和檐柱之间的穿枋上立木雕驼峰，花饰多样。每间穿枋下口做镂花天宫罩，檐柱外侧置镂雕花撑弓向上支撑穿枋前（外）端。正面在檐檩下口穿枋头侧边和檐柱与檐柱檩子下口，做双层镂雕花牙。整个檐廊显得十分宽敞而华丽。

厢房正面墙体额枋之上做篱夹壁粉白印花，枋下做木花方窗、木裙板。当心间为堂屋，双扇板门，两侧各两扇雕花槅扇门。次间由堂屋内开门进出。两次间各三扇大方窗。两梢间双扇板门，左右各一扇大方窗。

李宅建筑槅扇门上部花窗及双扇花窗多以方框式灯笼框子为基本形态，窗心有菱形、圆形、长条形、透雕花鸟、瑞兽。四周辅以十字花、云头等浮雕什锦。大方窗仍然以"十"字、"亚"字灯笼框为骨架，窗心透雕花鸟，四周镶嵌如意纹、卷草纹、蝴蝶纹浮雕什锦构件组合而成。

木雕搁基（驼峰）有梯形、石榴形等。石榴形搁基上口做卷云纹，略似瓶口。下部刻成扁圆形镂空卷草纹，略似瓶腹（整体又略似矮花瓶形）。中间圆光内浮雕花卉。梯形搁基有左右两下角镂空成"足"，其上刻云头、花卉等。

天宫罩、花牙、撑弓均采用木雕镂空雕手法，图案以梅花、兰花、菊花为主，辅以卷草纹、云纹等变形图案，丰富多样。

石础以六方形、覆钟形为主。石勒脚刻有古钱纹通风孔。门前长方形、

李宅的檐廊

半圆形踏脚石,均雕成矮几形,覆布下垂,兽腿立地。室内铺木地板,室外阶檐和大天井均用石板铺筑。

小青瓦屋面、瓦脊、瓦做中堆。檐口施扇形瓦当、三角形滴水瓦。

李宅建筑体量较大,尤其是厢房檐廊设计精巧、做工讲究,不失为邛崃近郊农村清代民居的典范。

李宅建筑局部

临邛李宅（清）

李宅位于临邛镇文君井社区兴贤街下段西侧192号。始建于清代，现为李氏民居。

李宅坐西北向东南，单檐悬山式穿斗木结构小四合院建筑。前（东南）距兴贤街15米。

前门厅三间，面阔8.2米，进深一间3.8米。五架梁，用二柱二穿。后（正）厅，面阔五间16.2米，进深7.8米。中三间前步廊，檐廊柱两根，搁基（柁峰）两个。通高约5米。九架梁，用六柱。左右厢房面阔两间6米，进深一间3.6米。五架梁，用二柱二穿。中间为小天井，天井前边左右截斜角。

李宅前厅的门墙局部已经改变。中间大方格花窗两旁配以卧蚕工字头花窗。后（正）厅前檐挑出檐廊，檐柱挑枋上置梯形搁基，浮雕云纹、瑞兽和花卉。正面墙体上部做篱夹壁粉白印花。额枋之上，当心间做三扇大方窗，"田"字、"亞"字格。两次间各三扇大方窗，大方格加卧蚕斜菱形。当心间双扇板门，左右回字格加什锦雕件组合大方窗。下面配横长形卯字格条窗。两次间和两梢间均做木板门，上下两排"井""口"字格大方窗。下部为木裙板。

左右厢房正面墙额枋以上做"丁"字、"人"字木格护窗。左右厢房正面墙额枋以下，东一间开双扇门，门边做槅扇。上下两排"井""口"字格大方窗，下部为木裙板。西一间做三列上下两排"井""口"字格大方窗，共六扇。下部为木裙板。方形素面石础。石板地面。石板铺筑天井。小青瓦屋面、瓦脊。

临邛李宅四合院小巧紧凑，外紧内松。花窗的线条简洁而多样是其特点。

花楸李家大院（清）

李家大院位于平乐镇花楸村（原属下坝乡）。该院李氏先祖于明末清初避乱由江浙入川。其一支定居于花楸山，从事造纸手工业和纸、茶贩运业，致富后建祖宅，人称李家大院。

李家大院始建于清咸丰年间（公元1851—1861年）。坐东向西。现存建筑为先后三期新建、扩建的三个彼此相连的院落。以咸丰年间所建大四合院为中心，向左右（南、北）两翼横向扩建两个小四合院组成。占地面积4534平方米，建筑面积4164平方米。共计149间房屋。

大院主院建于山嘴岩坎之上。用红砂条石垒砌高高的保坎为台基。

李家大院

穿斗排列木结构的檐廊　　　　　　　前天井

基于地势与建筑风水诸原因,该大院开门于正西,即在大院前面的左角斜切角开门,龙门子不在建筑的中轴线上。大门门厅呈三角形。大门外是高岩坎,用三段垂带式踏道连成"之"字形而上。其下又与上山之石梯道相连接。

三角形门厅右(北)边为前厅和过厅同成的长条形天井。三角形门厅和前厅为单檐悬山式穿斗木结构建筑,小青瓦屋面。过厅面阔五间10.5米,进深4.5米。抬梁结构,九架梁,用五柱,前步廊。小青瓦屋面。过厅东面为大天井。天井以东为正厅。正厅红砂石台基高约0.6米,将正厅房整体进行抬升,面阔五间10.5米,进深4.5米。穿斗排列结构,十一架梁,用六柱,前步廊。小青瓦屋面。当心间为祖堂,堂内陈设木雕神龛供桌。堂中有"皇恩宠锡"木制雕花立匾一块,上书"光绪二十年耆老李洪楷立"。光绪二十年即公元1894年。

左右厢房各五间,面阔10米,进深5米。穿斗排列木结构,九架梁,用六柱,前步廊。小青瓦屋面。前厅、过厅、正厅在同一中轴线上。左右

李家大院大天井

"皇恩宠锡"匾

厢房建筑作对称布局。

　　李家大院建筑以大天井为中心，天井略呈长方形，方形石板铺筑，计370平方米。其宽大号称"可以铺48床晒垫（簟）"。建筑前步廊高大宽敞，石板铺成回廊。廊檐穿枋之上置柁峰（搁基），形式、图案多样而雕刻精美。其一类，正立面略呈梯形，外沿呈阶梯状。上部浮雕大蝙蝠，周围饰折线式勾连纹。中心长方形开光内浮雕人物故事，左右下角海棠开光内浮雕人物。其二类，正立面呈梯形，掐瓣卷腿式，刻折带纹。中心石榴形开光内浮雕人物故事。左右下角桃形开光内浮雕人物或花卉。

大院里的房屋基本上是小青瓦屋面的木质结构

院内天井四周檐廊连通。建筑墙体多综合运用泥、木、石质材料。墙体上部采用篱夹壁，中间为木装板或部分篱夹壁，下部墙裙部分采用木装板、石板。条石勒脚。槅扇门和双扇条窗多镂空雕花，由灯笼框子与"亞"字什锦组合而成。窗心浮雕以人物故事、花鸟为主要题材。石柱础有方、圆、多边、上圆（扁鼓形）下方（八角形）等形式，雕刻图案以兰、菊、瓶花、几何图案为主，丰富精细。

大院内所存"皇恩宠锡""克绍箕裘""寿极星辉"匾和"麒麟彩凤"木雕金漆屏风都是珍贵的晚清文物。

两侧小四合院尺度、规格均低于正大院，是后期李氏人口繁衍增加之后所扩建之别院。两侧院另开有大门进出，其内部有小侧门与正大院相通。两侧院仍以小天井为中心布局，朝向与正大院相同。

院外西北侧残存有清代至民国造纸作坊遗址一处，面积约3000平方米。有水池、料池、石砌料缸、排水沟和碾子等遗物。

李家大院是邛崃境内保存最完好、规模最大、最具山区民居四合院代表性的清代建筑群。

2007年6月，四川省人民政府批准公布为四川省文物保护单位。

临邛吴家大院（清）

吴家大院位于临邛镇宝塔社区，南河北岸，距南河约100米。单檐悬山式穿斗木结构四合院。始建于清代，吴姓祖居。

大院坐东南向西北，以天井为中心布局，由前厅、后厅和左右厢房组成。前厅之前（西北）方有围墙围合。围墙上依中轴线开门做门厅。五架梁，用三柱三穿，双挑坐墩，雕花吊柱。檐檩下饰花牙。两坡屋顶，小青瓦屋面。

前厅面阔五间26米，进深6.5米。七架梁，用三柱。当心间为门厅。

雕花吊柱

后（正）厅面阔五间 26 米，进深 7.3 米，通高约 6 米。单檐悬山式穿斗木结构，九架梁，用六柱。中间三间前墙后退一步，形成前廊。两梢间为大转角房，前墙前凸一步，平面呈凹字形。四根廊柱挑出檐廊。正立面墙体额枋以上做回字纹方窗。当心间双扇木板门，左右各两扇槅扇门，槅扇上部做龟锦纹套四抹格花窗。中腰花板和木裙板素面无纹饰。两次间槅扇门做方形灯笼框，什锦雕件组合而成。下部为木裙板。中腰花板上浮雕佛教人物、酒壶、茶壶、茶炉、博古、花卉、山水等。

左右厢房各三间，面阔 13 米，进深 4 米。前步廊。檐下四根檐柱挑出廊檐。正立面墙体当心间额枋以上做"井""口"字大方窗，双扇板门。左右各两扇槅扇。上为窗板，下为裙板。中腰花板浮雕花卉、八宝、博古等。两次间额枋以上为篱夹壁，枋下做对开条窗，窗上装窗板。中腰花板浮雕花卉图案，下为木裙板。

六边形石础上重扁鼓，六边分刻花卉。石勒脚，石板地面。天井石板无存。

小青瓦屋面、瓦脊、瓦做中堆。檐口做滴水瓦。

平乐何家院子（清）

何家院子位于平乐镇大石村。何姓祖居，始建于清代。坐西南向东北，单檐悬山式穿斗木结构小青瓦屋面建筑。原为四合院，现存正（后）厅房一幢五间（含左右转角房），左厢房三间，右厢房一间。中间为长方形天井。

正厅房面阔五间 26 米，进深 6 米。九架梁，用六柱，前双步廊。中三间前墙退后一步为廊。两端梢间（大转角房）前凸一步，平面呈凹字形。前廊柱四根挑出宽大廊檐。挑枋上置木雕搁基（驼峰），呈上窄下宽的梯形，浮雕如意云纹，局部镂空。中心圆光（或"亞"字光）内浮雕人物。正面墙体当心间额枋以上做两层大花窗：上层方格眼方窗，下层"卍"字和"口"字组合方窗。

两次间做楼层。正面墙体分成三格，中间上部为方格窗，下部为木装板；两侧上部为篱夹壁，下部为木装板。额枋下当心间双扇板门，门边各两扇雕花槅扇。槅扇上部"十"字形空心灯笼框子加镂雕花卉什锦。

何家院子

窗心呈"亞"字形,两层浮雕人物故事,窗心下部刻流苏。中腰花板浮雕几案、瓶壶、博古。裙板上浮雕大幅插瓶(带几案,寓意平安)梅、兰、竹、菊各一幅。下花板浮雕花卉图案。两次间额枋之下每间各做对开条花窗六扇,灯笼框子镂空花卉什锦式。中腰花板浮雕花卉图案。窗台以下为木裙板。

厢房单挑出檐。额枋以上做楼层。墙体上部中间木格方窗,两侧篱夹壁,下部木装板。额枋下部分三格,中间直木格栅栏式条窗或细方格龟锦纹方窗。两边篱夹壁,下部为木裙板。

红砂石柱础形式、纹饰多样,

雕花槅扇门

花窗

有两层式和三层式。两层式常见：下八方上扁鼓式，即下部八面分刻八宝图案，上层扁鼓刻余长纹；下部束腰八边形，上层八角扁鼓式，每面做"亚"字开光，刻花鸟。三层式：下层刻方形四足几案，覆巾下垂；中层在几上刻八角扁鼓，每面开"亚"字光，上覆卷云纹；上层在八角扁鼓座上托莲瓣扁鼓，上沿刻乳钉纹一周。石勒脚，刻古钱纹通气孔。室内外地面铺筑红砂石板。

正厅堂屋挂祝寿匾一块，阴刻楷书"寿考维祺"，贴金。下署"天运辛未年春二月初二"。"辛未"当为清同治十年，公元1871年。

官田李家大院（清）

李家大院位于平乐镇花楸村，小地名官田冲台地上。李姓祖居。

大院坐北向南，由两个复合型四合院组成。单檐悬山式穿斗木结构小青瓦屋面建筑。占地面积约2700平方米。

大院因山就势，分台顺坡造房。大院分为南北两个院子。南院在前坡上，北院在后坡上。红砂条石筑高保坎做屋基，屋前石砌踏道相连接。

南院前面约20米处为大门（仅存石阶梯两段），条石保坎高约2.5米。大院建在第三层高约3.5米的条石台基上，由两个横向并列的小四合院组成，平面呈卧"日"字形。右院前厅房和右厢房已毁损。门厅、前厅南墙临高坎。

大门门厅位于大院东南角，与左厢房南墙相连成整体。门厅面阔5.8

李家大院

米，进深 2.1 米。五架梁，用三柱四穿，小青瓦屋面。木装板双扇板门。门厅外连接红砂条石垂带式阶梯二十五级。垂带前端精雕狮座，座上刻石狮一对。

由门厅往左（西）进入左院院内。前厅房面阔三间 7.6 米，进深 3.3 米。七架梁，用两柱。四方形天井之北为正厅房，面阔三间 12 米，进深 8 米。前步廊，九架梁，用六柱。左右另有转角房各一间。左厢房面阔三间 10 米，进深三间 7 米。九架梁，用五柱。前步廊。右厢房面阔三间 10 米，进深两间 4.6 米。右厢房背（西）面为右（西）天井，四方形。前厅房、右厢房已不存。天井以北为右院正厅房，

大院门外的石狮

扁长条形的红砂石踏脚石

面阔三间 10 米，进深 8 米。九架梁，用六柱。前步廊。左、右院正厅房相连接成整体，前廊相通。

北院位于南院东北，即南院左后约 40 米处的坡地上。原有大门建于院前约 25 米处，条石砌筑高保坎，双上石阶。大院建在第二层高约 1.5 米的红砂石砌台基上。有十五级垂带式踏道从东侧顺墙而上至门厅。门厅和大院呈北——南向。垂带前端石柱上精雕两层狮座，座上圆雕小狮子一对。

门厅面阔 3 米，进深 6 米（左厢房前转角房共墙）。小青瓦屋面。前厅已不存。中间为方形天井。正房面阔三间 24 米，进深 6 米。九架梁，用五柱。前步廊。左厢房面阔三间

方形石础

221

11米，进深3.8米。右厢房残存一间。七架梁，用五柱三穿，前步廊。

该院建筑重点在南院正厅房。正厅房前檐挑廊，四根廊柱挑枋上置四个梯形搁基，中间开光浮雕人物故事，外周刻蝙蝠、卷云等纹饰。当心间为堂屋，正面额枋以上做三扇"井""口"字大方窗，木裙板。额枋上原有匾，今不存，仅存木雕贴金小狮子匾托墩一对。门外红砂石踏脚石一块，扁长条形，四兽足，正立面刻小拱洞九个。拱间上部刻祥云和锦字云纹。两次间做楼层。额枋以上墙面分三间，中间为木格方窗，两边为篱夹壁，下部为木裙板。额枋以下上部为木格条窗，下部为木裙板。石勒脚。

院内石雕是其特点。垂带踏道的狮座分三重和四重。四重狮座底层正面刻方座，圆形开光刻人物故事。第三层分上下两部分，上面为"亞"字形开光，浮雕花鸟。下面为方座，刻祥云，座上覆布呈三角下垂，覆布上浮雕飞鸟。第二层扁鼓形，阳刻"卍"字纹，图案外形为花瓠。上层刻束腰须弥座，底边浮雕双龙，束腰刻一瑞兽。座顶上圆雕小狮，状若狮子狗，卷毛，颈系项圈，项圈上挂铃铛。狮座侧立面刻圆鼓形，浮雕花鸟等。

柱础以方形石础为主，多在圆光内浮雕羊、虎、狗和插瓶兰花、燕雀之类。

室内外均为石板地面。天井石板部分毁损。小青瓦屋面、瓦脊、瓦做中堆。

官田李家院子（清）

李家院子位于平乐镇花楸村，小地名官田冲（原属下坝乡）。李姓祖居，落成于清光绪十四年（公元1888年）。

李家院子坐东北向西南，单檐悬山式穿斗木石结构小青瓦屋面建筑。以四方形大天井为中心，由前厅、正（后）厅和左右厢房组成四合院，轴线对称，但大门不在中轴线上。改由院落右前方（西）右厢房与前厅房交接处留出通道做院门进出，是邛崃清代民居建筑讲究龙门子风水朝向的典型实例之一。

院门面阔2.2米，檐口高3米，通高约4.5米。进深共用前厅前墙和右厢房山墙。双挑坐墩挑出门檐，雕花斗、花瓣吊柱。吊柱和檐柱上前后做两层花牙。大挑枋下口施镂雕花撑弓。双扇板门，高门槛。前檐挑出，稍高于前厅和厢房屋面。后部覆以"人"字坡屋顶，与厢房屋脊等高，盖

李家院子

小青瓦。檐口做滴水瓦。

　　门上悬挂"紫气凌云"门匾一块，行书阴刻，款署"光绪甲申"，即清光绪十年（公元1884年）。综合"荣建之喜"和"德厚成基"匾署年"光绪戊子"（光绪十四年）推断，大院始建于光绪十年，光绪十四年（公元1888年）完工。

　　进门厅入院内，与前厅檐廊相接。天井前（西南）为前厅。面阔五间8米，进深2.6米。前单步廊。七架梁，用三柱，通高约4.5米。天井后面（东北）为正（后）房五间，面阔12.5米，进深3.1米。前双步廊。九架梁，用五柱，通高约5米。左右厢房各四间（含门厅和转角房），面阔8米，进深2.8米，前单步廊，通高约4.5米。

　　院子正（后）房前檐下挑出檐廊，四根廊柱的挑枋上置搁基（柁峰）四个。有梯形，外沿方折线呈阶梯状；有石榴形，刻如意卷云纹，中心圆光内浮雕花卉等。其中一幅"双鹿望铃"图，"鹿"与"禄""睦"谐音，"铃"与"龄""邻"谐音，寓意禄龄、睦邻。正堂屋双扇板门，其上彩绘门神秦琼、敬德，是邛崃境内留存极少的清代门神彩绘。两边各两扇槅扇，上部长方条灯笼框子加镂雕花什锦，中腰花板浮雕花鸟。门楣上悬挂"德厚成基"匾一块，楷书阴刻，贴金。上款"恭维辅臣李幺爷荣构之喜"，下署"光绪戊子年孟冬月"。额枋以下墙面做花条窗、木裙板、石勒脚。院内其余

镂雕花什锦和浮雕花鸟的双扇槅扇　　　　　　　　　　　　　柱下石础

建筑窗户大多采用小方格眼条窗、方窗。墙体上部为篱夹壁，下部为木裙板。外墙以前厅房为例，额枋以上为篱夹壁粉白。枋下每间开三扇小方格眼大方窗。下部石裙板。室内外铺筑石板。

柱下石础雕饰较有特点。平面呈四方形，上下分三层。底座方形，四面刻几何纹图案。其上分刻八边形座两层，每层刻出长方形凸台，其上浮雕花卉。上层刻扁鼓一面，沿边刻余长（万不断）纹。底座四角之上各高浮雕一宽袍大袖人物。或将底座四角刻成云座，其上各立身着甲胄的武士一人。为他处民居所罕见。

花楸徐家大院（清）

徐家大院位于平乐镇花楸村（原属下坝乡），小地名闫沟。大院始建于清代光绪年间，徐姓祖宅。大院由邻近的两个四合院组成，南院坐西向东，北院坐南向北，占地面积约 1970 平方米。悬山式穿斗木石结构小青瓦屋面建筑。两个四合院都以方形天井为中心布局，由前厅、后（正）厅和左右厢房围合而成。平面呈四方形。在后（正）厅左端，又另在院外接

徐家大院

出大转角房或一个小天井作厨房用。

　　以北院为例。北院坐南向北。前厅房面阔六间25米，进深7.2米。二楼一底，十一架梁，用六柱。前后廊。前厅房利用山坡前低后高地势而建。前墙下部条石砌台基，高约0.8米。台基上起六间七根方形石墙柱，高约2.8米，建底层房屋。上与后面山势平齐，做院内天井、正房、厢房。底层房屋后墙即顺山垒砌之保坎石壁。底楼前墙做木方窗、篱夹壁、红砂石板墙裙。在第三间开院门，门前做垂带踏道六级。从大门口做石梯，经门厅内正中上楼，楼面与大院天井平齐。石梯两侧做木栏板，栏板上部楼面部分做斜"卍"字花护栏。护栏两外侧为楼上当心间（过厅）左右过道。过道前端与院内前廊相连，后端与外挑廊相通。院外前墙从下层石柱上接木檐柱七根到顶。墙体上部做篱夹壁，门枋之下每间做大方窗一扇，有龟锦纹、直棂龟锦纹和拐子细方格等，下部木墙裙。从石墙柱之上做挑枋挑出外廊，铺木板，每间做吊柱式木栏柱，栏柱之间连接直槛式木栏杆。外挑廊绕山墙与院内连接。

　　前厅房在上层院内檐下挑出檐廊。额枋之上做楼层（第二楼），木楼板。院内正面墙体额枋以上楼层做"井""口"字木方窗和篱夹壁。枋下每间

徐家大院天井

门厅内的石梯

各做六扇灯笼框子什锦窗心对开条窗。下部木裙板。前厅当心间做花槅扇。双扇板门。门厅上挂"绚彩成新"匾一道。款署"宣统元年"（公元1909年）。前厅房前面（南）是大天井。天井东西宽10.3米，南北长7.6米。天井南面为正（后）厅房，面阔五间25米，进深7.2米。十一架梁，用五柱，前双步廊。中三间前墙后退一步，前廊柱两根。左右转角房前凸一步，平面呈凹字形。正厅堂屋门额上挂"峻业维新"匾一块，阴刻行书，贴金，款署"光绪十九年"（公元1893年）。左右厢房面阔均三间10米，进深6.1米。九架梁，

灯笼框子什锦窗心

用五柱。前步廊。其墙体、门窗做法同前厅房。在正厅房左（西）侧与左厢房南一间背（西）面，另有条形小天井一个、厨庑杂物房一幢四间。小青瓦屋面，檐角微翘，瓦脊，瓦砌中堆。

院内天井、室内、室外地面红砂石铺筑。方形、多边形、四重式雕花石础。院内木雕、石雕内容丰富，雕刻精美。

南院布局、建筑与北院相近，唯前厅房下面不做底层暗房，当心间门厅也不做石梯上楼。门窗、柱础少雕饰。南院面阔五间27米，纵深长30米，占地面积约860平方米。

花楸杨家大院（清）

杨家大院位于平乐镇花楸村（原属下坝乡）。杨姓民居。单檐悬山式木结构小青瓦屋面，复合式四合院建筑。始建于清代。

大院坐北向南，顺范沟河北岸临河而建，呈东西两个横向并排的不规则四合院布局。大院建在河岸毛石垒砌的保坎台基上，台基高约3米。

东院保存基本完好，由前厅房、后（正）厅房、东厢房和西过厅组成。东墙

杨家大院

大院建在河岸边毛石垒砌的保坎台基上

纵长 25 米，西过厅墙纵长 9.5 米，后厅墙平直，前厅墙顺河岸地势呈斜向与东、西墙相交，天井平面呈斜梯形。

大院大门开在前厅东侧与东厢房相接处，留出通道做门厅。门前有垂带石梯二十一级，依石保坎台基，由东往西而上。

大院前厅房背临范沟河，面阔三间 12.5 米，进深 7.2 米。九架梁，用五柱。前双步廊。正厅房（含左右转角房）面阔五间 30 米，进深 7.1 米。九架梁，用五柱。前双步廊。东厢房面阔三间 10.5 米，进深 6.9 米。九架梁，用五柱。西过厅三间面阔 9.5 米，进深 4.2 米。过厅南端临河岸有吊（虚）脚楼一间，进深 4.2 米，平面呈斜

门前的垂带石梯

院内天井四周檐廊相通

梯形。西院现存正厅面阔三间12米，进深5.8米。

大院内天井四周檐廊相通。正厅檐廊挑枋上有雕花搁基（柁峰），梯形，刻卷云纹、镂空勾连纹。圆光内浮雕金瓜蝴蝶、鹿鸰图案。双扇板门，直棂小方格条窗、方窗。木裙板。墙体上部为篦夹壁。

前厅西端与过厅南端交接处平面呈梯形，挑悬楼做吊（虚）脚楼。前面五根楼柱立于河边高坎之上。楼面挑檐外做廊道，直条栅栏式木护栏。

大院内石雕柱础多为方形、六边形、上下两重、三重。多刻几何纹饰或莲瓣、金瓜、花卉图案。室内外及天井石板铺筑。小青瓦屋面，檐口做滴水瓦。

火井河南街41号民居（清—民国）

民居位于火井镇高场社区河南街41号，始建于清末至民国初年，原为陈芷渊私宅，今为火井镇政府办公处。

宅院为三进八天井复合大四合院。坐南向北，单檐悬山式穿斗排列、抬梁砖木结构小青瓦屋面建筑。占地面积约1800平方米，建筑面积约

火井河南街 41 号民居大门

1000 平方米。

　　大门开于宅院东北角，坐西向东，不在大院中轴线上。大门为民国初年所建山字形仿西式砖砌门楼。面阔五间六柱 9.7 米。平面呈"八"字形。六根方砖柱依当心间分两边次递降矮。方形柱头，方形柱脚，砖砌叠涩起台。当心间砌浅弧拱形门洞。门楣上做匾堂，有匾无字。门墙上部作拱形。两次间墙下部砌竖长方形堂子。堂子额枋上做匾堂（无字），门墙上部砌拱形稍矮于当心间，整体呈"山"字形。两梢间墙下部做方形堂子，横枋之上砌双联弧拱墙。大门两侧分接土春围墙，围墙卵石基础，砖砌压顶，墙面石灰粉白。进大门为门厅一进小天井、左右厢房、中过厅。门厅面阔三间 7.9 米，进深 6.9 米。门厅以西部分已拆除为空地。大院前厅、中厅、后厅在同一中轴线上，坐南向北，左右布局基本对称。中天井往西另辟小院。

　　前厅面阔五间 20.9 米，进深 6 米，通高 8.3 米。单檐悬山式穿斗抬梁木结构建筑。九架梁，用三柱。后双步廊。抬梁上置木雕驼峰代替童柱。挑头做雕花吊柱。天楼地振，门窗雕花，部分已改变原状。小青瓦屋面，正脊灰塑，脊两端呈"关刀"形。天井东西两侧厢房面阔三间 11.3 米，进深 5.8 米，通高 8.1 米，前步廊。中间为方形大天井。天井对面（南）为中厅。中厅面阔三间 9 米，进深 8.8 米，通高 8 米，平面略呈方形。九

火井河南街41号民居后院

架梁,用六柱四穿,前双步廊。前廊双挑坐墩,挑枋上置雕花搁基(柁峰)。挑头置雕花吊柱。小青瓦屋面与左右厢房和前厅屋面连通。正脊灰塑有花草图案。天井、廊檐用石板、条石铺筑。天井平面呈申字形,由过厅与前后左右四个小天井相连。

后院长条形小天井以南为后厅,后厅右(东)侧为仓房。后厅穿斗排列木结构建筑,面阔三间11.6米,进深7.1米,通高6.8米。九架梁,用五柱四穿,前双步廊。廊道挑枋上置木雕柁峰。天井左右小厢房,穿斗式木结构。东厢房之后(东)为另一个小天井和厢房,与仓

木雕花窗

房相连。仓房正面装仓板。天井四周建筑的小青瓦屋面连通，正脊做灰塑。

在中天井横轴线上，两侧由中院分别延伸出侧院。东西厢房当心间为过厅。东厢房后为一个小天井，往北又与门房小天井相通。小天井周围是佣工住房、厨房等。西厢房过厅往西为一长条形天井，现存西、北两幢砖木结构平房。脊上灰塑图案复杂生动。整体布局错落有致。

该宅院建筑以穿斗排列结构为主。过厅等又采用抬梁结构。每个院落都以天井为中心布局。天井周围主要建筑前步都为檐廊。檐廊高朗宽大。挑枋上置木雕柁峰（捆基）。檐下枋头有雕花吊柱和花牙装饰。门窗木雕多为花卉。护窗窗格多采用"寿"字、"卍"字纹。墙体上部多为篱夹壁粉白，下部为木裙板。室外地面石板铺筑。室内大部采用木地板（今已部分改动）。条石勒脚，做"卍"字纹和古钱纹透气孔。石雕柱础形式多样，有方、圆、六棱和上圆下方、上扁鼓下六棱以及扁鼓六棱重复运用等。深浅浮雕手法综合运用，纹饰多为花鸟、走兽、如意云纹、几何图案等。其中门柱柱础有圆雕狮、虎、象者，为民居中少见。其屋脊泥作精细，灰塑人物故事、花鸟、走兽、山水，题材广泛，内容丰富，颇具地方特色。

2013年9月，成都市人民政府批准公布为成都市文物保护单位。

高何陈家大院（清）

陈家大院位于高何镇高兴村。始建于清代，为东西排列的两个院落。今为陈氏民居。

东西两个大院均坐南向北，以天井为中心，由前厅、后厅和左右厢房组成四合院，悬山式穿斗抬梁石木结构，小青瓦屋面建筑。

东院建于清同治年间。坐南向北，北临楠木溪50米。垒石为院墙、院门，形若寨子。院外石砌台阶八级至院墙石门。石门围墙内又砌石台阶五级至大院前。大院建于石台基上，台基高约0.8米。大门前台基下又有五级垂带踏道连接上下。

前厅面阔七间28米，进深8.2米。穿斗抬梁结构。十一架梁，用七柱。后步廊。当心间为过厅。前厅后（南）面为天井。天井以南为正（后）厅。正（后）厅面阔五间20.7米，进深10.2米。十一架梁，用六柱。穿斗排列，抬梁结构。左右两梢间在前廊与左右厢房相连接。两角有转角房各两间。

石垒院墙和院门,形若寨子　　　　　镂空雕鱼龙、麒麟纹、凤鸟纹的槅扇门

东西厢房面阔各三间 11 米,进深 9.2 米。前廊。

前厅正大门六扇,板门两扇,左右槅扇门各两扇。槅扇门上部镂空雕鱼龙、麒麟纹。圆形窗心,镂空浮雕福、禄、寿、喜人物。中腰花板上浮雕四瑞兽。门楣枋之上做大方格花瓣纹四抹格花窗。门厅二门为六扇槅扇门。门后为天井。正厅、左右厢房和前厅瓦屋檐相连,檐廊相通。檐柱挑枋上双挑坐墩,用方形雕花宝瓶式短柱立于挑枋上。上层挑枋头刻龙首,后部作弓形龙尾。墙面上部为篱夹壁,或大"卍"字大方格窗。中下部做木装板、雕花门窗、木裙板。花窗式样、纹样丰富,全部在长方形灯笼框子中间采用镂空浮雕,多以夔龙纹、鱼龙纹、凤鸟纹、狮虎纹、麒麟纹等瑞兽纹和琴、棋、书、画等人物故事为题材是其特点。

石柱础。石板铺室内外地面。正方形红砂石板铺筑天井,宽大规整。小青瓦屋面,做灰脊。

西院建筑规模稍小于东院,布局大体一致。坐南向北,单檐悬山式穿斗排列木结构建筑,小青瓦屋面。

天井

　　前厅面阔五间19米,进深三间5.3米,前步廊。九架梁,用五柱。当心间为过厅。前厅之后(南)为天井,天井以南为正(后)厅,面阔五间19米,进深8.9米。九架梁,用五柱。前步廊。两次间、梢间均由正堂屋开门进出。左右(东西)厢房面阔各三间10.9米,进深5.3米。前步廊。天井四周有檐廊连通。

　　该四合院内四幢建筑的当心间前墙均后退一步,两次间(正厅两次间两梢间)均凸出一步,其内部空间平面呈十字形。檐下挑枋上做方形花瓶式吊柱坐墩。墙体上部为篱夹壁粉白印花,下部为木装板、木花窗、双扇木板门、木裙板。花窗以细方格花式为主,局部有镂空雕花条窗。窗心为长方形灯笼框子,四周以缠枝花卉装饰。窗心中间有磬形、圆灯笼形,镂雕花卉,下垂流苏。高地脚枋,石勒脚,雕花石础。石础花式多样。莲花础:上下分四层。础基刻方几形,几上覆巾下垂,刻"卍"字纹。其上刻圆鼓形,上下沿各刻仰莲瓣、覆莲瓣两层。其上刻荷叶一片,荷叶之上再刻一圆鼓形,上刻莲瓣三层。茶花础:上下分四层。础基刻方几形,覆巾下垂,刻卷草纹。其上刻圆鼓形,刻茶花、蝙蝠。其上一层阴刻莲瓣一圈,上层圆鼓形,浮雕卷草花卉。游龙础:分上下四层。方几座,覆巾下

木窗　　　　　　　　　　　　　　石础

垂，刻凤鸟。其上圆柱形，浮雕云龙纹。其上八边形，刻"卍"字纹，上层扁鼓形，刻火焰纹。如意础：上下分四层，下层方几上覆巾下垂，刻纹饰。其上刻扁鼓形，刻如意扣（上下两层互扣），莲瓣装饰。其上覆荷叶一片，叶上置扁鼓一重，刻"卍"字纹。精刻石础是其特点。

正厅现存"远振家声"木匾，署刻"清同治八年"（公元 1869 年）。

高何季家大院（清）

季家大院位于高何镇何场村。始建于清光绪年间，邛崃名宿季叔平祖居。

季家大院坐东北向西南，濒河。大院原为二进大四合院，外有围墙围合。建筑主体以轴线布局，左右对称。大门不在中轴线上，于外围墙右前方（正西）截斜角开大门。门前石砌垂带式踏道。踏道前 5 米处为河，河上架二孔石平桥一座。

外围墙大门、前院门厅、后院天井、厢房及后院正厅右半部分已拆毁。前院正房、左右厢房保存基本完好。后院正房仅存三间。

前院正门

前院正房坐东北向西南。单檐悬山式穿斗木结构建筑。面阔三间12.4米，进深6米。九架梁，山墙排列用四柱。前双步廊。两外角有转角房各一间与厢房连接。厢房面阔三间7.8米，进深3.8米。正房前为天井，横宽8.2米，纵长7米。

檐廊双挑，上挑用"弓"形挑，挑头做弯钩。方形吊柱，下端刻多层仰莲瓣，坐于下挑平枋上。另有挑枋上置雕花柁峰（搁基），覆钟形，浮雕、镂雕花草、蝙蝠。圆光内浮雕动物图案。篱夹壁，木装板，木墙裙，木花窗，木地板。局部改建。

穿斗式结构

院内现存"光绪三十年岁官甲辰艾月"(公元1904年)"族友等拜贺"残匾一块。

小青瓦屋面,灰脊,脊两端灰塑花式,灰塑中堆宝顶镂空图案(残)。

水口南沟头王家院子(清)

王家院子位于水口镇集群社区,文井江北岸,小地名南沟头。始建于清代,现为王姓民居。坐西北向东南。原为两进四合院,现存北院,南院已拆毁。北院以天井为中心,由前过厅(原两院间中间过厅)、后(正)厅和左右厢房组成。单檐悬山式穿斗木石结构小青瓦屋面建筑。

前过厅面阔五间26米,进深6.5米,十一架梁用六柱,前后廊。后(正)厅面阔五间26米,进深6米,九架梁用五柱。中三间前步廊。右厢房面阔三间26米,进深7米。前步廊。左厢房已改作门厅,面阔五间26米,进深6米,当心间为大门过厅。

正厅房前檐下,大挑枋挑出前檐,挑枋上置搁基(柁峰),正立面呈梯形,上部开圆光,浮雕骑马人物等,下部束带式卷草纹分向两侧上卷。挑枋之下用桥弓形穿枋一根。两次间做楼层。前墙上部为"卍"字、"井""口"字方窗,直棂方窗。两次间上部开窗格门。额枋以下做花窗,一种为灯笼

王家院子

框子加镂雕卷草纹什锦对开条窗；一种为细方格拐子十字花方窗。下部石裙板。方形石柱础，每面雕"回"字纹为边框，中间浮雕花卉图案。小青瓦屋面，檐口做滴水瓦。室内外地面、天井方石板铺筑。

天台紫荆高家大院（清）

高家大院位于天台山镇紫荆村坡地上（原属太和乡）。高姓祖宅，始建于清代。原为二进四合院，后院已毁。现存前院二十八间房屋，建筑面积616平方米。

大院坐东南向西北，悬山式穿斗抬梁木石结构建筑。以大天井为中心。天井横长28米，纵深长22米，由前厅、后（正）厅、左右厢房围合。前厅面阔九间47米，进深5.8米。九架梁，用五柱。正厅房面阔九间47米，进深10米。十一架梁，用六柱。前双步廊。左右厢房面阔各五间26米，进深7.8米。十一架梁，用五柱。前步廊。

前厅在后代有改动，由当心间开门改为由右次间开门。前檐挑头做雕花吊柱。双扇板门。门额上做木雕户对，各刻八卦"☰"（乾）、"☷"（坤）符号。

后（正）厅中三间从石台基到屋面都略高于两侧次间、梢间。中三

高家大院

仓门　　　　　　　　　　　　　　花窗

间瓦屋面覆于两侧次间屋面左右端，檐角挑枋上做雕花吊柱两根，其余挑头均无吊柱。中三间檐下做镂雕花牙。挑枋上置搁基（柁峰）浮雕蝙蝠、如意纹，中心圆光内浮雕人物故事。檐廊顶上做木望棚。额枋以上墙体为篱夹壁，"卍"字纹卧窗。枋下为方格方窗，绣球格纹花窗，双扇棋盘花、灯笼框"亞"字心什锦花窗。中腰花板浮雕八宝、花卉等。下部为木裙板。石勒脚上刻"卍"字形通气孔。正厅房左梢间和左厢房右梢间为仓房，前面装横卧式木仓板。背墙和山墙为篱夹壁，下部有部分使用石板做墙裙。方形石柱础，"亞"字形开光内浮雕貔貅、禽鸟、花卉。下八边形上扁鼓形石础刻勾连纹。室内外、天井铺筑红砂石板。小青瓦屋面，做瓦脊，檐口做滴水瓦。

夹关杨家院子（清）

　　杨家院子位于夹关镇雕虎村。杨氏民居，始建于清代。单檐悬山式穿斗抬梁木结构小青瓦屋面四合院建筑。坐东南向西北。以四方形天井为中心布局，由前厅、后（正）厅和左右厢房组成。

挑枋上置梯形雕花柁峰

前厅面阔五间36米，进深10米。十一架梁，用五柱，抬梁结构。后双步廊。当心间为门厅。门厅后为天井，横宽12.5米，纵长11.3米。天井后（东南）为后（正）厅房，面阔五间36米，进深10米。十一架梁，用六柱，抬梁结构。前双步廊，后单步廊。左右厢房各面阔三间14米，进深8.6米。前廊。十一架梁，用五柱。

大院前厅、后（正）厅廊檐挑出较宽。挑枋上置梯形雕花柁峰（搁基），外沿刻卷云纹呈阶梯状，其内开圆光，浮雕麒麟等图案。正面墙体上部做大方窗，以"回"字纹、小方格为主。门额枋以下做双开条窗，多用细方格。条窗下部花板上浮雕琴、棋、书、画

雕花槅扇门

图案。窗下为木裙板,裙板上饰木线条和龙头图案、如意纹等。双扇槅扇门在"亞"字形窗心中又设计圆形开光图案,浮雕人物故事。四周装饰夔龙、蝙蝠、花鸟构件。中腰花板浮雕花卉、瓶、壶、博古。下部为木装板。正堂屋保存清代雕花供桌一张,供桌上口平直,下口呈上弧形,四条兽腿,正立面造型如鼎锅,十分别致。

左右厢房做法大体相同。小青瓦屋面,水分较陡,檐口施滴水瓦。石柱础有:八棱鼓架形,八角刻八根架柱,上下横枋连接,每面刻花卉,其上置扁鼓,鼓上沿刻乳钉纹;金瓜形,金瓜上置扁鼓。高地脚枋,石勒脚。石勒脚上开花形透气孔。室内外地面铺筑石板。门前踏脚石做长条几案形,雕刻精美。

夹关临江王家院子(清)

王家院子位于夹关镇临江社区。王氏民居,始建于清代。坐西北向东南,单檐悬山式穿斗木结构小青瓦屋面四合院建筑。以天井为中心布局,由前厅、正(后)厅和左右厢房组成。

前厅面阔五间12.7米,进深三间4.1米。七架梁,用四柱。前廊双

王家院子

双扇木板门和寿字花窗

步双挑。中三间前墙后退两步，两梢间前墙凸出两步，平面呈凹字形。前廊挑枋制作比较特殊。上一步挑枋用半弧形（上弓），前窄后宽，后部榫接于墙柱上，前部挑头刻尖龙首与屋椽相交。屋椽下做方花篮式短柱。短柱上部做方花斗，下部刻圆形花篮，立于下一步挑枋上所重叠的半截穿枋上，与常见的双挑坐墩又有所不同。当心间为门厅。双扇木门，门边用木装板。额枋上做篾夹壁粉白。前厅正立面上部墙体做篾夹壁粉白。额枋以下每间做对开雕花条窗六扇。下部为木墙裙。石勒脚。右梢间檐柱外4米处有水井一口。井口、井壁以红砂石砌筑，口径0.55米，深5.1米，水位深3.8米。前厅左右两次间院内开门。额枋上做篾夹壁。枋下木门窗。门框为"亚"字形，四角呈花瓣形。细木线边套，双扇木板门。两侧木方窗一是细木条拼花变形"寿"字，辅之梅花形小雕件组合而成；二是斜菱形"卍"字纹连续图案。下部为木裙板，石勒脚。

门厅后为长方形天井。天井西北为正（后）厅。面阔五间（含转角房）22米，进深10米，通高7.5米。十一架梁，用七柱。前双步廊。檐廊穿枋上置高大的雕花搁基。搁基正立面呈梯形，上部浮雕如意纹、卷云纹，中部开圆光，刻双鹿、神人，下部为束带式草叶纹镂空，左右向上舒卷。

高大的雕花搁基

篱夹壁粉白的墙体

大量弧线的运用，使其显得玲珑剔透。正（后）厅门枋以上置高大的连通式木花格窗。当心间堂屋为三扇"回"字纹花窗。两次间门额枋以上墙面上部为方格纹、下部为"寿"字纹花窗。正堂屋后壁上部木装板上做浮雕卧式方窗，"回"字纹加勾连纹、"工"字纹。下部为木装板。外墙、隔墙上部为篱夹壁，下部为木门窗、木裙板。小青瓦屋面、瓦脊。室内外地面以石板铺筑。天井用正方形石板对角呈斜线铺筑。门前踏脚石有雕饰。

红砂石柱础计有下八棱形上扁鼓形：下部八面分刻花卉，上扁鼓的上沿刻乳钉一周。有上下五层式：底层八面基座，上刻圆鼓形，鼓上刻祥云；鼓上面覆莲叶一片；其上刻八棱托一个；顶上刻扁鼓，鼓上沿刻乳钉纹。另一类五层式：底层方座，座上刻八棱扁鼓；其上刻扁圆鼓，鼓腰上刻如意扣，上下扣相接，扣上下刻莲瓣纹；其上覆莲叶一片；顶上刻扁鼓，饰乳钉纹；鼓上覆布下垂，布纹呈"U"形弧线；还有一类为底层刻方座，方座上刻六边形矮座，上刻扁鼓形，鼓上刻大莲瓣一圈；其上又刻六边形矮座，座上刻扁鼓，鼓上沿刻乳钉纹。其形制与高何镇高兴村的清代陈家大院石柱础十分相似，应为这一时期邛崃西部、南部山区邻近乡镇民居建筑所流行的式样。

新街王家大院（清）

王家大院位于牟礼镇新街社区。始建于清代。王姓祖居。

大院坐西北向东南，单檐悬山式穿斗木结构小青瓦屋面建筑。以两进天井为中心布局，由大门、前厅、过（中）厅、后（正）厅及前后天井、厢房组成。总平面呈"日"字长方形。

大门（龙门子）位于大院中轴线东南，面阔3.5米，进深2.8米。三架梁，用三柱。前后两坡水瓦屋面。双扇板门。大门后为前厅，面阔五间16米，进深4米。当心间为门厅，五架梁，用二柱三穿。前厅后为横长形小天井（前天井），左右厢房各一间。小天井后为中（过）厅，面阔五间16米，进深6米。九架梁，用五柱。后步廊。中（过）厅后面为正方形后天井。天井后面（西北）为后（正）厅房，面阔五间16米，进深6米，通高约6米。九架梁，用五柱四穿。前步廊。左右厢房各三间，面阔8米，进深4米，前步廊。天井四周檐廊连通，共八根檐廊柱。

大院内外檐装修讲究，精工多变。檐下挑枋，挑枋下又加穿枋。较少使用搁基（柁峰），仅正房用两个，石榴形，上部浮雕云纹，中间圆光内刻瑞兽一只，下部刻虎头。瑞兽与虎头用墨点睛，为他处少见。正墙面

  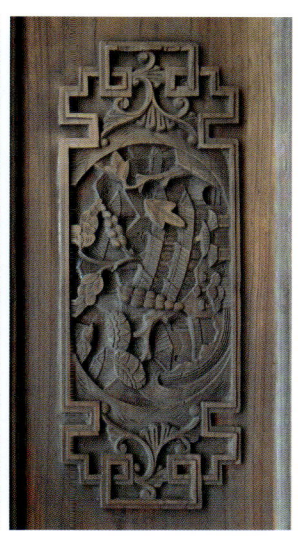

阴刻、浮雕花鸟的各式木门窗

上下大多采用木装板、木门窗、木裙板。门厅做雕花天宫罩，曲线花瓣形，镂空雕缠枝花卉。门边各一扇槅扇，上部为方胜格窗心，中腰花板浮雕拱桥亭阁，裙板阴刻兰花，下花板浮雕花鸟等。

院内房门多为双扇板门。额枋以上做"卍"字、"田"字形大方窗。槅扇窗多长方灯笼框加花瓶、蝙蝠、什锦、斜"卍"字什锦以及"福、禄、寿、喜"字等。花窗多小方格和"亞"字纹什锦、六边龟锦方格等。窗口下做木线条，两端浮雕龙头、花卉、绶带鸟等。

室内外均为石地板、石勒脚。柱础为下六边上扁鼓素面石础。小青瓦屋面，瓦脊。

兴贤李杰泰民居（清）

李杰泰民居位于牟礼镇兴贤社区（原兴贤乡）正街北侧。始建于清代，重檐歇山式木结构院落。20世纪90年代因分家拆毁一半，现仅存右（西）半建筑。

坐北向南，重檐歇山式，一楼一底。正房面阔三间10.7米，进深四间16米，通高6.5米。建筑面积89平方米。七架梁，四柱三穿。前双步廊。

门厅前后两道门，前门为天宫罩

小青瓦屋面。

　　临街面前廊双挑，枋柱上做雕花撑弓。每间廊柱上做镂雕花天宫罩，木墙板，双扇雕花木窗。大门双扇木门。门厅前后两道门。前门为天宫罩。门两侧做单扇固定式槅扇门各一扇。槅扇上部做镂空花窗，石榴形窗心浮雕花鸟。下部为木裙板，中心浮雕瓶花博古，四周浮雕组合图案。门扇之间，在楣枋下做花瓣形镂空天宫罩，浮雕花鸟。楣枋之上做三扇空花大方窗相连。中间一扇"卍"字纹底加如意纹。左右两扇"卍"字纹底加"寿"字纹，二门为六道槅扇门，两扇一组。上部做条方格组合加浮雕小构件镂空灯笼框子什锦花窗。下部木裙板上浮

兴贤李杰泰民居外立面（局部）

雕各式瓶花博古，外围浮雕装饰图案，成条屏状，十分精美。

院内檐下挑枋做撑弓。木花窗做法大致相同，部分采用细方格。双扇木板门。墙体上部为篱夹壁，下部为木墙板、木裙板。楼上临街（正）面木装板，每间做对开细木格条窗两扇。上层四根檐柱下做雕花撑弓。

室内外地面红砂石板铺筑。石勒脚、方形石础、半月形踏脚石。具有邛崃东部地区清代民居的典型特点。

永丰李家院子（民国）

李家院子位于牟礼镇永丰社区。始建于1912年，李姓民居。现存三合院布局，正厅房仅存正房一间、转角房一间，坐西向东。前面中间为方形天井，宽15米，纵长12.6米。左右厢房各三间，面阔12米，进深4米，通高5米。单檐悬山式穿斗木结构。

残存正房一间，面阔5.2米，进深7米。大转角房一间，面阔9.7米，进深8米。九架梁，用五柱。前步廊，通高6米。

永丰李家院子檐廊构法局部

厢房当心间做堂屋，双扇木板门。左右各两扇槅扇门，上部做长条灯笼框，镂空花牙、蝙蝠、角花等什锦组合而成。中腰花板浮雕书卷、宝剑等。下部为木裙板。次间为大方窗，有冰纹格子，有"回"字格什锦窗等。大方窗下小横卧条窗，"卍"字纹、"回"字纹混合使用。院内建筑正立面上部为篱夹壁，下部为木裙板。下六边上扁鼓形石础，高地脚枋，石勒脚。天井、阶檐条石铺筑。小青瓦屋面、瓦脊。

前进凤凰曹宅（清）

曹宅位于前进镇凤凰村。始建于清代，原为四合院建筑，现残存正厅房一幢。因其建筑外檐装修精美，故收录。

正厅房坐东北向西南，单檐悬山式穿斗木结构建筑，小青瓦屋面。面阔残存四间16米，进深8.5米。十一架梁，用六柱。前双步廊。

正房中三间前墙后退一步，前廊，廊柱三根。右侧（西北）梢间前凸一步，对檐廊开门。左梢间已拆毁不存。檐廊大挑枋上置搁基（柁峰）。搁基正立面呈梯形。一类以方折线为主：顶上刻官帽形，两侧呈阶梯变化，

檐廊大挑枋上置搁基，搁基正立面呈梯形

刻"亞"字纹，内浮雕卷云纹、花卉、蝙蝠。圆光外刻一圈联珠纹，中心浮雕瓶花几案，寓平安之意。一类以曲线为主：正立面为上下两个如意形，内浮雕卷云纹、花卉、蝴蝶等。圆光外圈刻花瓣一周。中心浮雕花鸟。墙面上部为篱夹壁、木花窗，额枋下面为木花窗、木裙板，双扇板门。

额枋之上木方窗有斜三角方形纹、"亞"字纹、"卍"字纹与平棂直棂方圆组合纹等。额枋下部有双扇对开花条窗和大方窗两种。花条窗心为长方形灯笼框子加"卍"字、"工"字、"亞"字和圆形什锦雕件组合。中腰花板浮雕梅兰竹菊、楼台亭阁，以及小桥、流水、村落、牌坊等图案。

右梢间门为"亞"字形门框，双扇板门。木墙板。室内外地面以方形红砂石板铺筑。石柱础。

前进马桥刘家院子（清）

刘家院子位于前进镇马桥村。始建于清代，原为刘姓民居四合院建筑，故名刘家院子。现仅存正房一幢。其建筑外檐装修有一定特色，故收录。

刘家院子正房坐北向南，穿斗悬山式木结构，小青瓦屋面建筑。面阔三间 13 米，进深 7.6 米。九架梁，用五柱四穿。前双步廊。两次间做一楼一底。

前檐挑出檐廊，大挑枋上置搁基（柁峰），正立面呈"亞"字形，刻方折线如意纹。方形开光，花瓣外沿，中间套如意形开光，浮雕花卉。正面墙体全部采用木装

雕工精美的搁基

饰。额枋以上墙面,每间分成三格,上部做小方格花窗,下部为木裙板。两次间中间一格做成活动门。依旧是上方格窗,下裙板。

额枋下当心间双扇板门,左右各两扇槅扇。槅扇窗花为灯笼架子"亞"字形,花鸟、蝙蝠纹雕件组成龟锦纹。窗心开圆光,双层曲瓣边框,中间镂雕插瓶梅花、盆景兰草、荷花等。圆光下刻流苏。中腰花板浮雕花鸟、麒麟等。下部为木裙板。下花板浮雕八宝图案。两次间各做六扇对开花窗,式样、规格相同。窗花为灯笼框子,窗心为长方框,以"工"字头、蝙蝠和角花组成什锦花窗。中腰花板浮雕花鸟、虎、鹿、猴等吉祥图案。下部为木裙板。室内墙面上部为篱夹壁粉白印花,下部为木装板。

方形石础。室内外地面及天井以石板铺筑,今部分改成水泥地面。

羊安新建程家院子(清)

程家院子位于羊安镇新建村,小地名板凳湾平坝上。程姓民居。始建于清道光二十八年(公元1848年)。原为四合院建筑,现仅存正房和右厢房。建筑外檐装饰精美,故收录。

宅院坐东北向西南。单檐悬山式穿斗木结构建筑,小青瓦屋面。正

程家院子

房面阔七间38米，进深10.2米。通高约5.8米。十一架梁，用六柱。

正房当中三间屋面与两梢间屋面不相连，略高于两侧，覆于两梢间屋面两端。

当中五间前双步廊，廊檐柱四根。挑枋挑出前檐廊，挑枋下另加大穿枋一根。挑枋上置木雕搁基（柁峰）。搁基正立面呈梯形，有上部刻海棠形，下部分四台方折线镂空花。中心方形开光内浮雕莲花、水鸟；有上部花瓣形，中部圆鼓形，浮雕花卉，圆鼓肩部和下部左右涡纹外卷。檐下挑枋头有雕花吊柱。檐柱挑枋下做镂雕花撑弓。檐檩下口做花牙。檐廊柱和前第二步屋檩上做镂花天宫罩。正厅堂屋双扇木门，两侧四扇槅扇，长条"回"字框，装饰勾连纹、卷草纹和角花。条形窗心镂雕牡丹、菊花等。中腰花板浮雕花卉。下部为木裙板。

堂屋门楣上悬"德门集庆"匾一块，楷书横排铲边刻，为恭贺华构落成之匾。款署"道光戊申年孟冬"，即道光二十八年（公元1848年）。

次间、梢间及厢房墙面上部为篱夹壁。额枋下每间三格，中格木花窗，两侧篱夹壁，下部木裙板。石勒脚。柱础为八棱形上重扁鼓。小青瓦屋面，瓦脊，檐口做滴水瓦。室内外地面铺石板（局部改变）。院子的天井用方石板铺筑。

檐柱下的镂雕

雕花槅扇门

茶园谢家大院（清）

谢家大院位于茶园乡张坝村。始建于清代。原为四合院建筑，现存正厅房以及东西厢房。大院坐东南向西北，为单檐悬山式木结构小青瓦屋面建筑。

大院以四方形天井为中心，前厅已拆除，用前围墙围合。围墙中间取南北向斜角开大门，双扇木门。正厅房面阔五间17.4米，进深5米。九架梁，用六柱。

中三间前墙退后两步，前廊，廊柱两根。两梢间凸出两步，进深两间成套房。正厅房平面呈凹字形。檐廊挑枋上置梯形（钟形）搁基（柁峰），浮雕瓶花、花鸟等纹饰。搁基上方挑头刻成龙首。下方挑头做仰斗火珠吊柱，镂雕花。正墙上部木装板。厅房门共六扇，中间两扇木板门，两侧各两扇槅扇门，上部花窗，下部木装板起台，上下之间做腰花板雕花。左右两次间各做六扇花窗，窗台以下木裙板。花窗多采用灯笼框长方形套叠，如意云纹和方形雕花动物、花鸟以及蝶形角花组合。门扇中腰花板浮雕花卉、双狮、双象、双凤、虎等图案。石础为八边形鼓架，八边八柱，上下横栏连接。每边刻花鸟。鼓架上刻扁鼓，鼓上沿刻乳钉纹一圈。

左右厢房各三间，面阔10.5米，进深3.5米。七架梁，用四柱。前步廊。小青瓦屋面与正房相接，檐口平齐。厢房做法与正房大致相同。当心间为堂屋，两次间在堂屋内左右开门。墙体上部为篾夹壁粉白印花，下部为木花窗、木裙板。条石勒脚，刻古钱纹通气孔。以条石、石板铺筑天井、阶檐，局部改作水泥。

雕花仰斗火珠吊柱

大同余家大院（清—民国）

余家大院位于大同乡会龙村。现存余家大院两座，均为单檐悬山式木结构建筑四合院。分别编为余院1号、余院2号。

余院1号，始建于清末民初。坐西南向东北。悬山式穿斗抬梁木结构四合院。以横长方形天井布局，由前厅、后厅和左右厢房组成。前厅面阔九间32米，进深四间6.3米。九架梁，用五柱。后双步廊。正厅面阔五间32米，进深7.6米。九架梁，用六柱。前双步廊。廊柱四根。中三间前墙后退两步，两梢间转角凸出两步，平面呈凹字形（正房左半已拆毁）。左右厢房各三间，面阔11.2米，进深4.2米。

余院2号始建于清末民初。坐北向南。单檐悬山式穿斗抬梁木结构建筑。以方天井为中心布局，由前厅、后厅和左右厢房组成。

前厅面阔五间21.6米，进深4.2米，后步廊。当心间为过厅，抬梁结构。后厅面阔五间21.6米，进深8.2米。中三间前墙后退两步，前廊，左右两梢间（转角）外凸两步，平面呈凹字形。左右厢房各三间，面阔10.6米，进深4.6米。前步廊。中间堂屋双扇门，两次间由堂屋内开门。正房转角房有小门与厢房连通。

两院做法大体相同。大门前用卵石砌筑保坎，做红砂石踏道。门厅

余家大院

高大,做重檐(1号院)或单檐(2号院)。门厅为穿斗抬梁结构,厅后做转轴雕花槅扇门。廊檐挑枋上置高大的雕花搁基。搁基形式有覆钟形、梯形、石榴形。1号院搁基有满工雕花鸟、蝙蝠、葡萄纹;满工瓶花缠枝纹、花鸟纹;满工花卉,麒麟刻于石榴形开光之中,麒麟之下刻儿童一组,加深了"榴开百子"的寓意。2号院搁基有浮雕团花,中间刻缠枝宝相花,圆光之外沿刻莲瓣等。门厅额枋上做横卧式大方窗,多用"卍"字、"寿"字连续纹样。檐檩下做镂雕花牙,浮雕有龙凤、鹿鹤、蝙蝠、花卉卷草纹等。挑枋头刻龙首,置镂空雕仰斗火珠吊柱。

大门用卵石砌筑保坎,做红砂石踏道

雕刻纹式丰富的大院柱础

　　墙体上部为篱夹壁粉白印花或部分木装板。穿斗结构中,有檩柱下截与穿枋交接处雕刻成花篮式样。门枋上做一排木格花窗,或做木墙板。花窗多用"回"字、"卍"字格。门枋下墙壁,正房做木装板、木雕花条窗、木墙裙。厢房正面墙多为篱夹壁,中间一扇方花格大窗,木墙裙。1号院厢房有在木墙裙板上做八角形、银锭枕形凸台,其上加彩绘者。

　　1号院后厅房后墙为砖砌。当心间后壁制作特别,用青砖砌作照壁式。下部砌基座,墙两侧依木柱砌砖柱,下段做须弥座,上段灰塑两层西式柱头花饰。两砖柱上灰塑浅弧拱形宽边,其上灰塑西式卷草花饰。左右角又灰塑中式"喜鹊闹梅"图案。后墙中心砌横长方形落堂,四周灰塑花式边框。中间粉白,彩绘"松鹤图":白鹤两只、松树、兰草、萱草和山石。彩色已褪,仅存墨线。堂子外墙面刷青灰色,白线勾画空斗砖式样。具有民国初年建筑风格。

　　大院柱础多为方形,六棱起线。雕刻纹式多样,计有:"山羊过河",

一只山羊涉水过河，水中岸边有螃蟹四只，极具生活气息；"麒麟童子"，一童子骑在麒麟背上；"斗鸡"，两只公鸡跳上房顶相斗，房下有花缸、小方桌，桌上有书、笔、砚等物件，极具生活气息。另有"龙凤呈祥""佛塔仙童""水仙""梅花"等，雕刻精美。石勒脚，高地脚枋。室外地面和天井铺筑石板。今有部分改动。外墙上部为篦夹壁，下部墙裙为木装板或红砂石板。

临邛西街赵宅（民国）

赵宅位于临邛镇瓮亭社区，西街中段南侧137号。始建于20世纪二三十年代。原为民国时期川军二十四军军需处处长张斯陶私宅，今为赵氏民居。

宅院坐南向北，大门出口朝向西街，距离西街街面约20米。为单檐悬山式砖木结构四合院建筑。大门为典型的民国时期砖砌冲天牌坊式八字墙门楼，两根方形砖门柱直通到顶。门洞顶部青砖券拱呈半弧形。门楣上方有匾堂无文字。两次间方形砖柱间砌砖墙，无门洞，做落堂。青砖菱形

赵宅

呈四方形的天井

拼花。外侧两根方砖柱稍矮，次间柱和外柱间砖砌八字形门墙，砖拼几何纹样。柱下砖砌须弥座。门楼内左右两侧为前配房、门房、厨房。门楼与大院之间为横长条形天井。大院分为前厅、正厅和左右厢房。在东厢房背后（东面）另有小天井、侧房和粮仓四间。

前厅正门为门厅，由门厅进入院内。前厅面阔五间19.5米，进深两间5米。正厅面阔五间15米，进深两间6.5米。两侧厢房各面阔11米，进深4米，均为一楼一底，通高9.5米。穿斗式排列木结构。七架梁，用四柱。前廊。正厅前用廊柱两根，檐廊宽2.5米。前厅和厢房檐廊宽1.5米。小青瓦屋面，瓦脊。天井呈四方形，边长11米。天井及阶檐铺筑石板。东侧小天井为一幢平房，东西向，单檐悬山式小青瓦屋面。面阔14米，进深4米。

该建筑除四周后墙（外墙）、部分山墙用砖砌体外，正立面墙面，楼上楼下均为木装板、木花格门窗、天楼（木楼板）地振（木地板）。楼上隔墙上部做篱夹壁粉白，下部为木装板。粮仓地脚抬高，木地板，木仓板。石勒脚，石柱础。室内外地面、天井，今有部分改建。这是邛崃一座民国早期中西结合，以川西民居木结构为主的四合院，已列为邛崃市保护古建筑。

临邛骆家大院（民国）

骆家大院位于临邛镇花园社区南街中段西侧何家巷2号，东距南街街面约50米。

大院为单檐悬山式屋顶，穿斗排列、抬梁式砖木结构，小青瓦屋面建筑。始建于民国初年。原为骆姓私宅。

大院坐西北向东南，现存前厅房、后厅房和左仓房三幢，中间为大天井，呈三合院式布局。大院前面原有通道因南街改建而部分改变。

前厅房面阔六间19.8米，进深5.9米，通高约6米。九架梁，用四柱四穿。中间四组排列为抬梁结构。抬梁间以柁峰和小斗代替童柱。左第三间为门厅。前厅房前后墙均为青砖砌体、白灰勾缝、木柱。前墙（院外）有窗无门。圆拱形窗洞，顶部做半圆形太阳纹，下部两层方格为支摘木窗。上层可外开，下层护窗固定。前墙每间砖墙裙中部做长方框，砌人字形纹。前厅正墙（院内）额枋上做木装板。额枋下砌砖墙，留拱形方格木窗（上下两层支摘窗）。木雕花门，上部灯笼框子加工字头。中腰花板浮雕博古等图案。墙裙用青砖砌菱形斜方格纹、人字形纹。过厅隔墙用木装板。

后厅房面阔五间18.5米，进深8.9米，通高约7米。单檐悬山式穿

骆家大院

斗结构。十一架梁,用五柱四穿,一楼一底。中三间前墙后退一步,前廊柱两根。左右两梢间前凸一步,平面呈凹字形。前檐柱挑枋挑出宽大的檐廊,挑枋上置木雕驼峰,覆钟形,其上做如意头,双屋檩从顶上穿过,弧腰,下部卷云向两侧上卷,中部圆光(或方形开光)内浮雕花开等。檐柱挑枋下又用弓形穿枋一根。正面(院内)墙体额枋上做花窗两层。上层大方窗,正"卍"字纹;下层横条方窗,斜"卍"字纹。两次间额枋以上做楼层。正面墙体每间分三格,中格为大方格木窗,左右两格为木装板。楼上铺木楼板,木天花板。额枋以下,当心间双扇木板门,两边半装台窗各两扇。上部做灯笼框什锦木条窗。下部为木墙裙。

两梢间正(院内)面墙体,额枋上各做"回"字格方窗两扇,"井""口"字方窗一扇。枋下各分三格做六扇对开方格窗,下层做方桦横卧式条窗三扇。下部为木墙裙。

后厅房后(院外)墙上部篱夹壁,额枋下做方格眼大方窗,双扇或单扇板门。木裙板,后墙外为长条形小天井,与正厅房左边厨房通道相连通。

天井左(东北)侧为仓房,面阔五间18.2米,进深3.8米。单檐悬

后（正）厅房

柁峰

山式穿斗结构，七架梁，用五柱三穿。前步廊。除左（东南）第二间为账房外，其余四间均为仓房。仓房正面（院内）墙体，额枋以上篾夹壁粉白印花。下部每间分成三格，用横卧式木装板，中间一间用活动式窄仓板。地脚枋抬起做木地板，地脚枋下砖砌高勒脚，做通风孔洞。

账房一间，方格花门窗，木墙裙，矮门坎，不做地板和勒脚，与一般居室同。仓房一幢左（东南）端与前厅相交处另有两暗间。西北端与后厅房左端（东北）交接处为厨房一间，抬梁结构。厨房外有水井一口，口径 0.65 米，水面深 10 米。井上架辘轳，井外做木井栏。厨房与后天井相通。大院天井宽 20.4 米，纵长 18.7 米，共 381 平方米。这是邛崃城区保存比较完好的民国时期中西合璧式大院之一。

水井

临邛文脉巷18号民居（民国）

民居位于临邛镇花园社区，文脉巷靠近南街段北侧。始建于民国初年。原为民国时期西康省政府民政厅厅长段班级（字升阶，邛崃人）的私宅，后改作敬老院，今为花园社区办公处。

民居宅院坐东向西，单檐悬山式砖木结构四合院建筑。以大天井为中心布局。前厅房面阔五间19米，进深四间6.7米，通高6.8米。两边厢房各三间，面阔8.8米，进深三间4.9米，通高6.3米。后（正）厅房面阔三间12米，进深六间8米，通高6.9米。穿斗排列和抬梁砖木结构。前双步廊，天井四周檐廊相通。抬梁下口有雕花雀替，童柱为木雕花瓶和雕花木柁峰（搁基）。童柱花瓶式，脚部为瓶座，瓶身修长，微弧，束颈，侈口，双耳。瓶口刻牡丹一朵托住抬梁。柁峰为石榴形，圆光中浮雕花卉。挑枋有单挑、双挑和双挑坐墩。挑头有方斗火珠吊柱，檐下饰两重花牙。墙体采用青砖砌体，木墙板和篱夹壁相结合。木墙板配木雕花门窗。花窗有灯笼框子什锦条窗；"十"字窗心，"亞"字什锦大方窗。青砖墙则配以西式（新式）木方格窗。窗楣上砖砌镂空花瓣形护窗孔，窗孔中安装木制荷花、菊花花瓣形图案。另一类砖墙上做木质长方形门窗。门窗之上用砖砌半圆形、桃尖形落堂（堂子）。堂子里白灰标花。木柱下做雕花石础。

木雕花瓶童柱和雕花木柁峰

红砂石板铺筑地面，小青瓦屋面，灰脊高大，灰塑花卉、动物图案精美，做工考究。是集清代晚期和民国初期中西风格为一体的民居建筑形式，具有明显的时代特征，是不可多得的建筑实物史料。

临邛大北街张家大院（民国）

　　张家大院位于临邛镇北坛社区大北街上段西侧。始建于20世纪30年代初。原为张姓商人私宅，现为市博物馆陈列室。

　　张家大院坐西北向东南，入口位于北街街面。两进四合院砖木结构建筑。面阔三间16.5米，纵深40米。

　　临街面当心间为门厅，左右做商铺铺面。门厅后部砖砌牌坊式门楼，三间四柱。当心间开门洞，双扇木门。两次间砌砖墙，墙面灰塑碎瓷花瓶，瓶中插牡丹、菊花。瓶置于几案之上，寓意碎（岁）碎（岁）瓶（平）案（安）。门楣枋上灰塑鹿鹤，寓意鹿（六）鹤（合）同春。其上做门匾，阴刻"三阳泰"三字，即三阳开泰。左右灰塑牡丹、菊花，寓意春秋。

　　牌坊式门楼后面为前院过厅，右侧设门房。前院为单檐悬山式穿斗木结构建筑，一楼一底，小青瓦屋面。前厅房和左右厢房以及前后院之间的隔墙围合成四方形天井。

张家大院

前厅后步廊，厢房前步廊，楼面挑出。前厅底层东北角有木梯登楼，楼廊三面相通。楼上做木格花大方窗，木墙板。厢房后墙为砖墙。厢房楼下为大方格几何纹门窗。檐下有花牙、吊柱，枋下有撑弓。柱下为石础，均有雕花。天井、阶檐均用红砂石板铺筑。天井北面厢房西北角有水井一口。

后院以正厅、左右厢房和前后院之间用砖砌隔墙组成三合院。中间是天井。正厅面阔三间12米，进深三间9米，通高约6米。单檐悬山式穿斗木结构，小青瓦屋面。雕花木门窗，砖砌墙裙（半装台）。墙体上部篱夹壁。山墙和后墙为砖砌体粉白。

砖砌牌坊式门楼

后厅左右有小天井和侧室。右侧小天井有通道通往正厅后面厨房杂物间。天井、阶檐和室内地面均用红砂石铺筑。

前后院之间砖砌隔墙,做瓦窗,六扇槅扇雕花门,新做门楼。

张家大院 2004 年以后按原貌翻新,门窗等多有改变。

临邛学道街张公馆(民国)

张公馆位于临邛镇考棚社区,学道街口西侧 27 号。原为民国时期张姓私宅,俗名张公馆。

张公馆原为四合院建筑,始建于民国初年。今仅存正房一幢,为政府部门办公用房。

公馆正房坐西向东,单檐歇山式砖木混合结构楼房,一楼一底。面阔五间 23.2 米,进深 15 米,通高 8.5 米,平面呈"Π"形。中间三间前墙后退一步,凹进部分为外廊。整个建筑外墙全部采用青砖砌体。正面主体建筑和两端转角连成整体。左下间有木扶梯通往楼上。楼上铺木楼板、天花板。在外廊位置砖砌圆柱两根,上下贯通至楼顶檐下成为檐廊柱。廊柱仿欧式,圆形泥作多层柱础。廊柱中间分段做弦纹、曲瓣纹,柱头西式

张公馆

标花灰塑。楼层廊柱与转角建筑墙面做木护栏相连。护栏直栏加工成花瓶式。门窗除正房中门上部做弧拱形护窗外,均采用中式长方形、大方格子,十分简洁。

屋面盖小青瓦,做灰脊,白色,脊顶上刷灰色线条。瓦口灰塑火镰钩纹。整体建筑风格简洁清新,是民国初期(20世纪20年代~30年代)邛崃新派建筑的代表之一。

临邛苏家大院(民国)

苏家大院位于临邛镇北坛社区,北街上段东侧255号。始建于民国初年。原系民国时期川军营长苏某私宅。曾属市日杂公司用房,今归邛崃市政府相关部门管理使用。俗称苏家大院。

大院坐东向西,西临北街街面,中西合璧式砖木结构复合四合院。占地面积约5000平方米,建筑面积约4000平方米。

临街建筑一幢顺街面呈南北横向排列,坐东向西,一楼一底,面阔五间17.5米,进深4.2米,通高约8.8米。穿斗排列结构,小青瓦屋面。楼上临街面墙面做木花窗、木墙板,楼下墙面雕花门窗,砖砌墙裙。山墙

苏家大院

及背立面墙体采用篦夹壁和砖砌体。左（南）侧山墙外建砖砌大门。大门内5米处为砖砌牌坊式门楼，东西向，三间四柱，冲天柱式。当心间两柱稍高。四柱皆方形，顶上白灰做两层西式柱头标花。当心间下部砌浅拱形门洞。两次间为砖壁。三间门楣位置均做匾堂（无字）。三间墙体顶部砌成花瓣形。值得注意的是，该门楼当心间门洞是用青砖砌成花式墙封堵的假灶，类似照壁。在门楼右（北）侧另用砖砌二门门墙，拱形门洞，南北向。门墙与临街铺面后墙和牌坊式门楼呈直角相交，分隔出门楼前小天井。

　　院内由北砖楼、过厅和南厢房组成前院。北砖楼和南厢房在院内两侧呈纵向相对排列。过厅横于其中，与南厢房相连接。

　　北砖楼坐北向南，面阔三间13.2米，进深7.2米，前廊，一楼一底，通高约8.8米。廊檐柱为方形砖柱。墙柱为方形砖包木柱，俗称银包金。柱子中段（楼层下方）白灰塑西式柱头标花。青砖墙体到顶，上下楼层各砖砌拱形窗套，方格木窗。楼上铺木楼板，正面廊外做美人靠。歇山式小青瓦屋面，白灰做脊。瓦檐白灰做火镰钩。楼梯设在两端山墙位置，从廊

二门门墙

大院一角

楼上房间

下而上,巧妙利用空间。

南厢房为单檐悬山式穿斗木结构建筑。过厅为青砖结构建筑,面阔两间3.6米,进深2.5米。方格木窗。悬山式小青瓦屋面,灰脊,脊顶做成波浪纹曲线。前院面阔25米,进深17.8米。中院有两幢平房略呈三角形相交于大院东北角的凉厅。凉厅呈四方形,悬挑于半月形小水池中,左右与平房相连,为花园休闲之所。面阔25米,进深23米,主建筑通高5.6米。

苏家大院小巧紧凑,中西合璧,布局灵活多变。其东北角另有别(后)院一座,有窄门相通。别(后)院面阔29.5米,进深29米,平面呈方形小四合院,今有改变。

有美人靠的楼道

临邛苏山苏家院子（民国）

苏家院子位于临邛镇盐坝村。该地多苏姓族居，故小地名苏山。院子始建于民国初年，为苏氏祖居，故名。

院子坐北向南，横四合院布局。建于山坡之上，前面垒石为台基。大门前有石板梯道而上。

院子以横长方形天井布局，由前厅、后厅、左右厢房组成，单檐悬山式穿斗木结构建筑，小青瓦屋面。

前厅面阔四间13.5米，进深3.5米。七架梁，用四柱。当心间为大门厅。前厅西（右）侧接转角房一间。双扇木板门，两侧木装板。门厅后为天井，横宽12.8米，纵长6米。天井北面为后厅房。面阔四间14.5米，进深6.2米。九架梁，用五柱。通高6米。前双步廊。后厅左右有大转角房各一间。后厅前墙后退一步，前廊，与转角房平面呈凹字形。左右厢房面阔各两间7米，进深3.5米。厢房左右接大转角房。

后厅双挑挑出前廊檐，挑枋上置覆钟形柁峰，浮雕缠枝花卉和荷花。正面墙体上下均用木装板。堂屋双扇木门，两侧各做雕花槅扇门四扇。"亞"字空花灯笼式，窗心嵌圆光图案，两层浮雕瑞兽、花卉。中腰花板刻山水

长方形天井

人物浮雕,下部为木裙板。其余每间对开条窗六扇。以长方框"回"字形套叠灯笼式加卷草纹饰小构件什锦组合而成。窗下为木裙板。裙板上口做木线,两端做勾连拐子,装饰浮雕花鸟、龙、狮等。正堂屋挂"庆衍楼辉"匾,行书阴刻,贴金,下署"民国九年秋八月"(公元1920年)。匾为亲友恭贺"华构落成"所赠,为考证大院建造时间提供了准确依据。

左右厢房双扇木板门,两侧每间做大方窗两个,小方格眼加龟锦纹组合而成。窗以上为木墙板,窗台以下为木裙板。隔墙和后墙上部为篱夹壁,下部木装板。条石勒脚,

堂屋的雕花槅扇门

刻古钱纹通气孔。室内外地面、天井铺筑石板。

该院布局虽依轴线并讲究对称,但前后厅房以及左右厢房都采用双数,致使前门厅和后厅正堂屋以及厢房堂屋都不在中轴线上,是为特例。

临邛周烧坊周家院子(民国)

周烧坊周家院子位于临邛镇盐坝村。始建于民国初年。原为周氏烤酒烧坊和周氏居住院落,故名。

单檐悬山式木结构四合院建筑。前厅被拆除重修。余正(后)厅、左右厢房保存比较完整。现为苏姓村民居住。

院落坐东北向西南,以天井为中心布局,由前厅(重修)、正(后)厅和左右厢房组成,平面呈四方形。前厅(略)。正(后)厅面阔五间18.8米,进深6.6米,通高约7米。九架梁,用五柱。前步廊。一楼一底。正厅左右各有大转角房一间与厢房相连接。用三挑挑出前廊,在第二挑上置雕花挑基,花式简洁。檐廊高大宽敞。正立面额枋之上为楼层外墙。每间分上下两层三格。上层中间做木格方窗,两侧为篱夹壁粉白印花。下层为木装

周烧坊周家院子

正堂屋双扇木门及槅扇

板。额枋之下做双扇对开条花窗，每间六扇，以"回"字结构长方框套叠，辅以蝴蝶、花草小雕件什锦组成。窗扇下花板浮雕荷花翠鸟、杏花鹧鸪、牵牛花雄鸡、猛虎下山、狮子绣球等图案。正堂屋双扇木门，两侧为槅扇门。槅扇门下部木装板上阴刻蝴蝶、璎珞变形装饰图案。正面墙裙青砖砌筑，粉白之后刷青灰色，白线画出砖纹，是民国初年民居建筑常用手法。

左右厢房双挑出檐，上挑长，直挑檐檩。下挑短且不直接挑屋檩。上挑中段雕花柱立于下挑前端坐墩。下挑枋之下口，做弧弯形撑弓支撑下挑。撑弓素面，选用天然弯曲之树材制成，生动自然。当心间为堂屋，双扇木板门。左厢房门两侧上部为方格大方窗，下部为木装板。右厢房门两侧做双扇槅扇，上部空心"十"字方格中间套圆形窗心，下部为木装板。厢房次间额枋上为篱夹壁，其下为条花窗。花窗为长条灯笼框子加蝙蝠等什锦。下部砖墙裙。石勒脚，刻古钱纹通气孔。方形石础。室内外地面及天井用材已经改变。小青瓦屋面、瓦脊。

该宅院是一座民国初年修建的，具有川西邛崃民居主要特点而又局部采用新式做法的农村民居。

临邛兴贤街 123 号民居（民国）

兴贤街 123 号民居位于临邛镇兴贤街中段东侧，邛崃市人民武装部干休所内。始建于民国初年，原为杨显铭公馆，故人称杨公馆。原为院落，今已改拆建，仅存正厅房一幢。

正厅房坐东向西，悬山式穿斗砖木结构建筑。面阔三间 16.5 米，进深 8.5 米，通高 7.4 米。九架梁，用五柱。前双步廊。大坡屋面，屋面中部有举折（邛崃民间称为裙抱水），素筒瓦，瓦口泥作火镰钩。前檐廊挑枋上置石榴形木质大柁峰（搁基），浮雕蝙蝠和寿字纹，寓意多子、多福、多寿。墙体上部做篦

廊檐天宫罩

夹壁粉白,半装台砖墙裙。门额枋以下,砖墙裙以上做连通式大方格木门窗,五彩玻璃。窗户多用上下两层,上层每间做外开条窗六扇,下层每间做固定式护窗六扇。红砂石圆鼓形石础。地振板,条石勒脚。在廊檐柱之间和檐廊挑枋之下,做花瓣外形的天宫罩。天宫罩内做"卍"字纹连续图案。前廊檐和前天井原铺红砂石板,今已改变。

火井邱氏海屋（民国）

邱氏海屋位于火井镇高场社区河北街10号。始建于民国二十二年（公元1933年）冬,历时两年,至民国二十四年（公元1935年）冬完工。原为火井邱子文（学古）私宅,1952年人民政府以房互换,用作税务所,1958年改作火井公社医院。现为尔玛博物馆。

海屋坐北向南,平面呈"日"字形两进四合院布局,是一座单檐悬山式穿斗排列砖木石结构、小青瓦屋面建筑与西式砖石门楼中西合璧的院落建筑。占地面积670平方米,建筑面积470平方米。面阔14.5米,进深33米。整个建筑由前厅、前天井、左右厢房、中厅（过厅）、后天井、后配房组成。坐落于溪河边,其东围墙濒临河岸,砌条石高保坎,其上砖砌空斗高围墙,经后院外与西围墙连接。东、西砖砌围墙在前面（南）与前厅砖砌门楼围合。

海屋鸟瞰图

海屋门楼局部

前厅为西式砖门楼,一楼一底,砖木结构,小青瓦屋面。面阔五间14.5米,进深6米。正面墙体和门楼均采用青砖白灰浆砌。门楼三间四柱,高9.5米。当心间两根方形砖门柱直通到顶,叠涩柱头,柱头顶上灰塑山形装饰。次间方砖柱稍矮于当心间门柱,高约7.5米。叠涩柱头,其上灰塑球形装饰。当心间砖砌圆拱形门洞,红砂石镶砌成门套,其上雕"卍"字纹。双扇厚重大木门。门楣上灰塑西式洋房、轮船等写实图案。楣枋之上为匾额堂子(落堂),嵌红砂石匾一块。匾周阳刻竹筒边框,匾心从右至左横排阴刻草书"海屋"二字,下署"甲戌清和"(公元1934年)。匾上方用砖叠涩成横枋,下口灰塑西式花叶纹、曲线纹。其门墙上部中心做西式圆窗,外沿灰塑西式草叶纹。左右做竖长条形方窗,泥作"寿"字纹。两次间下部砖砌长条形堂子(落堂),上部开长条形窗洞,装木方格窗扇。窗洞上部做镂空花瓣形护窗。墙顶部做相向对称花瓣弧曲线。门楼两稍间墙面下部砖砌横长方形落堂,以白灰做叠涩腰线。上部并列横开三个条窗洞,装长方形方格木窗。窗洞上部做镂空花瓣形护窗。其上以青砖叠涩出檐,檐下口做灰塑。

门楼墙下部红砂条石勒脚,勒脚高大,阳刻条带式纹样。门柱石础为方尊形,余为上方下圆形。

前厅后面的天井

前厅主体建筑为单檐悬山式穿斗木结构，与砖门楼紧贴构成一个整体。九架梁，用五柱四穿。小青瓦屋面。一楼一底，木楼板。当心间为门厅。右夹壁通道有木梯上楼。木板隔墙。木格花门窗。楼上廊道外侧有木质护栏。厅后（北）为天井，天井左右为厢房。面阔4米，进深3米。厢房一楼一底，通高7.7米。楼层与前厅和中厅连通。木楼板、木墙板、木格花门窗，木质护栏，小青瓦屋面。天井四周阶檐宽大。

天井北面为中厅，单檐悬山式穿斗木结构建筑，一楼一底。面阔三间12.4米，进深三间7.5米，通高10.4米。当心间为敞厅，不做楼层，直通到顶。两次间设楼层，铺木楼板，楼廊宽敞连通、木质护栏。木格花门窗。门窗、护栏花格线条简洁，多用正方格、长方格、菱形格、"回"字格、"亞"字格、梅花格、银锭形格、蜂窝格。另有舵轮形圆形花格，别有意味。天宫罩以"卍"字几何形、中国结斜绶带形等复杂图案组合而成。前院建筑空间高大，故天井显得格外高朗。楼廊采用悬挑结构，故底层天井四周回廊也显得格外宽绰，通风采光极好。方形石础，地脚枋宽厚，其下垫红砂石勒脚。通风防潮。用条石、石板铺筑天井、阶檐。中厅东西两侧山墙与外围墙之间各做夹道一条，宽1.3米。两条夹道（暗道）可从前院通往后院，其中东（左）侧暗道还可从后面登上中厅二楼。暗道在外围墙下部

后院的小天井

开有砖砌花窗洞和内八字形枪眼（射击孔）。前厅、厢房和中厅的楼层外墙上均开有拱形条窗。内窗为木方格，外窗为双扇板窗。

后院为小天井，单檐悬山式穿斗砖木结构平房共三幢。后房面阔三间8.5米，进深4米。通高5.4米。七架梁，用四柱三穿。外墙为青砖砌筑，与东西砖围墙相连接。墙上开方格花窗。围墙西北角开长方形后门。做石踏道三级，与院后花园、厕所相通。天井铺筑石板。

海屋屋面皆小青瓦，屋上做灰脊。灰脊高大，脊两端尖削向外，瓦砌中堆。墙体上部做篱夹壁粉白。下部均为木板壁、木墙裙。特别是中厅建筑高达10米，所用木柱全是一根到顶，材质优良，防潮防蛀处理也十分到位，柱脚至今无霉朽和虫蛀现象，十分珍贵。

海屋建筑地势选择一边濒河，垒高坎为基。筑高近8米的砖围墙围合封闭，辅以暗道从内部相连通，其封闭性、安全性有独到之处。

2007年4月，成都市人民政府批准公布为成都市文物保护单位。
2007年6月，四川省人民政府批准公布为四川省文物保护单位。

附注：宅主邱子文因与邛崃高何人季叔平的关系，曾于20世纪20

条石和青砖砌筑的外墙

年代中期供职于重庆海关。因而在房屋装饰中有轮船灰塑和舵轮类花格图案并署名"海屋"。该屋于本地建筑中确属高大建筑院落,邛崃方言将"大"称作"海"。其"海屋添筹"寓意亦尽在其中。

冉义刘公馆（民国）

  刘公馆位于冉义镇英汉村、付庵街面。始建于民国二十一年（公元1932年），原为民国时期川军师长刘树成私宅，1950年后收归国有。

  刘公馆坐东南向西北，中西结合砖木结构，单檐悬山式小青瓦屋面建筑，一楼一底。由前楼、中（右）天井、西厢房、后楼组成，平面呈长方形。面阔20米，纵深28米。

  前楼临街，面阔五间20米，进深8.9米。前步廊。临街砖砌方形檐廊柱六根，与六根方形砖墙柱构成挑廊。挑廊左角呈直角，左侧砖砌山墙做马鞍形马头墙。右角与屋檐均转弧角。挑廊上部做楼廊，铺木楼板，楼廊柱间做美人靠。砖柱顶端叠涩做顶座，其上灰塑西式菜卷柱头标花。楼廊顶部天花板边缘做白灰阴角线。每间亢花板中心位置灰塑圆形西式图

刘公馆后楼

案。前墙砖砌体,楼上楼下均安装大方格对开条窗。当心间为正门过厅,弧拱形门洞,双扇木门。

门厅后面(东南)左为天井,右为西厢房。西厢房砖木结构,小青瓦屋面,面阔六间7.2米,进深6.4米。西厢房左山墙与外围墙之间有过道通往后楼。在西厢房与天井之间砌砖墙做夹道,夹道中间做西式牌坊楼门。

西式牌坊楼门宽3.5米,通高约5.5米。仿教堂尖顶西式门楼。四根砖柱,中二柱做门柱,弧拱形门洞。门墙上部、两侧做堂子。门墙上部灰塑花鸟。门楼顶部两边各做七折梯形。柱子前后两面及门墙小卵石镶嵌菱形、三角形、

西式牌坊楼门

门厅后的天井

方形图案。门楼装双扇大木门。

　　门楼后面为后楼。面阔五间20米，进深10米。前檐下六根方形砖檐柱与六根方形砖墙柱之间做廊。上部铺木板做楼廊。正面每间楼廊外檐口和楼层下口都用砖砌浅弧拱，外观正立面每间上下的两层弧拱，如两座上下重叠的五孔砖桥。廊柱间做美人靠。后楼上下两层前墙、后墙、山墙均为青砖白灰浆砌。前墙开方形门框，双扇板门。楼层窗户为圆拱形、大方格窗，底层窗户为弧拱形、大方格窗。

　　歇山顶，封山处做圆形镂空花"寿"字纹。檐口平直。瓦口白灰做火镰钩纹。屋面做老虎窗

临街的楼廊和美人靠

两个,灰塑正脊、垂脊、戗脊。脊、檐平直。

后院砌空斗砖围墙。墙头用砖砌"中"字、"亞"字,以及"王"字花栏杆。后院天井已荒废。

2013年9月,成都市人民政府批准公布为成都市文物保护单位。

夹关高家院子(民国)

高家院子位于夹关镇熊营村,小地名双土地。始建于民国二十年(公元1931年)。原为四合院建筑,1987年将前厅和左厢房新改建,今存正厅四间、右厢房四间,保持原貌。

院落坐北向南。正厅四间(含转角房一间),面阔16米,进深5.8米。正三间前双步廊。悬山式穿斗排列木结构建筑,十一架梁,用五柱四穿。右厢房四间,面阔12米,进深4米。前双步廊。方形天井横宽10米,纵长9米。除正堂屋外,均做一楼一底。正厅房双挑挑出宽大的前廊檐。正立面当心间门额以上做小方格横式连通花窗。门枋上悬挂"飞阁流丹"匾一道,阴刻行草书,款署"民国二十年"(公元1931年)。当心间原有六扇花格门,今已不存。两次间楼上正立面中间开单扇木门,两边做半装台,上半小木格方窗,下半木装板。额枋以下,两次间各六扇细方格对开条窗。

保持原貌的正厅和厢房

天井中以卵石铺筑图案

木格中心结"卍"字纹。木装板墙裙。隔墙为上部篱夹壁,下部木墙板。后墙上部为篱夹壁,下部为砖砌体。左右两转角房做拱形木门洞,双扇木门,门前置踏脚石。

  厢房前檐下挑出楼廊(檐廊)。上层楼正立面墙做小方格木窗。连接外檐柱做楼廊木栏杆。栏杆采用斜菱形图案与斜"卍"字连续图案交替排列。楼廊铺木板,其下为檐廊。木门窗、木墙面局部改变。高地脚枋,石勒脚。红砂石柱础,下层为八边形,上层为扁鼓形,素面无纹饰。另见下层八边鼓架式,上层扁鼓,刻乳钉纹。小青瓦屋面,瓦脊、瓦砌中堆,檐口做滴水瓦。室内外地面铺石板。整个建筑朴素大方,极少装饰,讲求实用。唯天井中以卵石铺成图案:平顶大卵石和红砂石板砌成界格,划分出大小不等的正方框和长方框。在大方框内用大小不等的卵石侧立镶嵌成多层菊花形,圆形卵石点蕊。外边和长方框中以卵石镶成横、竖条纹和"人"字纹,生动自然。

平乐银家大院(民国)

  银家大院位于平乐镇禹王社区,白沫江南岸。原为银氏私宅,今为平落堂酒道馆。

银家大院

  银家大院始建于民国初年，现存院落为七星抱月式大院之一部分。坐西向东，单檐悬山式穿斗木结构建筑，小青瓦屋面，平面呈不规则形四合院。

  大院门厅坐南向北，面阔三间11.2米，进深6米。后步廊。十一架梁，用五柱。当心间为过厅，双扇板门，二门为六扇槅扇门。门厅后为天井。天井后部为斜边，平面呈梯形。天井西侧为正厅房，东侧为下厅房。天井后面（南）原为过厅，通往内院。现今封闭，局部改变。

  正厅房面阔六间27.2米，进深7.3米。十一架梁，用五柱。前后廊。中四间，前双步廊，檐廊柱三根。两端为大转角房。廊檐挑枋上置木雕花搁基（柁峰）。正堂屋在西第三间，后壁左右有小门通往西侧小天井（已改建）。前墙门厅上部做大木格花窗，分嵌"春""花""富""贵"四字。

  下厅房与正厅房相对，面阔五间21.5米（含左右大转角房共五间，比正厅房少一间），进深5.4米。九架梁，用五柱。前步廊。后过厅三间，面阔11.6米，进深6米。九架梁，用五柱。当心间过厅封闭改作他用。天井四周檐廊连通。

  大院墙体上部为篾夹壁，木装板。下部为方格大花窗，对开拐子格条窗，木裙板。外墙上部为篾夹壁，下部为石板墙裙或砖砌体。

天井四周檐廊连通

前过厅和正厅、下厅除堂屋外做木楼层，一楼一底。木望板、木地板，天楼地振。石勒脚，做古钱纹通气孔。方形石础，浮雕花卉图案。室内外地面及天井铺筑红砂石板。部分窗花式样已有改变。

固驿黄氏民居（清）

黄氏民居位于固驿镇春台社区正街170号，始建于清代。原为单檐悬山式穿斗木结构四合院建筑，残损严重，但建筑木作、石作做工精良，故作补录。

建筑前檐廊高朗宽阔。挑枋上置搁基，多作石榴形。上部浮雕如意宝石纹，外沿卷草花瓣纹，圆光内刻飞禽异兽、瓶花等。挑枋头上饰半镂空花吊柱。檐檩下做雕花天宫罩。天宫罩呈单线花瓣形，分三段浮雕图案，中段浮雕麒麟或虎、豹，两侧对称浮雕花卉、蒲葵叶等。挑下施撑弓，撑弓两面分段浮雕花卉、牛、鹤、麒麟、蝙蝠以及亭台等。花牙、天宫罩、撑弓等木雕构件全部采用平底浮雕法，无一采用镂空法。而在撑弓正立面（小面）上部半圆雕如意头一个，下部圆雕小狮一只，是其特点。

建筑中院门为木质月宫门，门侧木装板。门上做斜菱形方格横窗。

283

石榴形搁基

上部为篱夹壁。院内主建筑一楼一底，楼上正面做冰纹方窗，木裙装。楣枋以下花门窗、木裙板多已改变。方形雕花石础和覆钟形雕花石础。覆钟形石础上部为扁鼓形，阳刻"卍"字纹。下部呈喇叭形，四个海棠形开光，椭圆形外边框，开光内浮雕人物、城池、桥梁、牌坊、瑞兽等。开光外缘交接处，上下各刻桃形和圆形"卍"（万）字图案。后院尚存水井一口，六边形，石板砌成。六边形石刻井圈，井口沿外侧每面浮雕蝙蝠、瓜果等图案。为民居水井中少见。

覆钟形石础

吴家院子（局部）

牟礼吴家院子（清）

吴家院子位于牟礼镇同录村，始建于清代。单檐悬山式穿斗木结构建筑，小青瓦屋面，一楼一底。正房面阔三间18米，前双步廊。木作装饰富有特点。前廊挑枋上置石榴形搁基，上部浮雕如意宝珠纹，下部浮雕兽头、花卉。中间圆光内刻瓶花。正面墙体，额枋以上做连排"回"字纹花窗，下部为木装板。额枋以下，当心间有双扇板门，门两侧各有两扇槅扇门。上部为长方形灯笼框子加什锦雕花件，中腰花板浮雕人物、花卉以及杂件。两次间做细方格花窗，饰角花，下部为木裙板。石勒脚，石柱础。室内外地面石板铺筑。

牟礼阎家龙门子（清）

阎家龙门子位于牟礼镇开元村，为阎姓家院子砖砌大门门墙。大门俗称为龙门、龙门子。与阎家大院同建于清代。院内建筑已拆改建。

龙门子及前院墙采用青砖砌空斗墙。墙高约3.6米。横长已有改变。

阎家龙门子

墙上开门洞，宽约1.6米，高约2.5米。条石门柱，条石门坎，青砖券顶砌拱形门洞。门拱砌两层外套。拱圈上白灰标花，做夔纹变形图案。外边套线描莲瓣纹。石门柱上阴刻行书联："个中确有春秋景；此地能储将相才。"门额上方做长方形堂子，内置扇形门匾，字已毁。门左右两侧上方各做横长椭圆形堂子一个，内中又开椭圆光一个，灰塑"卍"字纹和花卉。双扇木板大门。墙面全面刮灰后刷成青灰色，墨线勾画出长条砖纹。阎家龙门子的工艺做法与当地著名的开元寺山门、马代桥等清代建筑都有相似之处，对研究牟礼开元村一带的清代建筑有一定意义。

道佐郭家大院（清）

郭家大院位于道佐乡寨沟。始建于清代，郭姓民居。单檐悬山式穿斗木石结构建筑，小青瓦屋面。一楼一底，坐西北向东南。其布局原为两重四合院式。今存门厅房一幢，与后院分开。后院由前厅、后厅（正厅）、左右厢房、天井组成大四合院。建筑精美。

门厅房面阔三间，建于红砂条石砌筑的台基之上，台基高约1米，

郭家大院

正面做四级垂带式踏道。进深三间四柱，前后廊。檐下双挑坐墩，镂空花斗吊柱，饰花牙，枋下雕花撑弓。额枋以上做"回"字纹花窗。门窗今已无存。方形雕花石础。地面铺筑石板，小青瓦屋面，瓦脊。

门厅房后约3米为后院前厅。后院建筑在高约1.6米的台基上。台基用红砂条石浆砌而成。正面有七级垂带式石踏道。与门厅房在同一中轴线上。前厅房面阔三间，进深四间，前后做楼廊。一楼一底。楼面及前后楼廊铺木楼板。楼层正面墙体上部做篱夹壁粉白，中间外墙做"回"字花格窗，木裙板。院内楼廊外做"井""口"字木花护栏。前厅底层当心间前

檐下双挑坐墩，镂空花斗吊柱

前厅之后的方天井

墙双扇板门，左右各两扇雕花槅扇。槅扇上部为长方形"亞"字格灯笼框子，中心嵌镂雕圆灯笼心子，浮雕鹿、蝶、蝙蝠、麒麟、鹤等动物，四周配以什锦。中腰花板上分别浮雕琴、棋、书、画四幅。下部为木装板。

两次间码三箭直棂窗，院内墙面码三箭花窗、石裙板。高地脚枋，石勒脚，石柱础。前廊檐下台基高坎外沿做石柱石栏板，柱头做十二面瓜锤式。

前厅之后为方天井，天井的西北面为正厅房。正厅房面阔三间，一楼一底。左右转角房各一间。前步廊，前廊檐柱两根，挑枋之上置木雕搁基（柁峰）。搁基正立面呈梯形，外沿多用方折线卷云纹。其圆形开光内浮雕花卉等。挑头有雕花吊柱。檐柱至吊柱之间，其上出弯弓挑，立面呈耳形（勺形）。

楼层正面墙体上部为篱夹壁粉白，中段为直棂窗、木裙板。底层当心间双扇板门，左右各两扇槅扇门。槅扇门上部为灯笼框子什锦花窗，中腰花板浮雕花卉等，下部为木装板。两次间各六扇双开条窗，灯笼框子，镂空什锦窗花。中腰花板浮雕梅、兰等花卉，其中尤以牧童骑牛和牧童放风筝生动自然，颇具民风真趣。堂屋门枋上悬"丕振家风"门匾一道，行楷阴刻，朱红底金字。款署"同治五年桂月"（公元1866年）。

左右厢房由转角房与前厅房、后（正）厅房相连，一楼一底，面阔三间，前廊。前檐廊柱各两根。挑头做雕花吊柱。楼层墙面篱夹壁、木格窗、木裙板。下层墙面木格窗、石裙板。雕花石础。石础为三重式，底座八边形，浮雕花鸟，其上置扁八角形托座一重，上刻扁鼓形，周刻卷草纹。小青瓦屋面、瓦脊。室内外地面及天井铺筑红砂石板。

天台山张氏民居（清）

张氏民居位于天台山镇土溪村（原属太和乡）。张氏祖居，始建于清末。原为四合院建筑，已部分拆毁，存正厅房、右厢房和部分左厢房。悬山式穿斗木结构，小青瓦屋面建筑，一楼一底。正厅房与厢房做法、规格大体相同。

正厅房面阔三间，进深四间，前步廊，前廊檐柱两根，左右转角房各一间。楼层上部墙面为篱夹壁，下部为木装板，中间开小门。底层当心间双扇木板门，左右各两扇槅扇门，长方形灯笼框子什锦花窗，圆灯笼窗心浮雕戏剧人物故事。中腰花板浮雕喜鹊、鸟雀飞于小院厨房窗前等场景。左右两次间各六扇花窗，其中间四扇花窗做成假槅扇门，上部灯笼框子什

张氏民居

极富民间生活情趣的中腰花板浮雕

锦花窗,中腰花板,下部为木裙板。中腰花板浮雕金鱼、双燕、荷塘小舟、麒麟、梨花白头和庭院等。庭院浮雕图案中,花木假山旁一小轩,轩中置方桌两张,桌上放酒坛、酒壶、酒杯等,极富民间生活情趣,小中见大,是不可多得的花窗木雕构件。

右厢房三间,共六扇花窗(门),式样同为长方形灯笼框子什锦花窗,中腰花板浮雕花鸟,下部木裙板。左厢房残存一间,做法相同。石勒脚上刻古钱纹通气孔,浮雕花卉图案。八方形石础,上层做扁鼓形。室内外地面和大天井用红砂石板铺筑。小青瓦屋面,瓦脊。

正堂屋挂门匾一道,黑底金字,阴刻行楷书"画锦鸿基"。上款"壬寅科举人现任雅安县正堂文题",众亲友为"大储封张先生甫朗轩荣建志喜"。下款为"宣统元年应钟月"(公元1909年)。匾外沿双层雕手法刻彩色华带边框。

临邛金氏民居(清)

金氏民居位于临邛镇土陶村。金姓祖居,始建于清代。原为大四合院,今大部被拆毁,仅存东南角正厅三间、转角房一间、右厢房两间。曾作为人民公社公共建筑。该建筑残存部分木作精美,其墙体上比较完好地保存

建筑残存部分木作精美

有部分"文革"时期漆书标语和毛泽东语录。

金氏民居坐东南向西北。正厅面阔三间12.5米，进深四间7.6米。转角房一间面阔6米，进深7.6米。右厢房面阔两间7.6米，进深三间4.5米。悬山式穿斗木结构建筑，小青瓦屋面。

正厅房前廊，廊檐柱两根，挑枋上置葫芦形素面柁峰。

墙体上部为篾夹壁、"回"字木花格窗。额枋以下，当心间双扇板门。左右各两扇槅扇，上部"亞"字形灯笼框子花窗，圆灯笼窗心，浮雕花鸟人物。下部木装板。两次间各六扇对开花窗，长条方框式什锦花窗。

堂屋板门上的语录

下部木裙板。方形石础,边角起线,无雕饰。

堂屋板门上红漆底子,白漆从右至左仿宋体直排书写毛泽东语录:"虚心使人进步,骄傲使人落后。"左右四扇槅扇门裙板上分别用仿宋体书写二字(从左至右直排):团结、紧张、严肃、活泼。右次间墙裙红漆底,仿宋体书毛泽东语录,从左至右横排(共四排):"毛主席语录":"政策和策略是党的生命,各级领导同志,务必充分注意,万万不可粗心大意。""毛主席语录"五字为黄漆书写,其余文字白漆书写。左次间门枋上红漆底,白漆仿宋体直排书写"毛主席是我们心中的红太阳"标语一条。是"文化大革命"期间,"红海洋""语录墙"的历史遗迹。

道佐蓝靛坊(清)

蓝靛坊位于道佐乡万福村,小地名吴大沟的台地上。清代染料蓝靛作坊。1950年土改时分给当地农民作为民居至今。

蓝靛坊整个建筑坐北向南,由大门、前天井、前厅、中天井、前厢房、中厅、后天井、后厢房和后厅组成三进三天井大四合院。面阔33米,进深56米,占地面积1848平方米。现存房屋二十九间。整个建筑群依山

蓝靛坊

建筑纵剖面从前往后呈逐渐抬升态势

就势而建,高低错落,大小不一。其建筑纵剖面从前往后呈逐渐抬升态势。大门不在建筑院落中轴线上,仅存方形门墩石两个、圆鼓形石础两个以及石门槛、条石台基等。大门偏于中轴线以东6米,并与院落横轴线呈30°夹角,朝向为南偏东。大门前有石砌垂带踏道六级由东往西而上至大门前。大门内为前天井,呈不规则横长方形。原有建筑已毁。有石砌踏道七级从天井内由东向西至前厅门厅第一层台基之下。前厅建在上下两级高高的红砂石砌台基上。前厅大门前有垂带踏道五级与下层踏道相接。上下三段踏道平面布局呈三折"之"字形。

镂空雕花门窗

前厅当心间为过厅

　　前厅坐北向南，位于院落纵轴线上。穿斗木结构单檐悬山式小青瓦屋面建筑。九架梁。前步廊。面阔18米，进深5.6米。当心间为过厅。门柱前安放方形门墩石。门额枋以上墙面做篱夹壁粉白，下部为木装板。方形石柱础。地脚枋下垫红砂条石勒脚。前厅后面为中天井，面阔18米，进深6.4米。左右厢房面阔9.8米，进深5.6米。单檐悬山式穿斗木结构，小青瓦屋面建筑。七架梁。上部为篱夹壁，下部为木裙板。木花格门窗（局部改动）。天井前后有垂带式踏道。天井后面为中厅，位于纵轴线上。面阔20米，进深8米。穿斗木结构，悬山式小青瓦屋面建筑。九架梁，用六柱。当心间为过厅。墙面、门窗等材料和做法与前厅相同。中厅后面为后天井。平面呈四方形，边长11米。从中厅到后院有左、中、右三条石砌踏道。后天井后面为后厅，面阔35米（含左右转角房），进深10米。后厅房基石砌高台基。当心间为祖堂。穿斗排列单檐悬山式小青瓦屋面建筑。十一架梁，用五柱。左右厢房各面阔13米，进深7米。前步廊。穿斗式木结构，小青瓦屋面。前后四合院各建筑之间屋面相互搭建，或连接，或覆盖。瓦脊、瓦做中堆。室内外、阶檐用条石、石板铺筑。天井使用方形红砂石板作斜线菱形铺筑。木花窗形式多样，计有镂空几何纹双扇条窗；

正厅房当心间为祖堂

正方形大花窗，下部配横条形连续图案花护窗；圆形大花窗；细方格条窗和大花格、竖条格木花窗。方形或高低式方形石础，多素面或在六棱起线。部分方形石础四面刻"卍"字纹。

该作坊为佐证邛崃西南部清代至民国时期染织业的兴盛提供了实物资料。2013年9月，成都市人民政府批准公布为成都市文物保护单位。

碉 楼

碉楼是中国民居建筑的一种特殊类型，一般为多层塔楼式，因形状似碉堡而得名。它集防御、居住功能于一体。它的形成与发展同自然、社会环境的综合作用密切相关，具有很强的地域性，体现出不同的建筑风格及艺术追求。

徐家石碉楼

平乐徐家石碉楼（民国）

徐家石碉楼位于平乐镇马流村。始建于民国年间。碉楼下为土木结构小四合院，碉楼位于院落东侧，坐东北向西南，平面呈长方形，三楼一底共四层。底边长7.7米，宽4.6米，通高约14米。底层朝西南方向院内开门，门高1.94米，宽1.2米。碉楼采用红砂条石白灰浆砌到顶。碉身上下呈直筒形。顶部为穿斗式木结构，悬山式屋顶。十一架梁，用五柱。小青瓦屋面，瓦脊。屋面宽大。碉楼顶部山墙为篱夹壁，前后为石墙。背面顶层石墙开方窗。每层每面开小方窗或条形射击孔。底层除东北面外，三面开窗。碉内每层之间搭建楼板，以木梯相通。

2013年9月，成都市人民政府批准公布为成都市文物保护单位。

张家碉楼

水口张家碉楼（民国）

张家碉楼位于水口镇钟山社区。始建于民国时期，现为张氏民居。民居院落坐南向北，平面呈四合院布局。单檐悬山式木结构建筑。

碉楼位于民居院落东南角，原为院落的防御性建筑。碉楼底平面呈长方形，长6.3米，宽4.4米。底层北面开碉门于院内，单扇木板门。碉墙用土坯砖黄泥浆砌，共三层。每层内架木楼板，搭木梯上下。碉楼屋顶为歇山式穿斗木结构，小青瓦屋面。通高7.8米。碉楼每层碉墙四面开有内"八"字形长条射击孔，外窄内宽，便于观察外面并有利于从内向外多角度射击。顶楼碉墙砌射击墙垛，能有效发挥碉楼的防御功能。

水口何家碉楼（清）

何家碉楼位于水口镇钟山社区。始建于清代，现为何氏民居。碉楼位于何氏民居西北角，为民居之一部分。民居坐东南向西北，碉楼坐西南向东北。平面呈长方形，底边长4.9米，宽4.5米。二层，通高6.5米，属于土木结构防御功能性碉楼建筑。底部基础采用毛石砌筑，下层碉墙为

何家碉楼

夯土墙（俗称土揩墙），上层碉墙用土坯砖黄泥浆砌。顶部为穿斗式木结构，歇山式屋顶，小青瓦屋面。碉楼在底层东北角开门于院内，单扇木板门。楼层用木楼板隔开，搭木梯上下。两层碉墙四面开有内"八"字形长条射击孔。

夹关龚店郑家碉楼（民国）

郑家碉楼位于夹关镇龚店村，小地名郑山的北坡上。始建于民国时期，为郑氏民居四合院之一部分。郑氏民居四合院坐东北向西南，土木结构，悬山式小青瓦屋面建筑。正房和厢房均有前廊，正房门前有木屏风，俗名"厢笆子"。卵石砌筑天井阶檐，

郑家碉楼系郑氏民居四合院之一部分

郑家碉楼

天井为素土地面。碉楼位于院内东北角,坐东北向西南,与右厢房和正房连为一体。平面呈长方形,底边长4.6米,宽3.4米,通高约8米。碉墙用土坯砖黄泥浆砌,上下共四层,每层以木楼板分隔,搭木梯上下。碉身上下略有收分。两侧砌山墙到顶,顶上做悬山式穿斗木结构,十一架梁,小青瓦屋面,瓦脊。碉身四面开小方窗,方窗均采用木条窗套。碉门开于院内厢房之中,增强了碉楼的闭合性。

夹关熊营高家碉楼(清)

高家碉楼位于夹关镇熊营村。始建于清代。该碉楼既为民居四合院之组成部分而又相对独立于院落之外。四合院坐西向东,左右(南北)为土木结构小青瓦屋面建筑,中间为天井。正后面(西面)为另一个小围墙院,院内独立修建碉楼。碉楼与院落正面相平行,唯在底层北面(山墙)开门与厨房相通。碉墙下部采用黄泥粘土夯筑而成。底层平面呈长方形,长8.2米,宽4米。土坯黄泥浆砌碉楼三层,其顶部又做一层穿斗式木结构,歇山式小青瓦屋面楼层,面阔一间,进深五间六柱。九架梁,用三柱。

高家碉楼

檐下双挑坐墩。四周为木格花窗、木竖栏杆。共四层,通高约10米。每层之间架铺木楼板,搭木梯上下。碉墙上下略有收分。墙身各层每面开有长方形射击孔。碉墙表层原为白灰粉糊后,在表层用墨线画空斗砖做法。碉楼底下三面用土墙围成长方形独立小院子。其东面围墙即民居四合院之西墙,墙上开院门与碉楼小院相通。围墙采用土撵墙,表层以石灰粉糊,再在其表面以墨线画空斗砖做法。围墙两面立檐柱,做檐廊,上覆小青瓦。围墙檐廊与四合院内和碉楼院内相互连通。

2013年9月,成都市人民政府批准公布为成都市文物保护单位。

碉楼与院落正面平行

临济肖家碉楼（民国）

肖家碉楼位于临济镇黄庙社区。始建于民国时期，碉楼为民居院落之一部分，现为肖氏民居。院落坐西向东，土木结构小青瓦屋面建筑小四合院。碉楼位于院门内右侧，坐南向北，平面呈长方形。一楼一底。碉墙采用土坯砖黄泥浆砌而成。外墙石灰粉白，外立面往上略有收分。底边长5米，宽3.5米，通高约10米，墙厚0.6米。南北两侧碉墙直接砌成山墙，九架梁，悬山式小青瓦屋面。底层北面开门与院内前屋相通。楼层间木板铺隔，木梯上下。墙体上部开小方窗和长条形射击孔。

肖家碉楼

李岗碉楼

夹关李岗碉楼（民国）

李岗碉楼位于夹关镇韩坪村，小地名李岗。始建于民国时期，为民居四合院之一部分，现为李氏民居。四合院为土木结构，小青瓦屋面建筑。院落坐西北向东南。碉楼位于院内西南角，坐西南向东北，底平面呈长方形，长4.9米，宽3.5米。底层东北面山墙开门于院内，双扇木板门。土坯砖黄泥浆砌碉楼三层，每层之间铺架木楼板，搭木梯上下。土坯砖碉墙之上，另做穿斗木结构顶楼一层。七架梁，用五柱二穿，下做地脚穿枋。悬山式小青瓦屋面，瓦脊，檐头挂木悬鱼。四面为木格花窗、木装板墙裙。花窗之上做篱夹壁粉白。碉楼四层通高约12米。碉墙上两层四面开横条形方窗和长方形射击孔。该碉楼将碉堡式防御功能建筑同川西木结构民居建筑相结合，将防御功能和居住功能相结合，构思巧妙。

道佐黑凼子石碉楼（清）

黑凼子石碉楼位于道佐乡张店村，小地名金鸡沟的坡地上。其小地名又叫黑凼子，故当地俗称黑凼子碉楼。碉楼利用天然地形建于一块凸

黑凶子石碉楼

出的大岩石下面,从下到上,顶齐凸岩岩石下口。近旁有石砌梯道由坡下而上。该石碉楼始建于清代,今已废弃。

碉楼坐东南向西北。平面呈不规则梯形。西北面底边长8米,西南面边长8米,东南面斜边长6米。后壁借岩壁,无墙。通高6.1米。红砂条石砌筑三层,每层之间架木梁铺楼板(已毁)。顶层西南面上部立石柱两根,其内部木构已毁。二、三层西、南、北三面墙上均开长方形射击孔。底层西北面墙上开长方形门洞,高1.8米,宽1.2米,门板已无存。

碉楼应是古道旁哨卡之类建筑

碾 房

碾房即碾谷磨面的房屋或作坊，多建于水边。作为邛崃农村生活原料加工作坊，普遍存在于山区、平坝，利用当地丰富的水资源作动力。随着电力机械加工粮食、饲料的普遍应用，水磨、水碾逐步淡出人们的生活，碾房已成为珍贵的历史记忆。

银杏溪碾房

银杏溪碾房（清）

碾房位于高何镇银杏村银杏溪西北岸上。始建于清代。坐东南向西北。碾房下部为单孔石平桥。采用条石券单拱，卵石砌筑桥身，桥下安装木制水车和传动部分，利用水能作为动力。其上建房，单檐悬山式穿斗抬梁木结构，小青瓦屋面。面阔六间27.6米，进深五间7.6米。九架梁，用五柱。碾房内安置水碾一架。碾房西北开引水渠和蓄水池。水经碾下而过，在碾房东南另安置水磨一架。碾房西南另建小平房一间作为居住和管理用房。

碾房引水、蓄水、排水系统完整，采用木闸板调节水量，设计布局合理，充分利用水资源是其特点。

彭水碾

彭水碾（清）

彭水碾位于茶园乡和乐村，原为彭姓人家所有，故名。始建于清代。碾坊下部为砖砌三孔平桥，桥下安装水车等传动部分。其上为单檐悬山式穿斗抬梁木结构建筑，小青瓦屋面。面阔五间 15 米，进深三间 6.5 米。九架梁，用六柱。中间抬梁用三柱。碾房内安置水磨一架，水碾两架。至今仍在使用。

郭河坝碾房

郭河坝碾房（清）

郭河坝碾房位于牟礼镇清河村，小地名郭河坝。始建于清代。坐东北向西南。碾房下部为条石白灰浆砌的二孔券拱石平桥，引水渠从石桥下经过。石桥下安装木制水车和传动部分。桥上建房，单檐歇山式穿斗抬梁木结构建筑，小青瓦屋面。面阔五间 9.5 米，进深 4.5 米。七架梁，用四柱。碾房内安置石磨、石碾子和碾盘，利用水能作为动力。碾房西侧有溢水渠和控水闸板。溢水渠上架石板小桥以利于通行。

郭河坝碾房里的石磨

寺庙宫观

邛崃佛教寺庙

  自佛教传入中国，最早见于记载的佛教寺庙是东汉永平十年（公元67年）的河南洛阳白马寺。寺，原本指官署，白马寺就是由原来接待宾客的官署鸿胪寺改建而成。随着佛教在中国的传播和兴起，各地佛寺修建日多。不仅在城市，而且在广大农村也大兴寺庙。大的寺庙多由官府修建，一般寺庙则多是民间募资而修。大的寺庙建筑依汉制规仪和佛教规仪，结合官署旧制而建。小的寺庙有由官家富商捐住宅、田庄改建或新建而成，厅堂为殿，侧室为僧舍。"这种府第和住宅的建筑形式融合到佛寺建筑中，使佛寺内有许多楼阁和花木……可看出外来的佛教建筑到了中国以后，很快地被传统的（中国）民族形式所融化，创造出中国佛教建筑的形式。"（刘敦桢主编《中国古代建筑史》，中国建筑工业出版社，1984年第二版）

  佛教传入邛崃的时间尚无确切定论。但据宋代邛州蒲江人魏了翁《鹤山营造记》称，当时邛州的大寺庙鹤林（白鹤）寺始建于隋代，可见佛教最晚在南北朝时期已传入邛崃。邛崃佛教寺庙盛于唐代，明清两代逐渐衰微。今邛崃市市域范围内寺庙众多，城镇、乡村遍布佛寺，尤其是以天台山、油榨天池山、石笋山、临邛镇、牟礼镇、平乐镇、固驿镇佛教寺庙最

多、规模最大。从邛崃市文物管理局馆藏同治八年（公元1869年）所刊《西竺天台山佛会寺全图》看，仅邛崃西路就有僧庙百余处。另据清嘉庆《邛州直隶志》第十二卷《祠寺》记载，清代邛崃主要佛寺有鹤林寺、天庆寺、白衣庵、幽居寺、云居寺、宝林寺、迎旭庵、渔唱庵、延福寺、光庆寺、西禅寺、睹佛台、静空寺、黄鹤堂、白莲寺、南京堂、石笋寺、天池寺、六峰寺、中峰寺、永乐寺、雷音寺、塔院寺、金钵寺、宝藏寺、正法寺、白塔寺、般若寺、大悲寺、石塔寺、九龙山寺、凤凰山寺、牛心寺、观音阁、铁香炉寺、天台寺、圣泉庵、观音山寺、华藏寺、报恩寺、慈容寺、法华寺、白雀寺、邵家庵、蒋家庵、普济寺、大宗寺、海会寺、甘露寺、普陀寺、慈光寺、迎祥寺、开元寺、华会寺、宝庆寺、古松庵、高桥寺、悟本寺、寄子院、净土寺、延贡寺、普照寺、合江寺、弥陀寺、道林寺、兴福寺、九顶寺、常乐寺、七佛寺、梵音寺、三教庵等百多座。民间流传的牟礼永丰场四门四大寺、大同乡九顶十八庵等也是一个佐证。

20世纪50年代以后，寺庙逐渐被改建利用或被大规模拆毁。

邛崃现在保存的佛教寺庙多为明清建筑，除大殿之类主体建筑严格按照规仪修建外，其余山门、配殿、厢房、僧院无不充满川西民居院落风味。部分山区小庙在用材上也充分体现出就地取材的特点，形成了邛崃明清两代寺庙建筑的多样多彩。现存寺庙历代均有维修或改扩建，其布局及建筑原貌都有不同程度的改变。

邛崃道教宫观

道教虽为中国本土宗教，其张陵五斗米道的发祥地鹤鸣山在东汉时属于古临邛，然邛崃道教宫观的规模和数量，相对而言，远不及佛教寺庙。现存宫观也很少，诸如文昌宫、南华宫等，多为清代建筑，与清代佛教寺庙建筑无多大区别。

赵朴初题写的"鹤林寺"山门

鹤林寺·了翁祠（明—清）

　　鹤林寺位于临邛镇白鹤社区白鹤山上。

　　白鹤山名，最早见于晋代陈寿《益都耆旧传》："胡安，临邛人，聚徒白鹤山，司马相如从之受经。"又见宋代陆游游邛州白鹤山《次韵宇文使君山行》诗自注："仙人胡安学道西岩，跨鹤升天，山以此得名。"又据宋代魏了翁《邛州白鹤山营造记》称，寺始建于隋，原名鹤林（白鹤）寺。南宋绍定元年（公元1228年）维修后更名为鹤林禅寺。历代均有兴废。

　　今存鹤林寺坐西向东，按寺庙建筑规仪，依轴线由山门、照壁、山门殿（二山门）、天王殿、大雄宝殿（正殿）、僧院以及了翁祠组成。20世纪80年代以来陆续新修、移建、改建有大山门、观音殿、藏经楼、钟楼、鼓楼、四明楼等。由百步石梯至山门。山门为1983年新修的"三门"，上有由赵朴初题写的"鹤林寺"名。山门内5米为清代砖砌照壁，宽9米，通高9.07米，厚0.6米。基座为红砂石须弥座，其上青砖砌筑照壁墙体。正面做堂子，宽3.8米，高1.2米。从右至左横排阴刻行楷榜书"鹤林禅院"四字。字高约0.9米。照壁顶上做檐、脊。檐角高挑，脊上有灰塑。背面堂子宽5.5米，高2.7米，由64块边长0.24米的方形素陶砖雕砌筑而成。

清代砖砌照壁上阴刻行楷榜书"鹤林禅院"

砖上多为花卉图案。四角为四块素陶雕角花。后壁中心嵌圆形高浮雕二龙戏珠陶雕一块（残损）。

二山门为清代单檐硬山式，穿斗砖木结构小青瓦屋面建筑。坐西向东，面阔三间，进深两间，实为山门殿。当心间为过厅。前步为廊，左右廊下塑"哼哈"二将神像。穿枋彩绘人物故事。第二步门额枋以上做篱夹壁粉墙，墙两面尚存水墨壁画"罗汉"等六幅。二山门南侧石砌放生池。过二山门上石阶至天王殿。清代重修单檐悬山式穿斗砖木结构，小青瓦屋面建筑。与大雄宝殿、僧院、方丈室建筑构成四合院布局。天王殿即四合院前厅，与后

照壁背面中心嵌圆形高浮雕二龙戏珠陶雕

搁基（柁峰）雕刻精美

厅大雄宝殿在同一中轴线，坐西向东。面阔三间 11 米（后世在右侧增接一间变为四间），进深三间 7 米。檐柱十二根，经柱四根。檩记墨书"咸丰五年（公元 1855 年）岁次乙卯"。当心间为佛龛，塑大肚弥勒，左右两壁分塑四天王。左右两次间为过道，通往殿后。

天王殿后为方形天井，石板铺筑。右侧（南）为僧院，清代大四合院建筑。平面呈正方形。中间为红砂石铺成的正方形大天井，四周布局单檐悬山式穿斗木结构，小青瓦屋面建筑，共有二十四间房屋。檐下有宽敞的回廊。廊下置高大的雕花柁峰（搁基）。前墙有木质花窗、木门、木墙裙。正厅建于道光十三年（公元 1833 年）。前厅建于咸丰五年（公元 1855 年），檩记"寺僧发润书"。门厅天宫罩、搁基（柁峰）雕刻精美。

天王殿左侧（北）为方丈室，面阔五间 19.5 米，进深三间 9.5 米。清代单檐悬山式穿斗木结构，小青瓦屋面建筑。半装台砖墙裙，双扇雕花木门窗。当代有改建。天井后面（西）为大雄宝殿。

现存大雄宝殿为明代天顺六年（公元 1462 年）由"僧显重建"（民国《邛崃县志》）。单檐悬山式砖木结构建筑，建于石质台基上，坐西向东。面阔三间 13 米，当心间宽 7 米，两次间各宽 3 米，进深四间 10.4 米。九架

山门殿

梁,用五柱,抬梁结构,通高10米,檐高4.5米。檐柱十根,柱下覆钵式大石础。正面檐下普柏枋上施六铺作斗拱十朵。昂头挑于外,昂尾挑于平槫上。六根内经柱上结梁枋一圈,其上施一斗二升小斗拱二十朵(柱斗铺作四朵、补间铺作十六朵)。为现存明代寺庙建筑中少见。内经柱中间顶上叠涩做藻井,彩绘。檩记有"大明天顺六年重建""大明隆庆""退官□□""庠生□□□""大清乾隆□□□"培修等墨题。两侧及后壁为后代培修时改扩建。左右山墙为穿斗排列木结构。后壁及左右壁塑佛像。

寺院里的石雕

大雄宝殿

　　大殿正面檐下挂隆莲大法师所书"大雄宝殿"匾。十四扇落地式雕花槅扇门。左右后代所接修部分为砖墙裙，上部各开四扇条窗。

　　大殿屋面已被改修成悬山式。中间四间屋面高出左右接修部分屋面成重叠错落式。中间四间正脊上有灰塑、鸱吻和宝顶。在两侧正对外柱位置做两条垂脊。据此可以推断原为歇山顶，后代改扩建时，为便于接修左右两间而改成悬山顶，铺小青瓦、做瓦当滴水。该大雄宝殿是邛崃境内现存最为完好的明代寺庙建筑。

　　了翁祠位于大雄殿后约10米，与大雄宝殿不在同一中轴线上。始建于明隆庆六年（公元1572年），清雍正二年（公元1724年）、光绪十二年（公元1886年）维修扩建。单檐歇山式木结构小青瓦屋面四合院，前堂后院祠堂式布局。纵深23米，前堂面阔三间10米，进深10米，通高9米，九架梁用六柱，穿斗结构，平面呈"凸"字形。前堂后部中间凹进部分为享堂，塑魏了翁（华父）像。左右两侧为腰门，与后院两侧房廊连通。后院中心为天井，两侧为廊，后部为讲堂。面阔10米，进深13米。穿斗抬梁结构。抬梁上置柁峰（搁几），形式多样，木雕精美。

　　了翁祠原为宋代邛州人常安民的读书台，明隆庆六年邛州判官王圻游此，误作"魏文靖（了翁）读书台"，今有王圻《重修读书台记》等明

了翁祠

代碑刻三通，清代碑刻一通。祠前条石砌筑高台，台上植桂树。"书台桂影"为古临邛八景之一。

大雄宝殿左后（北）有观音殿和西方三圣殿。系由其他寺庙中拆除迁建于此。面阔三间，进深三间，穿斗木结构，小青瓦屋面，清代建筑。

1982年3月，被邛崃县人民政府批准为邛崃县文物保护单位。

古临邛八景之一——"书台桂影"

附录一：邛州白鹤山营造记
宋·魏了翁

　　临邛虞侯叔平以书抵靖，曰：州之西，直治城十里所，有山曰白鹤。林麓苍翠，江流萦纡，蔚为是州之望。山故为浮屠之宫，自隋庙（朝）迄今，庵院凡十四所。远有胡安先生授《易》之洞，近有常公谏议读书之庵。泉有滴珠，树有木莲，白鹤有台，玉兔有踪。中峰信美，平云之观。西岩翠屏，万竹之境，皆山中胜处。壁间绘像，率范琼、杜措、邱文播诸人名笔，虽丹青剥落，而笔法具在。山门之外，有明月桥，两山对峙，危磴矗立，阁道周复，大殿中峙。方等院之应真殿踞其后，与山门直如引绳，半有覆坏之忧。郡人郭侯，起镇兴元，同游兹山，相与浩叹，若有所属。予乃僝功鸠材，败者易之，坚者因之，又将拓而大之。或以谂予曰：费大役劳，君将悔焉。予曰：节用而不敛民，虽费，无伤也；庸工而（不）役民，虽劳，无怨也。于是，寺之后殿欲压，更其不可支者翼之，修廊达以复道，前为法堂，后为飞阁，旁为丈室，僧庐庖湢，次第为之。寺在唐名鹤林（白鹤），乃更为鹤林禅寺，请于今部使者厉公题其颜。经始于八月，讫于明年□月，昔者，吾友苏和父过我，尝为我叙所以作，今以属记于子。

　　某执书慨然曰：世无不可为之事，不可为之时。顾无必为之志，能为之才耳。且儒流而墨习，若非其事；时屈而举赢，若非其时。而侯定规于立谈之顷，复言于期岁之间，侯之风采亦可概见。然而侯非若世俗之溺志于异端，以徼福规利者之为也。侯始守长宁，崇学校，缮官宇，甃修涂，矼四溪，清盐筴之弊，创贡士之宫，陶覆茅之庐，其守普也。缮馆城郭，皆为一新，其守蓬也。自学校至于桥梁，靡不毕举，而抑豪夺，戢谰辞，境内肃清。又以余力为池台，与民乐之。盖侯视荒芜必垦，颠危必支，苟可以从民欲者，率勇为之。今卷卷是山，亦曰一州之望，而庸僧败屋，污秽杂袭，风气壅底，山川弗宁，吾可坐视而弗之恤乎？挂是心也，见善而迁，有过而改，必将如风厉雷迅，不暴刻安也。匹夫匹妇有不被泽，必将如救焚拯溺，不斯须舍也。忠肃公当金炀之变，不过受督府记，犒师趣将，无与乎战守也，而奋身顾行，以社稷为己任。其后并唐、邓、海、泗与陕西新复诸郡公守外藩，亦无与乎朝论也，而以死争之，多者至有九疏。呜呼！以其事则非己责，以其时则莫我知，皆无一可为也。而义理所关，则利害祸福有不暇计，是所谓必为之志、能为之才，故愿侯之充拓以用之于所当事者，而后为无忝焉。此忠肃公传心之要，而亦吾州之民之愿也。予为浮屠氏作记，实昉乎此。《诗》曰：维桑与梓，必恭敬止。言父母之所植，不敢忽也，是用敬恭以承侯命云。

侯名方简，郭侯名正孙，厉使者模，和父名君钟，予则古鹤山魏某也。绍定二年四月甲子记。

附录二：重修鹤山旧读书台记①
明·王圻

鹤山乃邛西之胜境，而魏了翁故读书台又鹤山所重，传为胜事。骚人志士之履斯境也，以台故，辄欲至其处。每至即惆怅彷徨焉，而鹤山之胜日益著。所谓山川因人而灵，非耶！余以隆庆戊辰牧②于邛，辛未年冬始入邛。居三日，太守赵介石君命予为鹤山之觅，竟靡愦所望已，乃由点易洞经故读书台，访了翁之遗事。览其庙宇，恍然若有所得。则盱衡而叹曰：古贤人之不偶，殆如此哉。荒僻杂筱之间，苍苔碧草萋乎其侧。户外双桂葱蒨，交敷若有神护。乃端平问物。而破壁颓垣仅免风雨。乃跼蹐四顾者久之。归而谋诸太守，亦肃然改容。亟命僧徒鸠工葺之。且诫之曰：栋宇台砌，多隔两屋，其后为诵读之所，以俟后学之闻风而兴起者。工始于壬申岁,不一月而告成。或曰:神不两栖,迹必寻旧。故台成,新台无作焉。是役也,主之者,太守赵介石君也。同游于斯而相与赞成之者,赵君、胡培斋君、盛心所君,三省古屋也。董其事者僧正如常、直宜也。

大明隆庆六年岁在壬申夏③五月吉旦。
任四川邛州判官前云南道监察御史上海王圻撰

注:①该碑现存白鹤山了翁祠。
②隆庆戊辰,即明穆宗隆庆二年,公元1568年。
③隆庆六年壬申,即公元1572年。

附录三:重建鹤山书台碑记①

清·张纯

维山有台,维林有鹤。宋时了翁先生西顾,选胜筑室藏修者,意不在台而在鹤。后出宰少师,赠文靖公,成理学大儒,为文章宗匠。后人慕其贤而师之,建其祠以祀之,而台与鹤传矣。

夫何劫灰既久,荒凉如故,致先生芳踪遗迹竟芜于草莽也,一至于此。余平生尤好访古,初膺藤令,继任邛牧,簿书之暇,率诸人士往来登眺。极目间,不胜鹤去台空之感,更羡山阿林壑之奇。于是,捐己囊,以雇募重修。匝旬日而书台成矣。并题:伊人宛在。洗墨池有亭翼然,洵非先生之灵默而相之不及此。今后游者去,饮者来,赋诗而写先生之隐;松有声,竹有韵,醉月而惊鹤影之横。不贻山谷消增林麓耶,而台与鹤不朽矣,予何与焉!

奉直大夫知四川直隶邛州事加二级纪录十三次　张纯
大邑县知县因可方　蒲江县知县聂师尧
大清雍正二年岁次甲辰②孟秋月吉旦

注:①该碑现存鹤林寺了翁祠。
②雍正二年,即公元1724年。

兴福寺鸟瞰

兴福寺·石笋寺（明—民国）

兴福寺位于火井镇兴福村（原银杏乡桅杆村）莲花山，古名大明山。因寺内有一棵千年大银杏树，故小地名为银杏坪。始建于明嘉靖三十年（公元1551年）。明万历四年（公元1576年）、清乾隆元年（公元1736年）、清嘉庆元年（公元1796年）、清光绪十一年（公元1885年）、光绪十五年（公元1889年）、光绪二十八年（公元1902年）、民国三十六年（公元1947年），历代均有维修、扩建、改建或重修。

现存主体建筑除大雄宝殿和天王殿尚部分保留明代建筑原貌风格外，其余建筑大多为清代重修或改建。

该寺依山就势，布局严谨而又活泼自如，建筑造型别致多样，是邛崃境内现存最大的明清寺庙建筑群。其总体布局按斜向的A、B两条纵轴线排列，略呈"八"字形。分别由A、B两道山门进入，在后部由廊式木构建筑将两组建筑群连接。A轴线方向358°，B轴线方向328°，建筑面积2655平方米，占地总面积约15280平方米。

A轴线主要建筑有石构雕刻山门、戏台、三圣殿、观音殿、藏经楼。B轴线主要建筑有山门殿、地藏殿、大雄宝殿、七佛殿、藏经楼。

A轴线之山门建在高高的石砌台阶上，为清嘉庆元年（公元1796年）所建红砂石质仿木结构，三重檐五楼牌楼式建筑。面阔12.2米，通高7.4米。

兴福寺山门

方向与山门倒座的戏台

石砌山门平面呈三折马鞍形。中门为三重檐式牌楼，三间四柱。当心间开拱形门洞，双扇木门。中门两侧各精雕两扇假门窗。门楣上均有雕花和额匾。中门上额匾横排阴刻楷书"兴福寺"三字。顶上一层两侧竖石柱，有雕饰。中间刻雕花小竖匾一道，竖排阴刻篆书小字"大明山兴福寺"。竖匾左右做镂空花，上下枋精刻人物故事。竖匾额枋以上（石檐下）又用四短柱分三格嵌刻，从右到左阴刻楷书"参上圣"三字。其上覆歇山式石檐，檐上刻瓦垄、雕花石脊、鸱吻。石檐短小，翼角上翘。上层左右两次间各

石刻山门局部

用三柱,分为两格,右间楷书阴刻"四大",左间刻"皆空"。其上各覆短石檐。檐脊高大,外角上挑,透雕花饰。

下层门柱四根,刻两联。中门联:"兴福长兴,普同众生安泰;大明永大,续转法轮流芳。"两次间雕花假门上方各刻小匾一道:"西天""竺国"。其上置雕花横枋。横枋之上又以四柱各分三格,阴刻"无人相""无我相"。其上各覆短檐,与上层两次间形制、做法相同。中门门墙两侧石砌"八"字形门墙,单檐,三开间。中间各开一长方形门洞,双扇木门,门洞上方两角装饰石质透雕花

石刻山门局部

雕花木窗

牙。门楣上方刻扇形门匾，门柱上刻楹联，总体构成为"三门"。两八字门墙靠中门之左、右次间，上部嵌刻碑记，下部开龛，供奉山神、土地神像。外侧刻明堂装饰。山门前第二层石台阶石梯左右分立圆雕石狮，相向高踞于石刻须弥座上。整座山门造型别致，气势宏大，石雕花饰繁复精美，遍布整个山门，是邛崃境内目前唯一保存完好的石刻佛教寺庙山门。

  山门内为戏楼，其方向与山门倒座。原与石山门同建于清嘉庆元年。今存戏楼为民国三十六年（公元1947年）重建。戏楼为歇山式木石结构、小青瓦屋面。其后部直接与石山门后壁相接。平面呈四方形，穿斗排列结构。戏楼下面为山门进出通道，故在通道左右两侧石砌基础。每侧基础上纵向排列两列方形石柱。左右外侧两列各五柱，中间两列各六柱。石柱顶上开槽横向水平搭楼欠木梁，木梁上铺楼板成戏台台面。台面上依石柱又起木台柱20根，穿斗结构组成梁架支撑屋面。下段方石柱刻"嘉庆元年十二月廿五日立"（公元1796年）、"丙辰年九月廿立"（嘉庆元年，公元1796年）及捐建人姓名。檩记有"民国三十六年重修"墨书。

  山门戏楼后18米为三圣殿。清代单檐悬山式木石结构，小青瓦屋面建筑，建于石砌高台基上，由五级踏道而上。五间六柱，面阔19米，进深四间9米，通高6.8米。穿斗排列和抬梁结构组合。山墙为穿斗木结构，

精雕彩绘之搁基

中柱为抬梁结构。檐柱和经柱用方形石柱共计十二根。殿内存清代石刻燃灯佛一尊。

　　三圣殿后为观音殿。观音殿是清代光绪十五年（公元1889年）重修之大四合院木结构建筑。由前殿、后殿（正殿）、左右厢房和前天井、左右天井（院）组成，平面呈倒"凸"字形。该四合院建筑建在三圣殿后的高坎上。前殿为两层悬楼式，其建筑前部（北面）悬挑于高坎外面，由十二根大的方石柱支撑，其下部中间砌有高石梯，可由下通往上面的观音殿四合院。前殿当心间即为通道大门，有屏风墙隔断，另开侧门进出。前殿下层配房与左右厢房相连接。楼上层也彼此连接。前殿面阔五间19米，进深三间5米。十一架梁，用六柱。单檐悬山式，小青瓦屋面，与两侧厢房屋面相连通。后步为天井檐廊。正殿观音殿面阔三间13.8米，进深三间4.8米，通高11.3米。重檐歇山式，小青瓦屋面。穿斗排列和抬梁结构组合。前后檐柱两根，中间经柱两根。前檐柱与前经柱之间穿枋挑出，穿枋上置精雕彩绘搁基（柁峰）。其上做卷棚顶。内经柱间木抬梁结构。左右两侧山墙为穿斗排列结构。正殿腰檐小青瓦屋面，与大天井两侧厢房连通。正殿为敞厅，无门窗。前面为天井。正殿左右两侧为两个小天井组成的别院，穿斗式木结构，小青瓦屋面。左别院有小门通往殿左侧的

兴福寺厢房

清代石刻燃灯佛

木廊,可与B轴线的寺庙相通。右别院有木梯上藏经楼。藏经楼面阔五间六柱,进深四间五柱。内经柱共计八根。檐廊穿枋挑出,挑头饰雕花吊柱。四面外围为回廊。回廊下部做"回"字纹木栏杆。歇山顶,小青瓦屋面,瓦脊,翼角上翘。左右两侧厢房各三间,当心间为敞厅。穿斗结构,小青瓦屋面。除正殿之外,其余房屋墙面上部均为篱夹壁,中部以下为木装板墙面、木墙裙,清式雕花木门窗。挑头都有刻花吊柱,穿枋上均有彩绘。

B轴线山门殿建在高石坎

七佛殿和藏经楼

之上,石砌基础,石砌踏道,为清代所建庑殿式砖木结构建筑,穿斗排列结构,小青瓦屋面。面阔五间16.3米,进深两间3.8米,通高5.9米。殿后为小天井,与殿后之天王殿以及左右廊道构成小四合院布局。

天王殿为单檐悬山式木石结构建筑,小青瓦屋面。殿左右有侧室。天王殿面阔三间10.5米,进深三间7.2米。檐柱和经柱使用方石柱和木圆柱。经柱上采用抬梁结构,山墙采用穿斗排列结构。九架梁,用五柱,通高6米。檩上有"大清光绪二十八年六

观音殿前的檐廊

月十五日重建"（公元 1902 年）墨书。屋面水分较缓，有举折。其立柱保持侧脚柱做法。梁架抬梁也基本保存明代风格。殿后有天井、左右廊道与大雄宝殿罗汉堂相连通。殿内左右后三壁塑像。墙体下部为石板墙裙。石柱上刻楹联。

大雄宝殿为单檐悬山式木石结构建筑，小青瓦屋面。面阔三间四柱 14.5 米，进深 14.5 米，通高 9.4 米，平面呈正方形。左右山墙为穿斗木结构。部分采用下段为方石柱，上段为圆木柱的做法。部分檐柱和内经柱使用方形石柱。石经柱上做抬梁结构。现存大殿为十二架梁。其后坡屋面应是清代维修重建时加接一步。用七柱四穿。前后步为廊。前廊穿枋上置搁基，木雕精美。大坡屋顶，水分平缓有举折。基本保留了明代寺庙殿堂正方形布局和侧脚柱以及抬梁做法。殿内现存明嘉靖石香炉一座，清"乾隆庚辰四月"（乾隆二十五年，公元 1760 年）石经幢（下段）一座。石经幢六边形，上小下大，通高 1.6 米，上宽 0.7 米，底宽 0.79 米，上口刻盘龙一条，宽 0.75 米，幢身分刻"皇图永固、帝道遐昌"等文字。右壁嵌清乾隆壬申年（乾隆十七年，公元 1752 年）"续焰流芳"圆首石碑一块。殿内左右后三壁塑佛像。殿后高坎上接七佛殿。

七佛殿为清光绪乙酉年（光绪十一年，公元 1885 年）重修之重檐歇山式木石结构三合院建筑，平面呈"∏"形。正殿五间六柱，面阔 21 米，进深 13.3 米。前步廊。一楼一底，通高 13 米。大殿当心间和两次间为开敞式明堂，有柱无门无窗。两梢间木装墙板，正面开花窗，两外侧与厢房连接转角处开门。外檐柱与内经柱穿枋挑出檐廊，挑枋上置雕花搁基，其上做卷棚顶。内柱上架抬梁，山墙穿斗排列结构。殿后壁条石砌刻连通式条形大须弥座，座上并列泥塑佛像七尊。腰檐覆小青瓦，与左右厢房屋面相连接。七佛殿楼层作为藏经楼。大殿东北角有侧室，内有木梯通往楼上。面阔五间六柱，进深四间五柱，十一架梁。前后檐柱各六根，内经柱两排共十二根。前檐柱与内经柱穿枋挑出前廊。两排经柱上架抬梁。经柱上做正面隔墙，上部篱夹壁粉白，额枋以下做细木格门窗，下部木裙板。檐廊在外檐柱上做直条栅栏式栏杆。挑枋头有吊柱。后壁上部为篱夹壁粉白，下部为木裙板。歇山顶小青瓦屋面，做瓦脊，檐角上翘。殿前为大天井，石板铺筑。

左右厢房各三间，当心间为敞厅明堂，小青瓦屋面，雕花门窗。其中

石笋寺

十二扇花窗精刻人物故事。

A、B轴线后段廊房相连。廊房北面石坎下,有石制灯杆夹柱和石砌长方形放生池。

廊房为单檐悬山式穿斗木结构建筑,一楼一底。九架梁,用五柱。廊长四间约16米,进深两间7米。上覆小青瓦屋面。楼上下原来均有花格窗,现已改建。

该寺布局依山就势,剖面呈阶梯状爬升。其殿宇之间多采用石阶连接。其建筑中除部分采用红砂石板做外墙裙外,尚可见部分建筑采用木石接柱法(半截柱),木柱、石柱混用,即檐柱或经柱下段用方形石柱,上段用圆木柱,或檐柱用木柱,经柱用

石雕夹鼓

方形石柱。这是邛崃西南山区民居建筑常用之法,成为该寺建筑的一大特点。

该寺建筑多有檐廊。廊柱挑枋多用双挑坐墩。挑枋、穿枋和撑弓、吊柱多雕刻和彩绘。穿枋上置木雕搁基,其式样、图案丰富,有人物、花卉、鸟兽、几何纹样等,复杂生动,雕刻彩绘十分精美。木花窗多刻各式花边图案,窗心刻人物故事。石雕柱础有方形、鼓形、"亞"字形、八棱瓜锤形、多边形。上中下分层雕刻。雕刻图案有人物故事、花卉、鸟兽。此外,有在雕花柱础之上再雕刻立体(圆雕)狮、象为柱础者(如七佛殿正殿柱础),是该寺建筑木、石构件雕刻精华之所在。

石笋寺(清)位于高何镇何场村,小地名牛路口,与兴福寺为山阴山阳相背对,有小路翻山相通,早年原本同属一寺管理。唐代原名七佛寺,因寺内有一孤石如笋,故明代改称石笋寺。大石笋上有唐代摩崖造像龛和明代改刻摩崖造像共53龛,清乾隆五十三年(公元1788年)摩崖题刻一则。清代《邛州志》、民国《邛崃县志》有载。今人常与大同石笋寺相混淆。

该寺现存清乾隆五年(公元1740年)重修大殿建筑一幢,背靠山,坐东向西,单檐歇山式木石结构,小青瓦屋面。面阔五间20米,进深四间10米,通高8米。穿斗抬梁结构,九架梁,分心前后乳栿搭牵,用五柱。前步廊。檐柱十六根,经柱八根,共二十四柱。檐柱和内经柱多为方形石柱或半截石柱(下半截石柱、上半截木柱),柱下为雕花石础。檐下挑枋上做木质雕花吊柱。前檐四根方形石檐柱到顶,石柱下部前后石雕夹鼓。柱前夹鼓高1.95米,宽0.7米。柱后夹鼓高1.95米,宽0.6米。柱前鼓呈长方形,柱后鼓上部呈半坡形阶梯状。石鼓下部中间两面刻圆鼓形,内刻古代戏曲故事人物。其上又开光作壶门,内刻人物故事等。前石鼓顶端圆雕石狮作向前(下)俯冲状,为该寺石雕一大特点。因地制宜运用山区石材作石柱等建筑构件,有效解决防潮防蛀,是邛崃西南山区古代工匠智慧和艺术的体现。

现存石笋寺大殿又名三圣宫。殿内石砌条形连通式长须弥座上并列石刻神像三身。皆坐姿,头部彩绘开脸,分别为红、蓝、白色。蓝色神像眉间有纵目,应是蜀人祖先崇拜蚕丛的遗风。寺内石经柱上有大清咸丰三年(公元1853年)刻楹联一副:"皓气如生,不忠不孝敢来堂前拜祷;颓风惟挽,为善为恶须知书上昭然。"殿外墙右上壁有清代己卯光绪五年(公元1879年)木刻碑记一通。

1985年7月，成都市人民政府批准公布为成都市文物保护单位。
2002年12月，四川省人民政府批准公布为四川省文物保护单位。

附录一：募资重修三圣宫叙言
清·杨九成

好古，胜概也，精思也；存古，卓识也，远见也。吾人得古代缺盂断砚，犹不时把玩摩挲，欣焉自喜，谓求之晚近，不易易觏，而沉峋嵝碑、岐阳鼓，与夫秦文汉篆之真堪宝贵者哉！何场下游有庙曰三圣宫，前清咸丰中，先哲所建也。肖三像：川主、关子、文昌，皆石刻，身高丈有奇。古光灼灼，瞻之令人起敬。是亦吾乡古制也。考川主乃李冰与其子二郎。是秦并蜀后，张仪荐冰为蜀守。冰治水以利民，益州始号天府。斩潜蛟一事，伊子二郎为之，冰教之也。礼云：御灾捍患，则祝。川中遍立祠宇，亦崇德报功之意云。关子当炎汉之季，仓皇金戈铁马间。春秋大义，炳若日星。毅然浩然，千载下犹凛有生气焉！尊而奉之，实足以教忠孝而饬纲常。若文昌则天枢六星也。斗柄斡旋，专司气化。世或以张仲张亚子当之。泥矣，盖秉秀灵之原者，即为钟毓之本。人能修身立德，则精诚上应乎天。文章禄嗣，自有权衡。故知乡先哲之奉三圣，非妖祠淫祀，怪诞不经者比也。特以年湮代远，风雨飘摇。过其地者，不胜破瓦颓垣之叹。失此不培，再过而丘墟，又再过而禾黍，增人感喟者，正无穷期矣！同人等留心古迹，募劝重修。虽曰因而非创，然或仍旧，或更新，总一存古之心所贯注，必期得当而后已。是举也，迪前人之光，复有以增后来之色。诸君子古道照人，当不使斯言河汉。吾知输金纳粟，襄工助材，必有欣然争先恐后者矣！拜手临风，谨大声而呼将伯。

附录二：石笋寺三圣宫木刻碑记[①]
清·杨秀春

且以神之在天，犹水之在地也。神无地而不在，人有感而遂通，岂区区于建庙塑形哉！况圣帝塑形建像满乎乾坤，即川主、文昌亦莫不各有其像。惟然而火井何家场之三圣宫，胡为而建哉？方今时值末世，非复古初，人心奸险，世道浇漓。只知造孽于生前，不知受罪于死后。虽有王章而不遵；虽有宣讲而不听。即有一、二，皆属奉行故事，或聊为消遣之流。厌故喜新，比比皆然。我圣帝怀民胞物与之仁，不忍斯民困于塗（涂）炭。因而就地显灵，大开冥教，书成三卷，名之曰：《善恶昭然录》。盖欲世人见而生畏，畏而改悔，以挽天心而消末劫。此圣帝之苦心也。圣帝之苦心，非《善恶昭然录》不能见。而《善恶昭然录》之始端，非三圣宫而人不能知。是自有《昭然录》而圣帝之苦心见矣。亦自有三圣宫而《昭然录》之始端明矣。谓非三圣宫之所由建乎？然三圣宫之建，又岂即遂圣帝之愿哉？购料鸠工大费民财，圣帝实不忍也。不过望世之人见其庙而懔《昭然录》之训；见《昭然录》而知圣帝之仁，互相劝勉，同归觉路，共出迷津，而圣帝之愿足矣。圣帝之苦心见矣。后之见此庙者，其谅圣帝之苦衷焉可。是为序。

清己卯年十二月初八
御史杨秀春鸾撰

注：①该碑记位于何场石笋寺三圣宫门墙上，木质、卧式。横长1.9米，高0.5米，竖行楷书阴刻，38行，共计398字。

永乐寺（明）

永乐寺位于天台山镇马坪村，始建于明代永乐年间（公元1403—1424年）。现存殿宇两幢，殿前有明万历四十二年（公元1614年）所建"第一禅林"石牌坊和照壁。寺庙及牌坊、照壁正处于古代朝天台山上山大路上，是明清天台山佛教丛林第一殿。

永乐寺坐西北向东南，与"第一禅林"石牌坊处于同一中轴线上。大殿为单檐歇山式木结构建筑，建于高大的石砌素面台基之上。面阔三间15.2米，进深三间13.8米，平面略呈方形。通高7.2米，穿斗抬梁结构，九架梁，用四柱。小青瓦屋面（后代改建）。檐柱十二根，经柱四根，柱径约0.4～0.45米。石础高大，上圆下方，覆钟形，精雕花饰。地面铺方形石板。殿前设五级垂带踏道。大殿除房梁柱架尚属完整保存明代建筑原貌外，墙体、屋面均为清代和现当代改建或重修。

永乐寺

后殿位于大殿之后高坎上，相距约8米，有石阶相连通。前（大殿）后殿在同一中轴线上，坐西北向东南，单檐歇山式木结构建筑，穿斗抬梁结构，小青瓦屋面。面阔三间10米，进深两间6.6米，通高约5米。体量均小于大殿。檐柱十根，经柱四根。方形石础，上部为覆钟形，础上精刻纹饰。外檐柱有明显侧脚，保留了明代建筑特点。墙体和屋面为清代或现当代改建。永乐寺是明代寺庙抬梁木结构建筑，而檐下又无斗拱铺作。整个建筑除石柱础有雕饰外，梁、枋、檐、

永乐寺大殿局部

柱尽皆素面，简洁大气，对研究邛崃地区明代早期寺庙建筑有着重要意义。

寺内现存邛崃市唯一一尊明代铁铸燃灯佛像，弥足珍贵。大殿左前尚存明代石砌单檐单级塔式化纸炉，民间俗称"字库"。

1985年7月，成都市人民政府批准公布为成都市文物保护单位。

2002年12月，四川省人民政府批准公布为四川省文物保护单位。

磐陀寺大雄宝殿·泥塑·壁画（明）

磐陀寺位于临邛镇磐陀村。据寺前唐元和十五年（公元820年）摩崖造像题刻和清康熙《邛州志》记载，寺原名开元寺，因寺前有大石如磐，故明代改称磐陀寺。现存明代大殿一幢，殿内保存有明代泥塑三尊，明代彩绘壁画约80平方米。

磐陀寺现存大殿建筑为明洪武二十五年（公元1392年）重修、明正统二年（公元1437年）培修，单檐歇山式小青瓦木结构建筑。坐西向东，建于石砌庙基上。面阔三间10米，进深三间10米，平面呈正方形。通高

磐陀寺明代大殿和泥塑三尊

磐陀寺明代壁画

7米，穿斗抬梁结构。外檐柱十二根，内经柱四根。七架梁，用四柱，三椽栿，前乳栿，后搭牵。檐下一周施五铺作斗拱二十朵，计转角铺作四朵，柱头铺作八朵，补间铺作八朵。斗拱上层直接支撑外檐槫。槫记有"惟大明正统二年（公元1437年）太岁丁巳十二月丙辰谨记"墨书。方形石础。外檐柱侧脚明显，柱头上端内倾。墙体从下到上全部采用木框架竹胎篦夹壁。表层做白灰。正面墙、门被后人改造，原貌不存。素面石砌台基，垂带踏道三级。

殿内当心间后部，在两根经柱之间做篦夹壁隔墙。墙前面下部石砌长条形须弥座佛台，台上并排泥塑西方三圣，跏趺坐于莲座。莲座下部为方形须弥座，座侧有泥金题记，塑于明景泰元年（公元1450年）。塑像高髻，大耳，面部上宽下窄，披通肩袈裟，下着长裙，胸下束带。主尊阿弥陀屈左臂平置腿上，右手屈肘上举结印。两菩萨披天衣，胸饰璎珞，帛带绕臂下垂。观音屈右臂于腰前，左臂屈肘上举结印。大势至屈左臂于腰前，右臂屈肘上举结印。三圣像背后木胎泥塑莲瓣形大背光。背光中间有圆形头光和莲瓣形身光。上部为复杂的忍冬缠枝纹。外沿饰火焰纹。主尊背光上，于头顶处有天龙八部之大鹏金翅鸟一只。佛像、背光、莲座均彩绘，部

333

明代壁画局部

分采用泥金手法。佛台墙背面（西面）彩绘佛本生故事。正中绘释迦与迦叶、阿难一佛二弟子。其中迦叶高鼻凹目，棕色皮肤，为一西域头陀形象。阿难则眉目清秀，皮肤白皙，为一典型中国沙弥形象。四周绘有"雪山剃度""涅槃"等故事场景。大殿内除正面墙为门窗、背面（西）墙已损毁外，其余南北两侧内墙及梁柱、穿枋上都满画彩绘。彩绘壁画"善财童子五十三参"共计约78平方米。据壁画题记，最早纪年为"景泰七年"（公元1456年）。壁画墙体采用邛崃地方古代建筑中常用之竹胎泥夹壁（篱夹壁）。墙体以木框为骨架，以竹篱笆为骨，竹篱上糊草筋、麻筋掺和之精细黄泥粘土为胎，其上用滚子石灰（生石灰）灰浆泥平，再在其上彩绘壁画。该寺壁画内容取自《严华经·入法界品》：福城长老之子善财童子与佛有缘，在文殊师利的指引下，共参拜了五十三位"善知识"（智者、导师），既而觉悟成菩萨。因善财童子曾三次参拜观音，故而后人将其列为观音菩萨侍童。壁画采用通景式满构图，佛、菩萨、天王、比丘、世俗供养人及"善财童子"等人物表现生动自然，极富民俗情趣。殿宇、市井、山水、云树构成分隔和连接故事情节的重要场景，生动再现了明代人物发式、衣着以及市井风情。画侧多有题记"信士李容彩画第四参比丘。景泰七年""彩

明代壁画局部

绘普贤菩萨二参""天顺元年四月初八范题"等。壁画全部采用中国画壁画传统技法，墨色勾线填彩。勾线用笔灵活多变：用细铁线描或游丝描开脸；兰叶描画衣纹、飘带；铁线描画亭台楼阁栏杆等等，不一而足。随类敷彩填色，墨色互见。人物面部眉目清秀。佛、菩萨衣饰华丽、帛带缠身。金刚力士之类多威猛雄强。人物面部、衣服、楼阁、树木、云朵都局部采用晕染手法。整个色调以绿兰为主，沉着雅致。部分人物，诸如佛、力士衣饰或其他配景局部有采用泥金手法，充分体现了明代传统壁画之风格。

该寺壁画和泥塑是邛崃境内唯一保存完好的明代壁画和明代泥塑佛像。该寺集唐代摩崖造像、明代建筑、明代泥塑和明代壁画为一体，弥足珍贵。1982年3月，邛崃县人民政府批准公布为邛崃县文物保护单位。1985年7月，成都市人民政府批准公布为成都市文物保护单位。

2010年10月至2011年11月，经四川省文物局、成都市文物局批准，对其进行全面保护性维修。

开元寺山门（明）

开元寺位于牟礼镇（原兴贤镇）开元村。始建于明代。现仅存山门及部分围墙。

山门为砖石仿木结构重檐牌坊式门楼建造，坐西南向东北。山门由三座门墙组成，平面布局呈半弧形。三道门呈"品"字形排列，开门不在同一平面上。每面门墙正立面均呈"凸"字形，中间重檐高，两侧低。三座门墙之间又由矮墙连接成为整体，总长32米。

正山门坐西南向东北，二重檐三楼庑殿顶。正面门墙宽7.8米，通高7.6米。红砂条石基础，空斗砖做法砌门墙。门楼中间起三间四柱，当心间用两根方石柱为门柱，拱形门洞，门宽2.6米。外侧两根大砖柱为墙柱。门柱、墙柱间空斗砖砌墙。外侧两角嵌素陶砖雕。砖砌额枋，枋上嵌砖雕，以上叠涩出檐。砖脊灰塑，翼角高挑，灰塑纹饰，中堆宝鼎已毁。外侧砖墙柱左右两侧起矮耳墙，中心做堂子，四角各嵌砖雕角花，正中心嵌菱形砖雕一块。墙顶上叠涩出檐，脊和翼角均灰塑纹饰。

两侧山门各朝向东南方和西北方，二重檐三楼庑殿顶，各面阔3.2米，通高6.8米。红砂条石基础上采用空斗砖做法，砖砌牌坊式门楼。中间两根门柱到顶（门柱下段贴红砂石联版，阴刻联文），圆拱形门洞，宽1.2米。

横长条带状砖雕

门拱上方嵌圆弧形陶雕天宫罩。门楣之上嵌横匾一道、竖匾一道（内容不存）。楣枋上嵌砖雕。楣枋以上砖雕装饰斗拱两层，再用砖叠涩出檐，灰塑屋脊、翼角。门柱两侧起门墙稍矮于中间，做屋檐为第二层。在正山门和两侧山门门墙之间又砌砖围墙，呈弧形，将三门连接一起，其做法与门墙大体相同，略矮于山门耳墙，墙高 5.4 米。墙体中间故堂子，四角嵌砖雕角花，中间嵌菱形砖雕图案一块。

该寺山门造型和布局独特，砖雕做工精美，门墙上多嵌砖雕，有菱形、三角形、竖长方形和横长条形，尤以横长条带状砖雕为多。其纹饰主要有几何纹、"卍"字纹、"寿"字纹、卷云纹以及白鹤、梅花鹿、蝙蝠等吉祥图案和人物图像。是邛崃东部平原地区明清寺庙山门代表性建筑之一。

宝林大悲庵（清—民国）

大悲庵位于宝林镇塔子小区，小地名塔子坝的回澜塔下。寺庙与塔始建于明代万历年间，历代均有兴废。今存寺庙大殿和后殿为清光绪二十年（公元 1894 年）重修，前殿为民国十二年（公元 1923 年）重修。

寺庙坐东向西，依中轴线由山门、前殿、大殿和后殿组成三进四合院。

中天井

平面呈纵长方形。山门为现代改建，山门以内为前天井。前天井之后为前殿。前殿建在石砌台阶上。面阔五间六柱18米，进深两间6米，前后廊。九架梁，用五柱。通高约6米，穿斗抬梁结构。檩记墨书："中华民国十二年季夏六月"。悬山式小青瓦屋面，做瓦脊。后壁为木板壁。其左右两次间开门通往中天井。前殿后壁当心间至大殿前建木廊道。木廊道将中天井分隔成左右两个小天井。廊道面阔一间3.4米，纵深长六间9米。穿斗抬梁结构，抬梁上用小驼墩三个一组，驼墩上彩绘

木廊道

图案。其上做两坡水小青瓦屋面,直接搭于前殿后檐、大殿前檐。大殿建在石砌台基之上,面阔五间21米,进深四间9.4米。通高约7.5米。前廊。左右做侧室:兰宫、桂阁。中间内经柱四根,柱径约0.5米。穿斗抬梁结构。十一架梁。左右为空斗砖砌山墙、硬山式,小青瓦屋面。外廊山墙内侧嵌大幅砖雕鹿鹤、麒麟各一幅。山墙前侧立面檐口下嵌砖雕图案。檩记墨书:"大清光绪二十年 住持僧永钦重修"(公元1894年)。

中天井北侧有厢房四间,面阔29米,进深3米。穿斗木结构,小青瓦屋面,与前、后殿相连接。中天井南侧为围墙,无厢房建筑。大殿之后为后天井,天井呈长条形。东面为后殿,面阔五间21米,进深3米。穿斗排列结构,九架梁,用五柱。通高约4.5米。悬山式小青瓦屋面建筑。天井左右为小耳房,穿斗木结构,小青瓦屋面。天井西面为大殿后墙。

该寺庙早在20世纪40年代就部分用作学校。部分门窗已不存在。1992年由学校移交文物部门复原维修。与回澜塔一起列为四川省文物保护单位。

1992年11月16日,维修大悲庵时出土庙碑一通,红砂石质,卧式,横长1.86米,宽0.59米,厚0.06米。竖行阴刻楷书,从右至左共27行,253字。附录于后。

附《装塑塔子坝大悲庵佛神小引》:

难□□敢谓能创者也!但以大碑(悲)庵创自先朝,房廊略备而佛像未全。因于培修中参创本之意,庶释迦、韦驮、阿难、迦叶,其著森严矣,敢哉!不有佛神,无以护卫塔子。经来庵中别无他样神像,四望空虚,未显地灵。今住持僧悟伦者,有感于此,志欲装塑阿弥大佛一尊,阿蓝(难)一座(尊),迦逝(叶)一座(尊),韦驮一座(尊),共计神像四位。神像当其功一告竣,金彩辉煌将现,游观之人顿生敬畏,镇江之塔愈增威严。择岁庚申年三月初一动功修砌,功果告成,神灵护佑。想象此举,当亦有助于风水,不比他处徒供游览已也。谨序,以遍叩焉。大悲庵住持僧悟伦,徒了宜、了先、了训、了全、了明,徒孙……石匠古文元、马贵先。嘉庆五年三月初八吉旦。

注:嘉庆庚申即嘉庆五年,公元1800年。该碑为补回澜塔清嘉庆初年史料,提供了宝贵的实物资料。

元芳庵大殿（清）

　　元芳庵位于水口镇李桅村。始建于清光绪三十一年（公元1905年），20世纪50年代以后改作小学校舍。现存大殿及配殿三幢构成三合院布局，坐南向北。整个寺庙建筑建于毛石垒砌的台基之上，台基高1.8米，东西两边有垂带踏道上下，与东西两配殿前廊相连接。东西两配殿为单檐悬山式木结构建筑。面阔三间，七架梁。穿斗式结构，小青瓦屋面。山墙为篱夹壁。余经学校改建。

　　大殿为重檐歇山式，穿斗木结构，小青瓦屋面建筑。面

清代保护告示碑

正殿屋面

阔三间12.3米,进深三间11.2米,平面略呈正方形。屋面水分较平,中段有举折。瓦脊、脊上做中堆(现代改造)。两侧歇山的平檐上口做有灰脊,灰脊上灰塑精美花鸟走兽,基本保留了清代灰脊原貌。下层腰檐用挑枋挑出甚远。挑枋上置搁基,多为花瓶形,其上浮雕人物、花鸟和走兽,内容丰富,工艺精美。檐下挑枋头有雕花吊柱。檐柱、内柱用料粗大。石础有方形、下方形上圆扁鼓形等。扁鼓形石础上刻盘龙纹。墙体上部为篱夹壁粉白。大殿正壁左右各有一幅水墨单色壁画。其一为三国演义之"三顾

大殿正壁的圆拱门

茅庐"，画刘、关、张三人在一童子指引下往山中而行。左上角题贾岛诗："只在此山中，云深不知处。"用笔精炼，造型生动。残存木花窗多为细格子花图案，下部为木墙裙。大殿正前面墙体和门窗多已拆毁，仅存殿内拱门一道。大殿外现存清代纪事碑、保护告示碑五通。

2013年9月，成都市人民政府批准公布为成都市文物保护单位。

吊水寺（清）

吊水寺位于天台山镇（原太和乡）冯坝中华山麓，邛—雅（安）古道旁。据庙碑称，该寺始建于唐，毁于五代，再盛于宋元之际，又毁于明末战乱。复于"清乾隆二十七年（公元1762年）癸未五月二十日重修"，此说大体可信。（乾隆癸未年应为乾隆二十八年，公元1763年。庙碑记载不准确。）

寺殿建于石砌的台基之上。坐西向东，面阔五间19米，进深三间11.1米，通高10米。穿斗结构，十一架梁，用四柱。重檐悬山式，三重檐尺度层层递减。当心间两个排列共八柱从下到顶，与梁枋共同支撑顶层屋面。当心间和两次间共四个排列十六柱直达二层与梁枋扣结，支撑第二重檐。檐上覆小青瓦，做瓦脊。残存的门窗、木墙裙、吊柱、搁基、花牙

吊水寺

石础体量较大，多为下部方形，中部覆钟形

挂落木雕精美。石础体量较大，多为下部方形，中部覆钟形，顶上再刻一重扁鼓形。石刻纹饰多以花卉、绶带纹为主，十分精美。寺中尚存零星明代石刻香炉、喇嘛石塔塔身残件等文物。对明清时期邛崃西南及雅安地区佛教史的研究都有一定的意义。

夹关二龙山庙（明）

二龙山庙位于夹关镇二龙山上（二龙村）。为明代寺庙建筑，现仅存后殿，余皆损毁于"文革"期间，当代重修部分建筑。1986年第二次全国文物普查定名为"二龙山后殿"，今依2007年第三次全国文物普查更名为"二龙山庙"。

二龙山庙始建于明代，今存后殿建筑于清乾隆年间（公元1736—1795年）重修。坐北向南，单檐悬山式木石结构建筑，除房梁屋架基本保留明代原貌外，墙体、屋面、地面均已改动。面阔三间四柱12.5米，进深四间9.6米。通高7.2米。九架梁，用七柱。外檐柱、内经柱共计二十四根，全部采用方石柱。石柱四棱倒角起线，平面呈"亞"字形。左

仅存的后殿

右山墙排列各七柱，前后为大方石柱，其余为小方石柱。当心间门柱二根、后墙柱二根、内经柱六根，均使用大方石柱。石柱上打卯孔，木枋穿斗榫头。当心间门檐柱、经柱上架木抬梁，抬梁上置木雕柁峰（掬基）。方石柱下，另置石刻方形炉式柱础。石础为方形，上部做圆唇、束腰，其下刻四足，四边垂布呈三角形，十分别致。

当心间门柱和四根内经柱上阴刻楹联数副，行草书，字体清秀，笔力遒劲。

小青瓦屋面，瓦脊，做中堆。庙台基高约0.3米，阶檐条石铺砌，余皆改动。

清代字库

寺内尚存明清时期零星石狮等遗迹和清代字库一座。字库为三重檐，攒尖顶红砂石塔式建造，平面呈四方形。石质方基础上建方形须弥座，座内中空，作为字纸焚化炉。须弥座上沿四角立四柱为第一级塔身，四面空洞，上口有石板刻成花式圆拱，形成花式拱形窗门。柱上覆石檐，檐上刻瓦垄，檐角上翘。上两级做法相同，唯上两级逐渐收分，收分则明显呈台阶状。顶上石檐为攒尖式，刹尖为今人补修。塔身柱上每层刻联，共十二副。有"魁飞三界；笔通九州""有字须放库；无文不藏中"等，是邛崃民间尊崇文化、惜字民俗的体现。

明清时期的石狮

大同观音庙（清）

寺庙位于大同乡青枫坪村。始建于清代，民国年间重修。坐东南向西北。两进大殿，建于高台基之上。前后殿之间为天井，两侧有配殿。面阔10米，纵深25米。前殿为观音殿，重檐悬山式、穿斗抬梁木结构建筑。面阔三间四柱10米，进深三间7.5米，前后廊。两层均为小青瓦屋面，屋顶做瓦脊、中堆，两端灰塑鸱吻。后殿为药王殿，面阔三间四柱10米，进深五间9.8米，平面呈正方形。穿斗抬梁木结构。九架梁，用五柱三穿。三重檐，小青瓦屋面，通高6米。大殿屋面为前后坡，前坡仅两步，较短，后坡三步，稍长。二楼（层）墙面做篱夹壁，开木花窗。从二层当心间之上起四柱出第三层，平面呈方形，攒尖顶亭阁式。屋顶上立宝顶，四檐角起翘，挑头施吊柱。前后壁开木花窗。

殿前有十五级石台阶。殿内立柱、抬梁用材较大。立柱下石雕狮子柱础、仰覆莲柱础极有特色。

大同观音庙

观音庙后殿檩记有"中华民国三十四年重建"（公元 1945 年）墨书。寺内塑有观音和药王像。药王像背后刻有"乾隆三十三年八月吉日"（公元 1768 年）款。

火井城隍庙（清）

城隍庙位于火井镇凤场村。隋代大业十二年（公元 616 年）设置火井县。今火井镇曾为火井县治所，故该地保留有城隍庙遗迹。该庙为清代重建，现仅存大殿和左右厢房。

寺庙坐东北向

火井城隍庙石础

火井城隍庙大殿

西南,现存三合院整体布局呈"Π"形。殿前中间为方形天井。大殿面阔三间10米,进深5.3米。九架梁,用七柱。当心间前檐柱两根,内经柱两根,在檐柱和经柱上搭抬梁。这四根立柱下段采用石柱(现代维修略有改动),上段采用圆木柱。中间两根檐柱的石础一个为圆雕大象,一个为圆雕狮子。内经柱两根石础为方形,刻花。后壁依三间各砌石质条形佛座,有今人所塑城隍诸神像。大殿左右内壁为穿斗排列木结构,与左右厢房正前壁呈同一平面连通,左右实际为大殿两侧室。大殿为开敞式明堂,无门无窗。悬山式,小青瓦屋面,瓦脊。屋面

城隍庙的石刻灯杆夹鼓

与左右厢房连通。左右厢房各三间，面阔5.3米，进深一间3米，穿斗式木结构，小青瓦屋面，瓦脊。该庙墙体均采用上部篱夹壁粉白，木装板墙裙、木装板门、木格花窗。红砂石柱础、地脚枋下垫红砂条石勒脚。红砂石板铺天井和天井四围阶檐。其做法与清代邛崃西南民居无异。大殿当心间前檐柱下分刻狮、象形石础，与邻近的银杏兴福寺七佛殿石础十分相似，应是这一时期、这一区域内寺庙建筑的一个特色。

齐山会石庙子（清）

石庙子位于道佐乡寨沟村（原凤鸣村），今寨沟山庄内。始建于清咸丰壬子年（咸丰二年，公元1852年），光绪丁酉（光绪二十三年，公元1897年）重修。坐西向东，单檐悬山式仿木结构石质单体建筑，面阔一间2.4米，进深一间2.4米，平面呈正方形。左、右、后三面石墙，正面无墙无门。石板铺屋面、石脊，残高4米。

庙前（东面）有一座石平桥，重建于清同治八年（公元1869年）。东西向架于小溪河上。用两根长5.8米的大长条石并列为桥板，跨两岸直接搭成，宽1.4米，高4.4米。该石庙子的用途、性质与石桥修建有关。同邛崃多数桥头立碑、碑上刻观音像的民俗崇拜相关联。

石庙与石平桥

寨沟石庙子

纪事石刻

寨沟石庙子（清）

石庙子位于道佐乡寨沟村（原凤鸣村）。坐北向南，单檐悬山式仿木结构石质单体建筑。家庙性质。面阔三间4.8米，进深两间4.4米，通高5米，平面呈正方形，建筑面积17平方米。

红砂条石垒砌素面台基，边长5米，高1米，七级石踏道。五架梁，双步架，中间用一柱。抬梁结构搭建共四组，每组用方形石立柱三根，石横梁两根和石柁峰代童柱搭成。

殿内两根石柱为八棱形。正立面当心间用二竖一横三块条石搭成门洞，两次间用整块大石板镶嵌成墙面。其余左、右、后三面每间均采用大石板嵌成墙面。其上石板斜铺为"人"字形屋面，无瓦垄。顶上做石脊，石脊两端刻鸱吻，脊中间置石刻火焰纹葫芦形中堆宝鼎。

在石庙子中立有石碑三通。其一刻郭氏家族神主、族谱和重修纪事。有"同治十二年"（公元1873年）和"光绪十二年十二月初八"（公元1886年）纪年。

文武宫石庙子（清）

石庙子位于道佐乡寨沟村（原凤鸣村），小地名秧草坪。始建于清乾隆五十二年（公元1787年），光绪十三年（公元1887年）重修。坐东向西，仿木结构石质单体建筑。单檐悬山式，面阔三间3.3米，进深两间3.6米，

文武宫石庙子

建筑面积12平方米。单层条石基础。五架石梁，双步，中间用一柱。两面山墙及后壁用条石浆砌。正立面石门柱两根，无门。横枋上阴刻"文武宫"三字，门柱上刻联。石板斜铺搭砌为"人"字形屋面，做石脊。其建筑墙、柱、梁、顶全部采用红砂石建造，因此得名石庙子，是邛崃西南山区农村所特有。

庙两侧现存乾隆五十二年纪事碑一通，光绪十三年功德碑一通。

幽居寺（清）

幽居寺位于临邛镇石燕村（原白鹤乡）。在白鹤山东麓半山腰，鹤林寺北偏东约1.5公里处，唐代即香火旺盛。寺后山岩有唐代摩崖石刻造像。寺庙前后均有山道与鹤林寺相通。相传为宋代魏了翁读书处。现存寺庙建筑为清咸丰五年（公元1855年）重建。平面呈四合院布局，坐西南向东北。占地面积约720平方米，建筑面积约570平方米。从山下有多层多级垂带踏道通向寺前。

幽居寺观音殿

殿内梁架结构

寺庙建筑由前殿、后殿和左右厢房组成。坐西向东。前殿面阔五间22米，进深两间8米。前步廊。后殿面阔五间22米，进深两间9米。左右为厢房，中间为天井。整个建筑用外廊柱七根，外檐柱二十七根，内檐柱九根，内经柱十六根。殿内梁架结构采用穿斗排列和抬梁两种方式。廊檐挑枋上置雕花柁峰（搁基）。柱下红砂石础。殿内墙体、门窗和地面已被今人改建，原貌不存。殿内中间隔墙已全部拆除，部分梁架有改动。歇山顶屋面，覆以小青瓦。檩记墨题"大清咸丰五年十二月十六日"（公元

内柱

1855年)"大清咸丰九年十一月望九日"(公元1859年)和"住持僧发润,徒相美、明""梓匠徐志友、赵万金、刘元章"。根据檩题可知清咸丰年间,鹤林寺、幽居寺住持均为僧发润,鹤林寺僧院前院与幽居寺部分建筑同为僧发润于咸丰五年主持修建。

火井观音阁(清)

观音阁位于火井镇状元村。始建于明代,清代重修。寺庙原为四合院布局,今仅存大殿和部分厢房,均为一楼一底。大殿坐东北向西南,建于高台基上,殿前有六级垂带式踏道。面阔五间25米,进深四间9米。大殿左右两稍间为侧室,面阔两间4米,进深两间9米。

大殿前步为廊。九架梁,用五柱,除山墙外共四个排列,穿斗式木结构。当心间为殿门(敞厅,无门窗)。两次间第二步经柱位置做木雕花槅扇门,柱下有雕花石础,其上架铺木楼板,左侧室中有木梯供上下。悬山式小青瓦屋面。大殿与左右厢房各一间相连接。

厢房面阔一间3米,进深一间3米。悬山式,小青瓦屋面。除梁架

火井观音阁

观音阁石刻小狮子

和部分花窗外,多已改变原貌。

其雕花木门窗多采用透雕和浮雕手法。有几何纹、钱纹等。窗心多鹿、鹤等吉祥动物以及花卉图案。石础多为下八角形上重扁鼓形。殿内外铺砌石板。殿前天井石块铺筑,部分为今人修补,改成青砖铺筑。

寺内尚存清代石刻小狮子、石敢当等零星物件。

道佐寨沟玉静寺(明—清)

玉静寺位于道佐乡寨沟村,小地名小金凤的坡地上。始建于明。现存天王殿及部分厢房。据寺内碑文记载,天王殿为清乾隆四十二年(公元1777年)重修。

天王殿坐东北向西南,单檐悬山式木结构建筑。面阔三间四柱7.2米,进深四间6米,通高约6米。山墙穿斗排列,九架梁,用五柱。当心间用四柱(檐柱两根,经柱两根),穿斗抬梁结构。基本保存明代大殿建筑形制。普柏枋以上做篾夹壁粉白,残存水墨壁画人物,内容为官家与深山隐修头陀僧。造型生动,笔墨流畅。墙体木装板。柱下石础,门窗多不复原貌。

玉静寺

厢房为清代所建寺庙配套建筑，平面呈小四合院布局。今存正房三间和左厢房部分建筑。单檐悬山式穿斗木结构，小青瓦屋面。正房面阔三间，进深三间，前双步廊。廊下穿枋挑檐，穿枋上置花式搁基（柁峰）。檐柱与挑枋头子、支架撑弓，雕刻纹饰精美。当心间门厅的门柱左右两边做槅扇门各一扇。上部做镂空花窗，下部分三格做浮雕，中腰花板雕刻博古图案。两槅扇门内上方做花牙镂雕天宫罩。柱下为方形雕花石础。门厅门槛前安放长条形踏脚石，前、左、右三面浮雕花卉图案。

檐柱上的雕花撑弓

镂空花窗

　　墙体上部做格子纹、"回"字纹木花格窗,其下为木装板墙面。额枋下两次间各排列六扇镂空花条窗。窗花几何纹什锦组合,丰富而繁美。中间圆形窗心上高浮雕花鸟、人物、博古等图案。窗下为木裙板。红砂石勒脚,每一间做古钱纹通风孔。左厢房与正房相连,屋面檐口连通,做法大体相同,前面无廊檐,用材稍小于正房。十二扇花窗窗心图案花式比较简单。正房与厢房连接处和山墙上部做篦夹壁。外墙下部多为砖墙。

　　寺内存零星雕花方石础和石狮柱础。石狮柱础下部为长方形基座,其上圆雕蜷伏狮子一只,

雕花木门

形同狮子狗：圆眼，小鼻，咧嘴龇牙，两耳侧垂，鬃毛卷曲，颈戴项圈，上有铃铛。背上驮圆盆形座，盆座下部圆弧形，四周刻"卍"字图案。座上口平整，用以立柱。造型别致。

寺内存水井一口，青石井圈，井壁石砌。

寺外有清碑一通，高1.35米，宽0.65米，厚0.1米。碑顶为三折桥形，无额题。其上竖行阴刻楷书："修建天王殿兼恕（塑）佛像金身贻后碑"。下款署"大清乾隆四十二年冬十二月下浣日吉旦 儒学庠生植锐题"。

回龙兴隆寺中殿（清）

兴隆寺位于回龙镇白杨村。始建于宋代。历代均有维修改建。1967年寺庙部分建筑被拆除修学校，20世纪90年代学校停用。现存清同治十三年（公元1874年）重修中殿一座，坐西北向东南。面阔五间18.6米，进深两间7米。占地面积约130平方米。建于石砌台基上。正面有踏道（今已改建）。九架梁，前步廊。穿斗抬梁结构，抬梁三根。中脊抬梁和第三步抬梁上不用童柱而置覆钵形雕花柁峰。中脊檩从柁峰中间穿过，十分别

兴隆寺

中脊檩从柁峰中间穿过

致。檩记墨书"大清同治十三年岁次甲戌月建"(公元1874年)。歇山顶,小青瓦屋面。戗脊和垂脊上灰塑精美图案。正脊已毁,今人重做。檐口残存少部分印花滴水瓦。檐角龙骨长伸,刻龙头形,虾须椽弯曲上抱,檐角呈弧形上翘。墙体和门窗已改建不存原貌。柱下立雕花石础。

寺内尚存清代刻有狮子滚绣球、二龙戏珠等图案的石础和清光绪元年(公元1875年)《重建大云山碑记序》石碑、光绪元年纪事碑、光绪十一年(公元1885年)告示碑、光绪十三年(公元1887年)纪事碑、光绪十一年《永垂万古》功德碑等六通。

光绪十一年功德碑

回龙寺

南宝（秋园）回龙寺（清）

回龙寺位于南宝乡秋园村。始建于清代。现存前殿、大殿、后殿和部分厢房，保存基本完好。占地面积约 4000 平方米。

寺庙坐东北向西南。前殿面阔三间四柱 11.7 米，进深 8.6 米，前后步廊。大殿面阔六间七柱 18.6 米，进深 9 米，前后步廊。东南（左）侧厢房一幢，面阔五间六柱 8 米，进深三间 4.3 米。西厢房已不存。前殿、大殿与厢房围成前院，中间为四方形天井。大殿后有中天井，天井后面为后殿。现存后殿面阔六间七柱 18.6 米，进深 8 米。中天井左右建筑

楼上走廊

不存。该寺庙建筑曾改作他用，故其建筑除房屋梁架和部分构件尚保存清代原貌外，墙体、屋面、门窗均已改建。

大殿为一楼一底，两重檐穿斗排列木结构，悬山式，小青瓦屋面建筑。大殿建于高大的石砌庙基上，基台高约1.7米，有马鞍形石阶双上。原为正七间，后改拆左一间，现存六间七柱。底层檐柱穿枋挑檐，枋头装饰吊柱，柱上搭横檐枋，其上做反卷拱望棚。檐口做飞檐。腰檐上覆小青瓦。梁架上铺设木楼板，过道上做卷棚顶。楼上一层挑枋吊柱，做楼廊，廊外做木花饰栏杆。梁架和穿枋上多彩绘图案和佛教人物。

楼道上做卷棚顶

大同石经寺（民国）

石经寺位于大同乡中华村。始建于民国十一年（公元1922年）。坐西向东，原为四合院建筑，今仅存正殿和右厢房，前殿和左厢房已拆毁。左侧现经农户重新配建住房。殿前为长方形天井。正殿为三重檐穿斗木结构建筑，小青瓦屋面。面阔三间四柱12米，进深8.6米。前步廊。当心间为正厅，四扇雕花槅扇，两扇木门。左右为侧室。七架梁，用五柱。悬山式屋面，上覆小青瓦。当心间前墙柱两根和内柱两根直穿屋面，结成第二层楼面，平面呈方形。三间四柱，当心间正面开窗，双扇圆形镂空花窗。其余三面木装板墙面。檐下挑枋挑出第二层腰檐，翼角上翘，上覆小青瓦。二楼当心间又接四根内柱出于腰檐上，结成第三层楼层，平面呈四方形。四面木装板，正面开镂空花条窗和大圆窗。檐下四角挑枋挑出上层歇山式屋檐，翼角上翘，上覆小青瓦。有木梯由下至上。上层楼面体量比第二层

石经寺

明显内收,外观呈亭塔式。通高约 13 米。

正殿右侧与厢房交接处为一间转角大房。面阔 7 米,进深 8.6 米。穿斗抬梁结构。篱夹壁、木板壁和木墙裙同用。装饰有印钮形弧拱顶方格花窗,甚为少见。

厢房为穿斗木结构悬山式,小青瓦屋面建筑,与正殿相接。屋面檐口与正殿第一层屋檐连通。面阔三间四柱 10 米,进深两间 6 米。前廊。九架梁,用四柱。前廊挑出甚远,三步三挑,第一步挑梁上做木花饰和白粉墙,第二步挑梁上置覆钟形木雕驼峰(搁基)。篱夹壁

寺内过道

外观呈亭塔式的木楼

墙、木装板和木墙裙混用。细木格图案条窗。部分墙体、门窗今已改建。圆鼓形石础、地脚枋下垫条石勒脚,分段刻古钱纹通气孔。室内外地面、阶沿和天井用石板铺筑。

檩记有"中华民国十一年冬月"墨书。

临邛宝水庵(清)

宝水庵位于邛崃南河南岸临邛镇红岩子村。始建于清代。由前殿、后殿(大殿)、左右厢房构成四合院布局。现存的前殿、左右厢房为清代建筑,大殿为今人在原址重建。寺庙坐西向东。前殿面阔七间八柱34米,进深4.4米。前步廊。左右与厢房交接处为转角大房间。左右厢房各两间,面阔两间9.3米,进深5米,前步廊。大殿(后殿)面阔三间34米,进深两间7米(今在原址重建)。中间为横长方形天井,天井四周有檐廊。前殿为抬梁结构,两根抬梁上分置覆钟形搁基(柁峰)三个,浮雕蝙蝠、鹿等吉祥图案,寓意福禄。悬山式小青瓦屋面与左右厢房屋面连通。厢房穿斗木结构,小青瓦屋面。寺内建筑檐下普柏枋上做"回"字纹花格木窗。

宝水庵建筑细部

其下木装板墙、清式镂花对开条窗、木墙裙。立柱下红砂石雕花柱础。檐廊和天井均用红砂石条石、石板铺筑。天井四围做明沟排放地表水。

金甲庙

南宝秋园金甲庙（清）

金甲庙位于南宝乡金甲村坡地上。始建于清代。坐北向南。庙建在高高的石砌台基上，庙前有石砌踏道十级。现存大殿和右厢房一间。大殿面阔三间四柱 20.5 米。进深四间 16.5 米，通高 5.8 米。穿斗抬梁木结构悬山式，小青瓦屋面建筑。右厢房一间，穿斗排列结构，六架梁，用三柱三穿。其山墙屋架排列与殿门正墙在同一平面。两坡水，前短后长，前坡搭于正殿屋面上。寺庙门窗、墙体均为后人改建。

平乐大悲寺（清）

大悲寺，当地又称作大碑庙，位于平乐镇同乐村。始建于清道光年间（公元 1821—1850 年），清光绪二十一年（公元 1895 年）维修。

寺庙坐西南向东北，由前殿、大殿、厢房和两个天井组成"日"字形两进四合院。大悲寺庙基由红砂石砌筑而成，依地势左低右高。庙前有石砌的踏道。

大悲寺　　　　　　　　　　　残存的石刻佛像

　　前殿面阔七间八柱22米，进深两间4米。当心间为大门过厅。穿斗抬梁木石结构。前殿除当心间门柱使用圆木柱外，其余檐柱、内经柱都使用半截柱，即柱之下段为方形石柱，上段为圆木柱，柱上架抬梁。前殿后面为廊道和左右天井。其后为大殿。面阔七间八柱22米，进深三间4米，穿斗抬梁结构。左右厢房面阔两间5.8米，进深5米，穿斗抬梁结构。天井廊道的廊柱全部采用圆木柱。大殿、厢房的内外墙柱都采用半截柱。寺内双扇木门，门套有起线，左右上角用花牙装饰。窗多改变。墙体上半部做篾夹壁粉白，墙裙全部采用红砂石板嵌装。红砂条石地脚枋。室内外地面铺筑石板。寺内石柱、木柱下均有石础，多方形、六边形、下六边形上扁鼓形等，少纹饰。

　　寺庙建筑为单檐悬山式小青瓦屋面。前殿、后殿、厢房和天井檐口连通，瓦脊，脊上做中堆。檐下挑枋头上做雕花吊柱。

　　寺内外墙石柱上阴刻数联，颇有人生哲理。录两联附后。

　　其一："举念奸邪，任尔烧香总无益；存心正直，见吾不拜亦何妨。"

　　其二："行事有亏，何必进香登拜；心存无愧，自能获福迎祥。"

寺内残存石刻佛像，背侧面题刻"同治癸亥二年六月"（公元1863年）"善士杨万同塑"等。檩记有"大清光绪""建修岱宗府经理首事杨永俸"墨书。根据此檩记，大悲庙在清代应为岱宗府，即岱庙，或称泰庙、太（大）庙。

南宝（秋园）常乐寺（明—清）

常乐寺位于南宝乡常乐村。今存大殿始建于明代，清代维修。大殿坐西北向东南，平面略呈长方形。大殿建于红砂石砌台基上，面阔五间六柱17米，进深五间13.5米。重檐悬山式，穿斗抬梁木结构建筑。后世在左右梢间外加接一间成七开间。殿前双步廊，双挑挑出廊檐，腰檐上覆小青瓦。殿内经柱四排共十根，抬梁结构。梁下搭楼欠穿枋，上铺木楼板。十一架梁，用六柱。檐柱共十八根，经柱十根直通顶层。歇山式小青瓦屋面。屋架梁柱用材较大，有侧脚柱做法。柱下石础，下部为方座，中间为六边覆斗形，上层做扁鼓形。大殿门口右侧有清嘉庆七年（公元1802年）重修常乐寺碑记一通。碑高1.6米，宽0.8米，厚0.15米，字多风化。

常乐寺

七佛寺

平乐七佛寺（明）

七佛寺位于平乐镇关帝村。始建于明代。清康熙五十七年（公元1718年）改建，乾隆四十一年（公元1776年）维修。现仅存大殿和前殿。

大殿坐西北向东南，建于石砌台基上，台基高1.1米，殿前有五级垂带踏道上下。大殿为单檐悬山式穿斗抬梁木结构建筑。面阔五间六柱17米。进深两间9.1米。当心间内经柱四根架抬梁，九架梁。两次间五柱排列穿斗结构。山墙用四柱三穿。上椽栿和平梁间以小方栌斗承接，保留了明代建筑的风格。檐柱、经柱用材较大，柱径均为0.5米，覆盆式石础，直径0.58米，高约0.15米。墙面上部做篱夹壁，下部为木装板、木墙裙。部分门窗已经后世改造，原貌不存。小青瓦屋面，瓦脊，檐角平缓。檐口做印花三角形滴水瓦。大殿残破严重，除房梁屋架尚基本保留明清原貌外，余皆不同程度毁损。寺内尚存清代残碑两通。

天台山土地堂（清）

土地堂位于天台山镇马坪村山坡上，坐东向西，红砂石仿木结构建造。平面呈正方形，边长1.2米，通高1.6米。其下石砌方形台基二层，高0.25

土地堂

米。红砂条石和石板搭建墙体,正面开长方形门洞,高0.6米,宽0.5米。门洞内左右上角装饰石刻花牙。门额上阴刻"土地堂"三字。门外左右壁刻成假门扇,门上分刻出上、中、下三栏装板式样。其上覆宽大的石刻悬山式檐顶,四个檐角上翘。每面七沟瓦垄。石脊高大,脊两端刻翘角。堂内供奉土地神像。

文笔山梦花庵观音殿(清)

  梦花庵位于临邛城南文笔山上,因有文笔塔而取梦笔生花之意为庵名。又依文笔山名南山而名南山寺。原属南河乡,今属临邛镇文笔山村。始建于明代。现存观音殿一座,为清代重修。其余建筑为今人重修。寺庙建于高2米的石台基上。观音殿坐东向西,面阔三间四柱8米,进深两间8.3米,平面呈正方形,通高6米,穿斗排列,抬梁结构。当心间在殿内后一步立经柱,左右各一根。中间两个排列为减柱做法,从檐柱上架抬梁一根搭在内经柱上。前面第二步用童柱立在抬梁上,其上又架抬梁一根搭在内经柱上,成上下两根抬梁。第三步立童柱,中蜀柱直接立于上一根抬梁上,

梦花庵

从而减少了梁架间直接落地的柱数,增加了下层活动空间。柱下有石础。墙面和门窗今已改动,原貌不存。

歇山式,小青瓦屋面。正脊高大,灰塑"二龙戏珠",龙身四周塑祥云。脊两端塑鳌鱼式鸱吻,尾部卷曲上翘,大口张开衔龙尾。垂脊和戗脊上有灰塑。戗脊与上翘之翼角做镂空花饰。檐口做印花三角形滴水瓦。翼角张开,屋面显得轻盈,与立面墙体相协调,整个建筑显得稳重大方。

大同九顶山石室(清)

九顶山石室位于大同乡盐水村,东距夫子岩造像 500 米。为清代隐士居所。石室利用天然岩洞加以修凿。石室两间一厅,平面呈不规则长条形。其高低、大小不一。总长(横)15.93 米,进深 1.85 ~ 5.6 米,高 1.62 ~ 3.2 米。石室内有石壁橱、石缸和在岩壁上凿成的石笕槽。石笕槽一可用于接水,二可排除岩壁浸水。石灶、石床已毁。前厅石壁上有横卧式摩崖石刻碑两通。从右至左横排阴刻楷书"道远"二字。上款直行阴刻"咸丰九年"(公元 1859 年),下款竖行阴刻"李一舟题"。在其右侧另存一题刻,全碑竖排共11行,文字大多漫漶不清。落款为"同治二年"(公元1863年)。九顶山石室为目前邛崃境内唯一的清代隐修石室。

九顶山石室

石壁上的碑刻

风水庙

茶园风水庙（清）

　　风水庙位于茶园乡周场村，始建于清代。坐西向东，重檐歇山式穿斗木结构建筑，建于山沟小平地上。红砂石亩基，面阔三间约8.9米，进深约4.5米。底层檐高约2.5米，通高约6米。底层三间为穿斗式木结构，两边山墙七架梁，五柱三穿。腰檐为悬山式小青瓦屋面。当心间四根内柱直通顶层，以穿斗结构结成第二层（上层）楼面，平面呈方形。面阔三间，当心间开窗。挑枋支撑宽大的顶层屋檐。屋顶为歇山式小青瓦屋面，瓦脊，脊上瓦做中堆。山尖下装饰木悬鱼。正脊较短，戗脊翼角延展较长，四角上翘，檐口呈弧形，左右舒展呈官帽式。上部墙面为篾夹壁，下部为木装板墙裙。立栅栏式方窗，双扇木门。该庙体量虽小，但建筑式样别致。

冉义文昌宫（清）

　　文昌宫位于冉义镇斜江小区，冉义镇闹街32号，现为斜江小区老年协会所在地。

　　文昌宫始建于清代，坐北向南。现存前殿和大殿。前殿东侧（左侧）原有魁星阁，今已拆毁改建。

文昌宫

文昌宫前殿和大殿连成整体，平面略呈正方形。前殿面阔原为五间六柱，左梢间即为魁星阁，今已改建。今存四间面阔13米。进深三间7.6米。穿斗抬梁木结构。大殿面阔四间五柱17米，进深三间7.5米。大殿为穿斗排列、抬梁木结构，山墙十一架梁用七柱。殿中用四柱，穿斗抬梁结构，蜀柱用花瓶式搁基代替。梁柱用材较大。前殿为悬山式屋顶，大殿为歇山式屋顶，盖小青瓦，应为后代所改变。殿内除上部墙体篱夹壁尚保留原状外，其余墙体、门窗均已改建。梁柱髹漆，柱下未见石础。整个建筑很少装饰。

抬梁木结构的大殿

花置寺观音殿（清）

　　花置寺观音殿位于临邛镇柏树村，小地名花置寺。因该地岩石中夹杂大量大小不等的碎石而形成所谓花石，山即名为花石山。花置寺唐代即建有佛寺，历代均有兴废。

　　现存观音殿建筑原在临邛镇南岳街南岳庙内。据民国《邛崃县志》，南岳庙始建于明代隆庆庚午四年（公元1570年），该建筑重修于清代光绪十五年（公元1889年），其高大的覆钟形雕花石柱础和侧脚柱，仍保留了明代寺庙建筑的做法。1986年迁建于花置寺。

观音殿抬梁结构

观音殿坐东北向西南，单檐悬山式穿斗抬梁木结构建筑（20世纪80年代重修改为硬山式），小青瓦屋面。面阔三间11米，进深四间8米，通高约5米。前步廊（20世纪80年代重修时，将前步廊檐柱改为前墙柱，无廊）。十一架梁，用五柱五穿。前步廊挑枋上置雕花搁基，梯形，多方折线。圆光内浮雕花卉。当心间用四柱，抬梁结构。抬梁间施用柁峰（搁基）。砖墙体，前墙木花窗为重修时配置，下部砖墙裙。

建筑柱础为红砂石质，有下方基，上覆钟形、覆八角形和方形三种。四根前檐柱和当心间两根门柱的柱础均为下四方形基座上覆钟形。石础高约0.55米，上口直径约0.4米。浮雕狮、龙和"卍"字纹等。

檩记墨书"大清光绪十五年岁次乙丑仲冬月……重修"。

道佐汪家山土地庙（清）

汪家山土地庙位于道佐乡鼎锅村，小地名汪家山，民间俗称为汪家山土地庙。始建于清代。坐北向南，红砂石仿木结构建造。平面呈长方形，底边长1米，宽0.7米，通高1.7米。土地庙建于长方形石砌须弥座

汪家山土地庙

上，四角立四柱，四面石板封砌。正面石板中间开门洞，门洞上方呈梯形，左右装饰云耳，门边阴刻线条装饰。正面左右两根石柱下面刻出六边形束腰石础。柱上刻联板，上部刻有联板挂钩，阴刻行书联文："乙石满天下；日月赵（照）乾坤。"联文不合平仄且上下联位置颠倒。"赵"（照）字为别字，或有其他地方民俗文化含义，可能与当时农村文化有关。门额匾刻"大显威灵"四字。其上覆庑殿式石檐，檐角上翘。堂中供奉土地神像。

邛崃境内土地庙、土地堂供奉土地老爷、土地娘娘习俗十分流行。许多乡村都有形制不同、材料不同、大小不同的土地庙。此处仅选择两座石质建造的土地庙作为代表，以点代面而已。

高何石塔寺（宋—民国）

石塔寺位于高何镇高兴村，镇西山东麓山脚。重修于宋乾道五年至八年（公元1169—1172年）。据寺碑载，"有僧安静方游而来，驻锡于山"，足证乾道五年以前已有寺庙。乾道五年由僧安静建石塔时重修。原名大悲寺，后代因寺内有石塔（塔原名释迦如来真身宝塔）而更名为石塔寺。

石塔寺

大殿外的天井

　　明代正统年间（公元 1436—1449 年），僧荣昌历时三年培修、重修寺院之经宝楼、正殿、僧廊和石塔等。

　　现存寺庙由大殿、左右厢房和山门殿组成四合院，平面呈"凸"字形，中间是天井。山门前 10 米处为石塔。整个寺庙布局仍然保留了早期寺庙以塔为中心的遗制。

　　现存寺庙建筑位于塔后台地上，有垂带踏道上下。大殿为明正统年间培修，其梁、柱、房架和屋面尚保存元明建筑风格。坐西北向东南，建于石砌台基上，台基高 0.4 米，与厢房不相连接。大殿面阔三间四柱 9.4 米，进深四间 9.4 米，通高 9.88 米，平面呈正方形。九架梁，用五柱二穿。内经柱四根，每根经柱分别与角柱和两根檐柱结成金井共四口。井间穿斗纵横抬梁结构。柱、梁用材较大，柱径 0.45 米，柱下有方形、扁鼓形素面石础。殿内石板铺筑。在大殿正门内地面用窄条石攒尖围筑成边框，框内铺长方形石板一块，石面四角阴刻云纹，正上方刻圆圈太阳纹。歇山式屋面覆盖小青瓦。正脊与当心间等长，两戗脊延展较长。檐口略呈弧线上翘。正脊为素陶雕砌筑，无鸱吻、中堆。墙体上部为篱夹壁，下部为木裙板。地腿枋下垫红砂条石勒脚。殿内普柏枋上的粉壁墙面彩绘"五十三佛"

大殿内部结构

壁画，现残存二十四幅。壁画为独幅式，每个圆形光环中绘坐佛一尊：头型为鹅蛋形，头顶有肉髻，眉目清秀，两耳垂肩。偶见面型丰圆者。身披袈裟，内着僧祇支，束带于胸下。跏趺坐于仰覆莲花座上。两手平置腿上结印；或一手平置腿上，一手屈肘于胸前结印；或双手合十于胸。偶有跏趺坐而不见莲座者。光环外绘祥云环绕。壁画采用白描平涂法，棕赭色彩线开脸、绘手，墨线勾衣纹、莲纹、云纹、光环。以红、黄等暖色调为主。局部脸面、云朵有晕染法。部分壁画严重模糊、残损或损坏无存，后人修补后在

殿内地面刻有纹饰的石板

清嘉庆十一年（公元 1806 年）重修的厢房

其空白壁上题诗。大殿前壁、门窗均为后代重修。

左右厢房为清嘉庆十一年（公元 1806 年）重修单檐悬山式穿斗排列木结构，小青瓦屋面建筑。左右厢房与山门殿相连接。左右厢房布局不完全对称。左厢房面阔三间 11 米，进深四间 6 米。右厢房面阔三间 11.3 米，进深四间 5.8 米。九架梁，用五柱。前步廊。墙体上部为篱夹壁，下部为石板墙裙。细木格花窗，双扇木板门。室内外地面以石板铺筑。双重石础，下层六边形，上层扁鼓形。左厢房西北连接厨房，一进三间，小青瓦屋面。右厢房檩记为"清嘉庆十一年"。山门殿为民国四年（公元 1915 年）重修之重檐牌楼式穿斗木结构建筑。山门殿山门与门墙呈"八"字形。山门面阔三间 12 米。山门殿面阔 31.5 米，进深四间 8 米。三重檐，通高约 21 米。檐上覆小青瓦，灰脊，顶脊上做葫芦形陶罐中堆。六个檐角上翘。山门殿现存中殿和左殿，右殿仅存两间。十一架梁，山墙排列用五柱四穿。当心间减柱，用四柱，抬梁结构。其上层部分使用穿枋、挑枋叠架方式挑出重檐，虽然轻巧灵动，但也略显单薄。上部（含山门牌楼正立面）墙体采用篱夹壁粉白，下部为木墙裙、双扇木板门。素面石础。室内外地面以红砂石板铺筑。殿前有垂带式踏道上下。中间天井石板铺筑，四周有排水

山门殿使用穿枋、挑枋叠架方式挑出重檐

明沟。天井中尚存重刊古志碑一通,对寺、塔的建造原委、时代记载甚详。塔、碑另见"石塔寺石塔"。

1935年11月至1936年2月,长征途中南下的中国工农红军第四方面军四军、九军、三十军、三十一军之一部进入邛崃西南山区,在今高何镇建立了太平县石塔区(第四区)苏维埃政府。在区苏维埃的领导下成立了乡、村苏维埃和游击队、妇女会等组织,打土豪,分浮财,扩大红军队伍,开展支前活动。红军在高何一带战斗生活了112天后战略转移,继续北上,留下大量红军石刻标语。石塔寺为石塔区苏维埃政府旧址。1997年作为苏区旧址维修复原并陈列开放。

1982年3月,邛崃县人民政府批准公布为邛崃县文物保护单位。

1985年7月,成都市人民政府批准公布为成都市文物保护单位。

附注:① 1935年11月,红军进入今高何后成立的区、乡、村苏维埃政府,均隶属于太平县苏维埃政府。太平即今芦山县太平镇。

②进入邛崃西南山区的红四方面军四军、三十军、三十一军九十三师、九军二十五师分别以德城、永炎、漳树、拔起、抽权、崇安、提高、经理、

粉壁墙面彩绘的壁画

抗议、道州、西山等政治部为代号开展革命活动。其留下的红军石刻标语上都是以这些政治部代号落款。

③"文革"中,高何公社于1972年5—6月组织将沙坝一座旧的重檐四方桥亭改建成为长征亭,移部分红军标语碑刻陈列其中。1979年下半年将长征亭连碑一并迁建于石塔寺,更名为红军亭。1983年6月,国防部部长、红四方面军老红军张爱萍将军来邛,亲笔题写"红军亭"三字(竖式),镌刻石碑立于红军亭碑亭前面。

1998年10月,被命名为邛崃市爱国主义教育基地。

1999年10月,被命名为成都市爱国主义教育基地。

2003年7月,被命名为四川省爱国主义教育基地。

平乐关帝庙(清)

关帝庙位于平乐镇关帝村4组。关帝庙为祀奉三国蜀国名将关羽之神庙。关帝即关圣帝君,是道教对关羽的称号。明万历三十三年(公元1605年)加封三界伏魔大帝神威远震天尊关圣帝君。后世有假托文《关帝觉世真经》等，意在劝人讲忠孝节义，举善戒恶。各地多修庙祀奉。

关帝庙始建于清代。坐西向东。现存大殿面阔三间11.5米，进深8米，平面略呈长方形。当心间外檐柱前后各两根，内经柱两排六根，其上架抬梁。两边山墙穿斗排列结构，九架梁，用六柱三穿。悬山式小青瓦屋面。墙体上部做篱夹壁，下部木装板。门窗已毁，原貌不存。地面铺筑红砂石板。

关帝庙

园 林

以自然的山、水、地貌为基础，通过有意识、有目的地种植树木花草、营造建筑和布置动线等，形成的美妙的休憩和悠游境域，就称为园林。中式造园除了凭借山水、花草、建筑所构成的景致传达意境外，还将中国特有的书法艺术形式，如匾额、楹联、碑刻艺术等融入其中，从而深化园林的人文内涵。

文君井园林

　　文君井园林位于邛崃市临邛镇文君井社区文君街（原名里仁街）南侧76号。坐南向北，占地面积约6000平方米。

　　据司马迁《史记·司马相如列传》称：卓文君与司马相如从临邛私奔回成都后不久，复又返回临邛，"买一酒舍沽酒，而令文君当垆。相如身自著犊鼻裈，与保庸杂作，涤器于市中"。这就是为后世所赞誉的"文君当垆，相如涤器"。据《采兰杂志》《大明一统志》《蜀中名胜记》载，文君井在县南二里，即卓文君当垆、司马相如涤器处。文君井在唐以前即已建成纪念性园林。宋代曾作为邛州白鹤驿馆。对于文君井，李白、李商隐、

杜甫、陆游等唐、宋大诗人多有题咏,其中尤以陆游游文君井园林后《题文君井》诗最著名:"落魄西川泥酒杯,酒酣几度上琴台。青鞋自笑无羁束,又向文君井畔来。"这首诗也是对宋代文君井园林的历史佐证。

文君井园林历代均有兴废,基本保留了川西园林格局。依清《邛州志》"琴台在井北百步"推断,其园林规模在清代以前应比现今稍大。

文君井园林大门临街,白墙、青瓦、黑漆门、双石鼓门墩。四面筑以围墙,正面围墙东角嵌清进士曾光爔手书"文君井"三字原刻卧式石碑。

门上悬挂郭沫若手笔"文君井"。门联为当代书法家费新我以左腕手书、集郑谷句联:"雪下文君沽酒肆;云藏李白读书山。"园林体量小巧,为川西园林典型式样。平面呈纵深长方形,大体可以分为前院、中院、后

文君井园林大门

院和诗碑院。前院、中院和后院以莲池曲沼相连通。前院于大门内叠假山障景，分左右两路。左(西)路为竹径,沿左(西)围墙直通后院。右（东）路为曲径，进大门往东，过隔墙门洞达于莲池旁之琴台亭。琴台亭始建于明代，清代重修，近现代均有维修。单檐歇山式穿斗木结构建筑。坐北向南，平面呈四方形，面阔一间4米，进深一间3.5米，通高6米。檐脊灰塑，四个檐角高挑有花饰。小青瓦屋面，檐下饰花牙。后壁中空为门洞，左右雕花槅扇。左、右、前三面做美人靠。

四角亭

琴台

前(正)面美人靠中间留出门道,做石阶两步到平台。平台伸入莲池,临水三面砖砌望柱、空花栏杆。正(南)面檐下挂木匾一道,汉隶横书"琴台"二字。楹柱上挂今人张开阳手书对联一副。是一座象征性纪念琴台。

琴台旁有清代果亲王爱新觉罗·允礼于清雍正十二年(公元1734年)奉旨护送七世达赖格桑嘉措回藏,途经临邛时书于邛州贡院的诗碑。诗碑竖式,高1.38米,宽0.85米。红砂石质,局部风化。阴刻龙纹华带和行草书宋人田况《琴台》诗:"西汉文章世所知,相如闳丽冠当时。游

园林中陈列的果亲王诗碑

文君井

人不赏凌云赋，只说琴台是故基。"下署："宋·田况诗。果亲王书于邛州贡院鹤山书院。"

　　琴台东面有回廊相接。琴台以南10米处为文君井。古井口径0.5米，腹径3.5米，井深3.8米，剖面呈矮罐形，又称作"瓮井"。井壁无砖石井圈，用粘土和陶片拍紧筑成。据专家、学者考证，文君井的确为汉代古井。当代维修时用红砂石铺筑井台，红砂石条石砌筑栏杆。井北3米处砖砌照壁一通，仿汉式建筑。正面嵌曾光燨书"文君井"三字放大刻石。1957年，邛崃县修葺文君井时，由文化馆长魏

回廊

诗碑院

朗先生致函郭沫若索书。依郭沫若题词原件放大重排刻石，嵌于照壁背面。题词照录："题文君井 文君当垆时，相如涤器处。反抗封建是前驱，佳话传千古。会当一凭吊，酌取井中水，用以烹茶涤尘思，清逸谅无比。卓文君与司马相如故事，实系千秋佳话。故井犹存，令人向往。一九五七年国庆节。 郭沫若（印）"井东墙面上嵌有竖排阴刻楷书"汉志·文君井"古碑一通。井旁新建有当垆亭和绿绮亭。前院与中院之间以围墙相隔，月洞门相通。

中院重建文君妆楼"漾

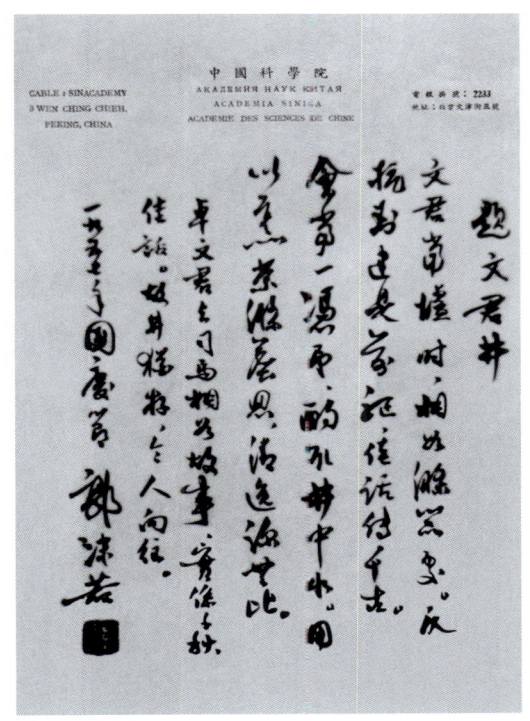

郭沫若《题文君井》

虚楼"（张爱萍将军题写匾名）。漾虚楼为楼船式一楼一底仿木结构建筑。文君陈列馆坐南向北，歇山式仿木结构建筑，20世纪80年代重建。有今人何应辉补书清人江子渔题文君井长联。陈列馆南为后院。陈列馆左右有廊道与后院相通。后院中重建有文君闺房"兰芷"一幢，书房"小雅"一幢。后院之后（南）花墙隔出"诗碑院"（四川省委原书记杨超题匾）。院墙上嵌古今名人名家题咏文君、相如、文君井、琴台诗词书法刻石30多块。其中，清代光绪二十七年（公元1901年）邛州知州陈嵩良撰文、彭万选书书写的《重修琴台文君井古瓮亭记》碑一通，竖式，高1.55米，宽0.75米，红砂石质（已断裂修复嵌于壁上）。背面为《重修琴台文君井古瓮亭记后碑》，张灿撰并书。两碑对文君井历史及清末文君井和古瓮亭维修重建记载甚详，是珍贵的文君井园林史料碑。

1982年3月，邛崃县人民政府批准公布为邛崃县文物保护单位。
1980年7月，四川省人民政府批准公布为四川省文物保护单位。

附录一：文君井·琴台·瓮亭

相如琴台在成都城中，文君井在邛州，相传为卓氏故宅。
——陆游《剑南诗稿·题文君井》诗自注

（文君井）在邛县南二里，即卓文君当垆，司马相如涤器处。
——《大明一统志》卷七二《嘉定州·文君井》

（文君井）在州东街左，相传卓文君当垆处。《名胜志》：县东一里白鹤驿，有文君井，水作酒味，甚美。
——《大清一统志》卷三一〇《邛州》"文君井"条注

蜀有薛涛井、文君井。薛涛井水制笺鲜艳。文君井在临邛，惟文君汲之则甘香，沐浴则滑泽，他人则否。岂天生尤物，水亦为之效灵乎？咏薛涛井者甚多，文君则咏其井者少矣。陆放翁曾游作诗，第大方家数，不屑如后人描画，故诗不盛传。余作绝句云："当垆微倦昼长闲，暂沐冰肌掠翠鬟。不待娥眉临镜好，还凭秋水写春山。""汲罢铜瓶碧甃寒，琴台日暮倚朱栏。市人都醉垆间酒,谁识清泉淡愈甘。"

——王培荀《听雨楼随笔》卷五《临邛文君井》

文君井在邛州。《采兰杂志》载:"文君闺中一井,文君手汲则甘香,沐浴则滑泽鲜好。他人汲之,与常并等。"今白鹤驿中之井是也,水尚清澈,州人酿酒必取之。

——何宇度《益部谈资》

卓王孙故宅,掘其下亦得二瓮,口小,仅容一钱,腹大可容数石,盖仆满最巨者。中贮五铢钱无数,何其俗而悬也。咏之云:"自是文园癖好琴,高台废后见精心。美人名士真知己,弦外余音仔细寻。太息王孙惯积财,五铢何意委尘埃。还思卜式真高见,能为官家助费来。"原注:卓王孙故宅在邛州。

——王培荀《听雨楼随笔》卷五《响琴翁与贮钱翁》

(卓氏故宅)在州南旧县中。有卓氏钱瓮,明初池中掘出,大可容五石,色如漆,弇口宏腹,足有籀文。明初,掘池得二瓮,皆贮五铢钱,乃卓氏宅址。州人因建亭以藏之,名"瓮亭"。其一藏玥经杨现家。至崇祯十七年,二瓮皆化为灰。其瓮腹极大,可容数石物,两口甚窄狭,止容进一钱。

——《四川通志》卷五六《舆地志·邛州直隶州》"卓王孙故宅"条注

文君闺中一井,文君手汲则甘香,沐浴则滑泽鲜好,他人汲之则与常井同。

——曹学佺《蜀中名胜记》卷十三《上川南道·邛州》转引《采兰杂志》载

附录二:重修琴台文君井古瓮亭记①

昔苏子瞻尝以司马长卿为小人,并谓其谕巴蜀父老文与封禅书,殆几于劝谄谀之意,死而不已,犹作封禅书云云。以予观之,殆不其然。长卿之谕巴蜀父老与封禅文,同一谲诡之词,故其一篇则曰:创道德之途,垂仁义之统。再则曰：反衰世之陵夷，继周氏之绝业。而封禅文中亦首言周若淑而不昌，畴逆夫而能存，陈议凛凛。末言勒功中岳，以彰至尊严，不失肃祇。舜在假典，顾有阙遗。其指昭然可见矣。且长卿果以谄君为赋，□□□□□，故以妍于上，则何害于死后始上之□□？长卿之文，太史公以比之为大（雅）、小雅。而韩愈推以为豪杰，至跻屈原、孟轲之列。太史公、韩退之之智出于子瞻也远矣。长卿诚如子瞻言，二子岂重之若是哉？此论定古人，所以必俟诸知言之君子也。

邛州城南相传有长卿宅，距文君井不远，时久湮。予牧是邦之明年，民和岁丰，乃议修复故址。而其地向属汛防处，今千总张君履和闻予有是举，慨然以此相让。因庀材鸠工，于文君井之右侧为亭，中筑琴台，凿三面为池，种以芙蕖，横石为桥于其上，以通往来。由井而左，构船厅三楹，缭以曲榭，□□□生，环匝栏楯。

又，古瓮亭在西城莲塘之中，亦卓王孙遗迹。夏令花开，游人沓集，尤为一州胜迹。年久失修，椽檩朽坏，墙墉倾欹，兹并新之。

念州瘠苦，不欲劳民，力复旧观之二役，皆由予捐廉，命州绅士余士诚、张梓主其事，并饬吏目张灿督催。工既竣，遂书而记之。

光绪二十七年②，岁在辛丑仲秋吉日，知州事岭南陈嵩良撰，郡人彭万选书。

注：①该碑现存文君井后院，中部已残断。竖行楷书阴刻，共计518字。
②光绪二十七年，公元1901年。

附录三：重修琴台文君井古瓮亭记后碑①

光绪辛丑暮春，州太守陈公楚士，命灿与张君名梓培修古瓮亭、文君井两处胜迹。重建琴台于井北，台前掘池，得卓氏宅内故沟，深三尺余，宽一尺，两旁旧砖平砌。其沟北压台□□□斜去，均不知其底止。中埋铁钱，凝结成团，莫辨其字。得古钱二枚，一系汉"中元通宝"，文则古隶；一系宋"崇宁通宝"，钱大于□□，文则楷书。得长方砖四，长尺二，宽八寸，厚二寸。砖头有五铢□□，五作"卐"字式。其文不一，分呈各署。并得大小厚薄砖数十，前□□□成方形、扇形，头有"大吉祥"字、花格各文②，州人索取甚众。□□□□用砌碑亭墙脚，以存古迹。城内数掘此砖，相传汉物③，惜□□□。今得之故沟坎上，信乎？卓氏之宅、汉砖之名，于斯两证，援笔记之，以垂不朽。

郡人张灿撰并书

注：①该碑位于文君井后院，刊于《重修琴台文君井古瓮亭记》碑背后，故称后碑。该记无标题，标题为录者所加。碑中部已残断。
②文通纹，即各式花纹图案。
③据碑载之砖，确系汉物，但应是汉代花边墓砖，非建筑用砖。

附录四：司马相如列传（节）

汉·司马迁

司马相如者，蜀郡成都人也，字长卿。少时好读书，学击剑，故其亲名之曰犬子。相如既学，慕蔺相如之为人，更名相如。以赀为郎，事孝景帝，为武骑常侍，非其好也。会景帝不好辞赋，是时梁孝王来朝，从游说之士齐人邹阳、淮阴枚乘、吴庄忌夫子之徒，相如见而说之，因病免，客游梁。梁孝王令与诸生同舍，相如得与诸生游士居数岁，乃著《子虚》之赋。

会梁孝王卒，相如归，而家贫，无以自业。素与临邛令王吉相善，吉曰："长卿久宦游不遂，而来过我。"于是相如往，舍都亭。临邛令缪为恭敬，日往朝相如。相如初尚见之，后称病，使从者谢吉，吉愈益谨肃。临邛中多富人，而卓王孙家僮八百人，程郑亦数百人，二人乃相谓曰："令有贵客，为具召之。"并召令。令既至，卓氏客以百数。至日口，谒司马长卿，长卿谢病不能往，临邛令不敢尝食，自往迎相如。相如不得已，强往，一坐尽倾。酒酣，临邛令前奏琴曰："窃闻长卿好之，愿以自娱。"相如辞谢，为鼓一再行。是时卓王孙有女文君新寡，好音，故相如缪与令相重，而以琴心挑之。相如之临邛，从车骑，雍容闲雅甚都；及饮卓氏，弄琴，文君窃从户窥之，心悦而好之，恐不得当也。既罢，相如乃使人重赐文君侍者通殷勤。文君夜亡奔相如，相如乃与驰成都。家徒四壁立。卓王孙大怒曰："女至不材。我不忍杀，不分一钱也。"人或谓王孙，王孙终不听。文君久之不乐，曰："长卿第俱如临邛，从昆弟假贷犹足为生，何至自苦如此！"相如与俱之临邛，尽卖其车骑，买一酒舍沽酒，而令文君当垆。相如身自著犊鼻裈，与保庸杂作，涤器于市中。卓王孙闻而耻之，为杜门不出。昆弟诸公更谓王孙曰："有一男两女，所不足者非财也。今文君已失身于司马长卿，长卿故倦游，虽贫，其人材足依也。且又令客，独奈何相辱如此！"卓王孙不得已，分予文君僮百人，钱百万，及其嫁时衣被财物。文君乃与相如归成都，买田宅，为富人。

居久之，蜀人杨得意为狗监，侍上。上读《子虚赋》而善之曰："朕独不得与此人同时哉！"得意曰："臣邑人司马相如自言为此赋。"上惊，乃召问相如。相如曰："有是。然此乃诸侯之事，未足观也。请为天子游猎赋，赋成奏之。"上许，令尚书给笔札。相如以"子虚"，虚言也，为楚称；"乌有先生"者，乌有此事也，为齐难；"无是公"者，无是人也，明天子之义。故空藉此三人为辞，以推天子诸侯之苑囿。其卒章归之于节俭，因以风谏。奏之天子，天子大说。

附录五：自叙传（节）
汉·司马相如

司马相如者，蜀郡成都人也，字长卿。少时好读书，学击剑，故其亲名之曰犬子。相如既学，慕蔺相如之为人，更名相如。以赀为郎，事孝景帝，为武骑常侍，非其好也。会景帝不好辞赋，是时梁孝王来朝，从游说之士齐人邹阳、淮阴枚乘、吴庄忌夫子之徒，相如见而说之，因病免，客游梁。梁孝王令与诸生同舍，相如得与诸生游士居。数岁，乃著《子虚》之赋。

会梁孝王卒，相如归，而家贫无以自业。素与临邛令王吉相善，吉曰："长卿久宦游不遂，而来过我。"于是相如往，舍都亭。临邛令缪为恭敬，日往朝相如。相如初尚见之，后称病，使从者谢吉，吉愈益谨肃。

临邛中多富人，而卓王孙家僮八百人，程郑亦数百人，二人乃相谓曰："令有贵客，为具召之。"并召令。令既至，卓氏客以百数。至日中，谒司马长卿，长卿谢病不能往，临邛令不敢尝食，自往迎相如。相如不得已,强往,一坐尽倾。酒酣,临邛令前奏琴曰:"窃闻长卿好之,愿以自娱。"相如辞谢,为鼓一再行。是时卓王孙有女文君新寡,好音,故相如缪与令相重,而以琴心挑之。相如之临邛,从车骑,雍容闲雅甚都。及饮卓氏,弄琴,文君窃从户窥之,心悦而好之,恐不得当也。既罢,相如乃使人重赐文君侍者通殷勤,文君夜亡奔相如。相如乃与驰归成都。家居徒四壁立。卓王孙大怒曰:"女至不材,我不忍杀,不分一钱也。"人或谓王孙,王孙终不听。文君久之不乐,曰:"长卿第俱如临邛,从昆弟假贷犹足为生,何至自苦如此!"相如与俱之临邛,尽卖其车骑,买一酒舍沽酒,而令文君当垆。相如身自著犊鼻裈,与保庸杂作,涤器于市中。卓王孙闻而耻之,为杜门不出。昆弟诸公更谓王孙曰:"有一男两女,所不足者非财也。今文君已失身于司马长卿,长卿故倦游,虽贫,其人材足依也,且又令客,独奈何相辱如此!"卓王孙不得已,分予文君僮百人,钱百万,及其嫁时衣被财物。文君乃与相如归成都,买田宅,为富人。

文君井园林里的赋廊